Markus Bötefür

RAUBFISCH ANGELN für Einsteiger

Mit Natur- und Kunstködern auf Hechte, Zander und Co.

Müller Rüschlikon

IMPRESSUM

Einbandgestaltung: R2 I Ravenstein, Verden
Titelfoto: Markus Bötefür

Alle Angaben in diesem Buch wurden nach bestem Wissen und Gewissen gemacht. Für einen eventuellen Missbrauch der Informationen in diesem Buch können weder der Autor noch der Verlag oder die Vertreiber des Buches zur Verantwortung gezogen werden. Eine Haftung für Personen-, Sach- und Vermögensschäden ist ausgeschlossen.

ISBN 978-3-275-02231-1

Postfach 103743, 70032 Stuttgart
Ein Unternehmen der Paul Pietsch Verlage GmbH & Co. KG

1. Auflage 2021

Sie finden uns im Internet unter:
www.mueller-rueschlikon-verlag.de

Hinweis:
Das Töten wild lebender Tiere ist vom Gesetzgeber streng reglementiert. Der tierschutzgerechte Umgang mit Fischen wird Ihnen bei den Vorbereitungskursen zur staatlichen Fischerprüfung vermittelt. Schonen und schützen Sie alle Lebewesen, die Sie nicht zum Essen benötigen. Seien Sie sich immer Ihrer Verantwortung bewusst, die Ihnen mit dem hier beschriebenen Wissen anvertraut wird.

Lektorat: Claudia König
Innengestaltung: Hannes Dänekas
Druck und Bindung: PBtisk a.s. Pribram
Printed in Czech Republic

Bildnachweis:
Markus Bötefür: S. 3, 7, 8, 11, 12 (re.), 13 (re.), 15, 16-17, 19, 20-21, 22-23, 24, 26-27, 28-29, 31, 35 (re.), 36, 37, 38, 39, 40, 42-43, 44-45, 47, 48, 49, 50, 51, 52, 53, 54, 55, 56, 57 (u. m.), 59 (u.), 60-61, 63, 66-67, 70, 79, 82, 83, 84, 87, 88, 91, 92, 93, 94-95, 97, 98, 99, 100-101, 103, 104, 105, 106, 111, 117, 119, 123, 125 (o.), 132 (o.), 136, 142 (u.)
seftack: S. 10, 57 (re. o.), 59 (re. o.), 73, 88 (re. o.), 89, 102, 113, 114-115, 118, 130-131, 132-133, 135,
Gregor Bradler/Big Fish Media: S.18, 21, 74-75, 76-77
Nenad Ignjatov seftack: S. 9 (re. o.)
Bernd Taller: S. 64
Cezary Felix Rybczynski: S. 65, 126
Max Konze: S. 9 (re. o.), 69 (re. u.), 122
Stefan Waltermann: S. 138-139
Matthias Hoffmann: S. 9 (u. li.),10 (li.), 34 (o. li.), 69 (o.)

Adobe Stock:
©Ivan Abramkin/stock.adobe.com: S. 4-5
©Kadmy/stock.adobe.com: S. 6, 58
©Kletr/stock.adobe.com: S. 6
©yanadjan/stock.adobe.com: S. 8-9, 13
©Atlantist studio/stock.adobe.com: S. 108
©Alexander/stock.adobe.com: S. 71
©praewpailin/stock.adobe.com: (Fond) S. 3, 6, 8-13, 41, 52, 93, 144
©Karnav/stock.adobe.com: S. 8, 13
©Rostislav/stock.adobe.com: S. 120-121, 127
©Piotr Wawrzyniuk/stock.adobe.com: S. 142-143
©Kondor83/stock.adobe.com: S. 128-129
©livarnava/stock.adobe.com: S. 12 (links)
©Vitaliy Melnik/stock.adobe.com: S. 80-81
©Timo Haberl/stock.adobe.com: S. 125

Illustrationen:
Hannes Dänekas: S. 10, 32, 34, 110, 123, 137, 140, 141

VORWORT

Wer seinen ersten Fischereischein in der Tasche hat, kann es kaum erwarten, auch den ersten Hecht oder Zander an den Haken zu bekommen. Bald stellen frische Petrijünger aber fest, dass ihnen im Vorbereitungskurs für die Sportfischerprüfung so gut wie keine praktischen Fähigkeiten vermittelt wurden und sie stehen ratlos an den Ufern der Flüsse, Seen und Bäche. Auch Blicke ins Internet und Plaudereien im Vereinsheim führen nicht weiter, denn das dort vorgetragene Fachchinesisch ist eher verwirrend als hilfreich. Möchte man sich beim Start seiner Anglerkarriere nicht allein mit Rotaugen, Brassen und Kaulbarschen begnügen, so muss guter Rat nicht teuer sein. Auch bedarf es dazu weder jahrzehntelanger Erfahrung, noch eines gigantischen Gerätearsenals; man muss nur wissen, was man wann, wo und wie zu tun hat.

Auf den folgenden Seiten erfahren Sie, wie man mit einer überschaubaren Grundausrüstung seine erste Saison als Raubfischangler erfolgreich meistert und neben Hechten und Zandern auch so manch anderen Räuber in den Kescher bekommt.

Petri Heil
Markus Bötefür

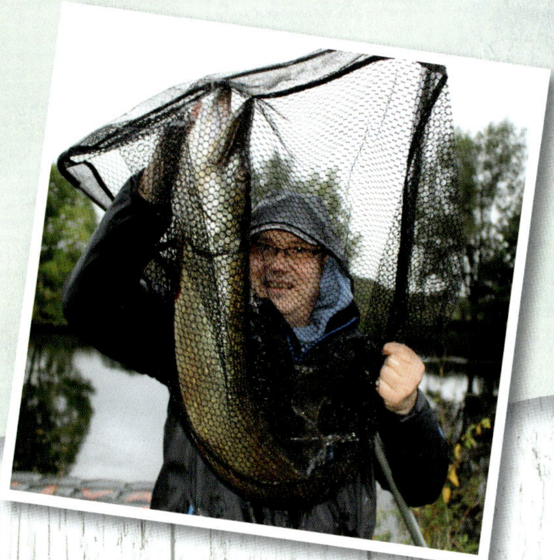

INHALT

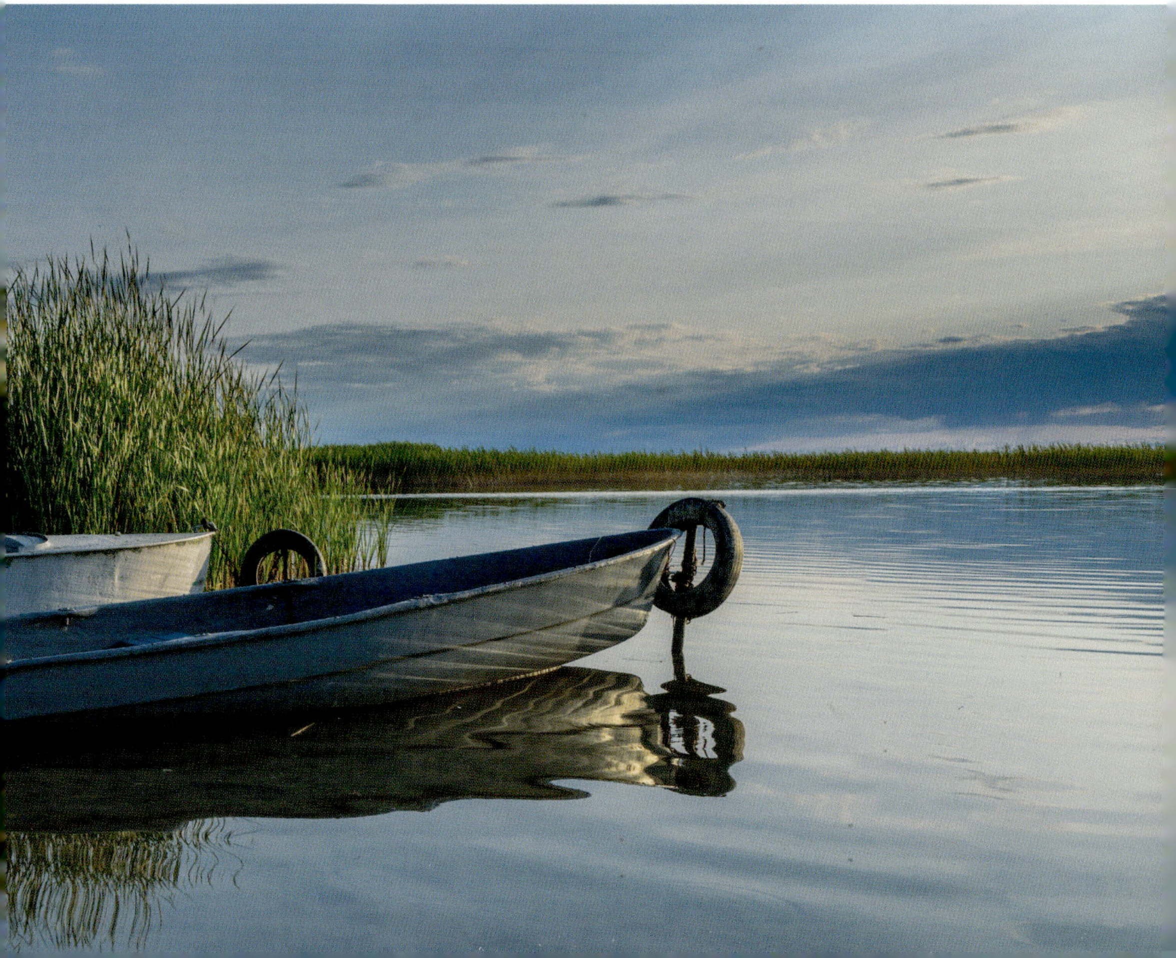

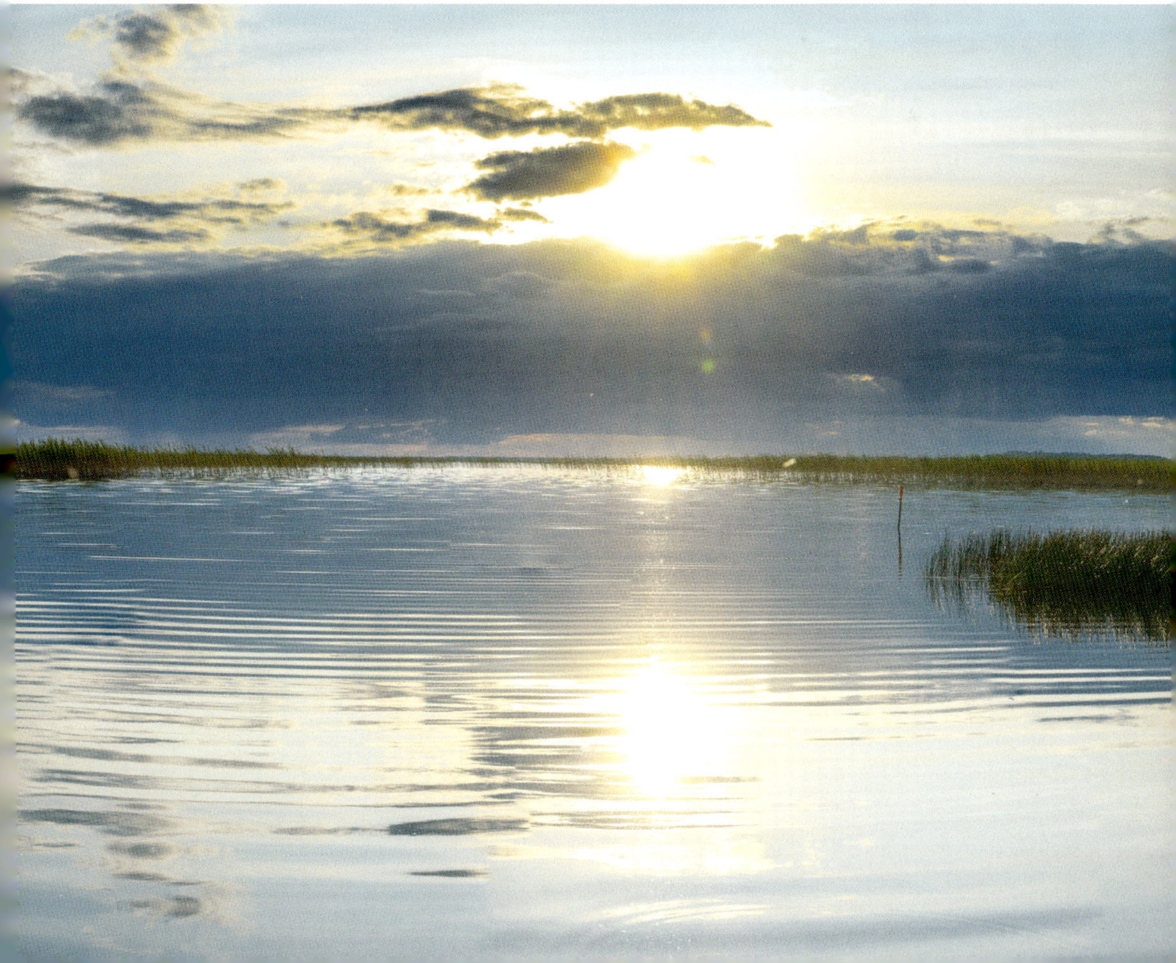

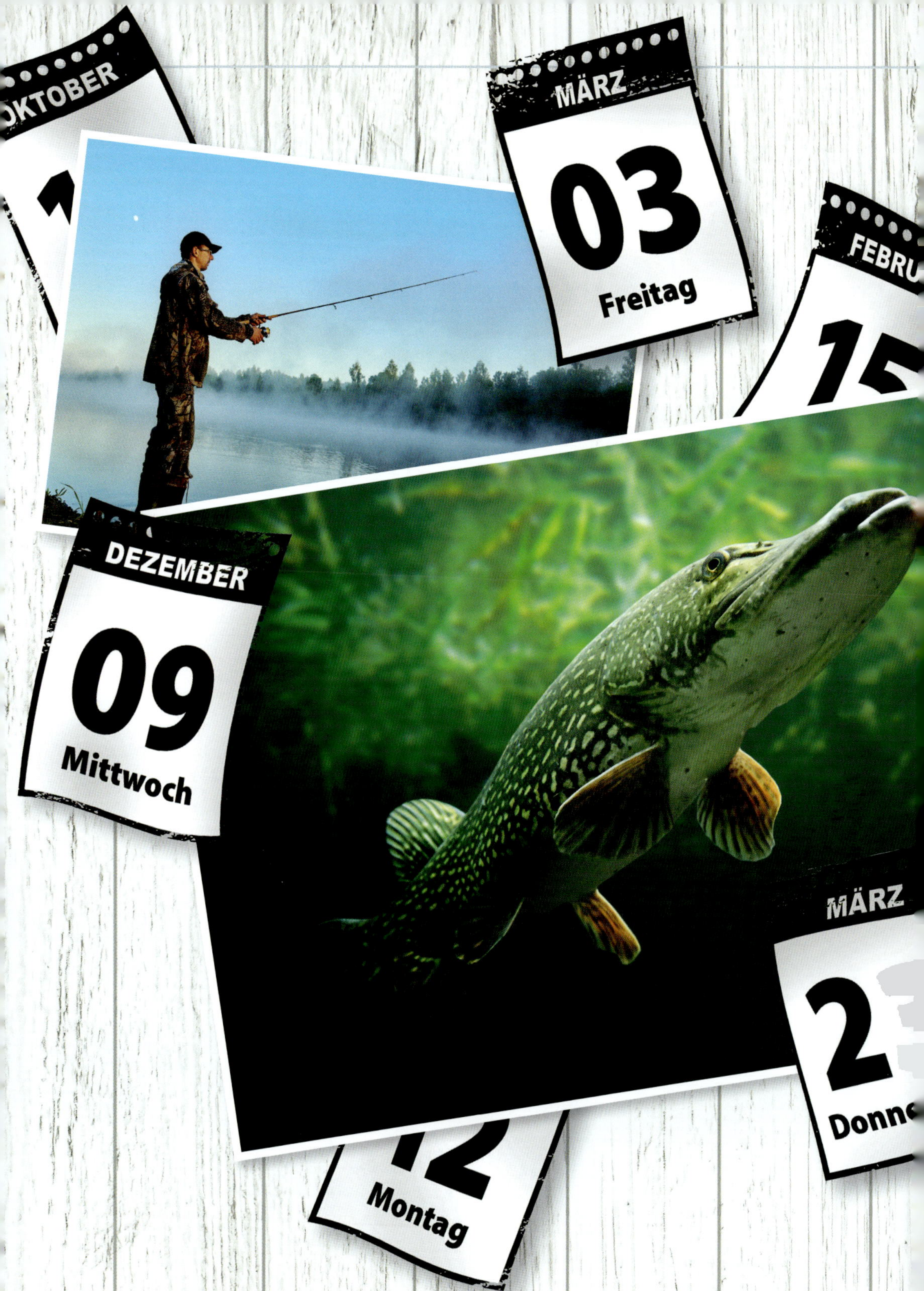
OKTOBER
MÄRZ
03
Freitag
DEZEMBER
09
Mittwoch
MÄRZ
12
Montag

WELCHER FISCH BEISST WANN?

Hechte, Barsche, Zander, Rapfen, Aale, Forellen und Döbel sind Raubfische, die von Anglern hoch geschätzt werden, aber nur selten leicht zu fangen sind. Das scheinbar divenhafte Verhalten stellt vor allem Einsteiger vor eine Vielzahl von Rätseln. Die meisten Verhaltensweisen von Fischen sind aber gar keine Rätsel, sondern wurzeln im natürlichen Lebensrhythmus der wechselwarmen Tiere, die in gewissen Jahreszeiten gut, in anderen schlecht und in manchen überhaupt nicht beißen. Von den acht beliebtesten Raubfischarten unserer Seen, Flüsse und Bäche sind z.B. Aale und Waller „Angelfische" für die warme Jahreszeit und beißen im Winter, will man von wenigen absoluten Ausnahmesituationen absehen, gar nicht. Bei anderen Raubfischen, allen voran Döbeln und Barschen, sieht dies ganz anders aus; sie beißen auch bei knackiger Kälte und können dann mit Kunst- und Naturködern überlistet werden.

Einsteiger sind also gut beraten, ihr Angeljahr nicht an der eigenen Angellust, sondern am Beißverhalten der unterschiedlichen Fische zu orientieren und von Januar bis Dezember nicht allein an ein und demselben Gewässer mit der immer gleichen Methode denselben Ziel- bzw. Traumfisch zu beangeln. Wer das ganze Jahr hindurch erfolgreich angeln möchte, sollte sich an folgendem Raubfischkalender orientieren:

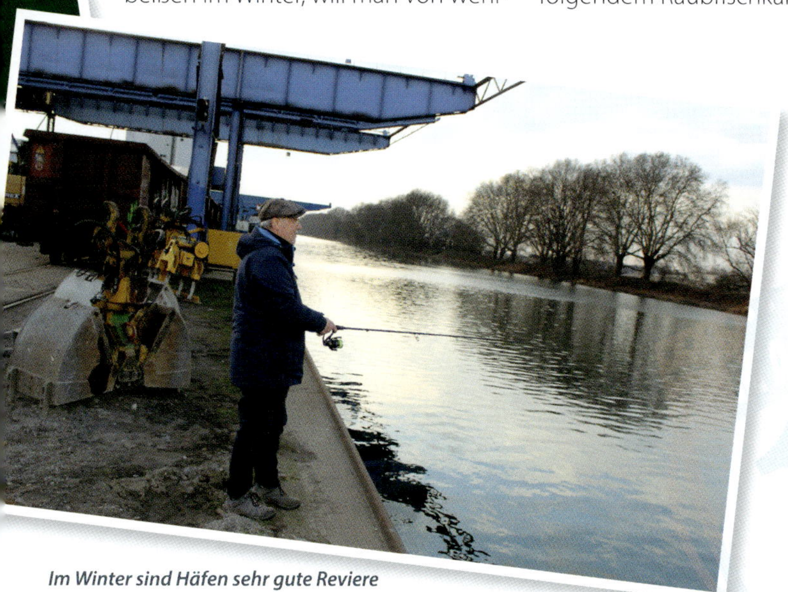

Im Winter sind Häfen sehr gute Reviere für Spinnfischer, die es auf Barsche und Zander abgesehen haben.

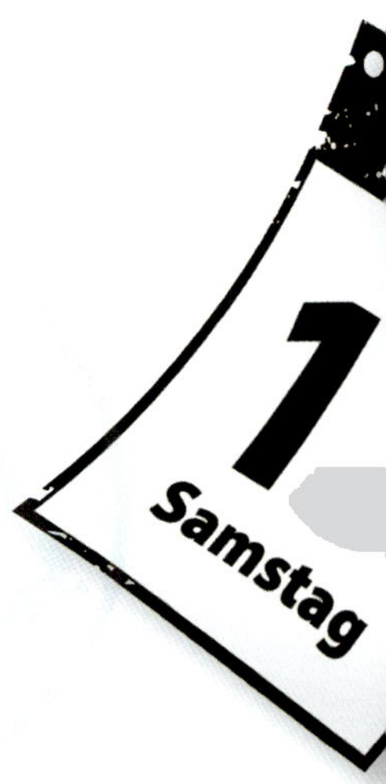

JANUAR

Das Angeljahr beginnt an vielen Gewässern mit einer Sauregurkenzeit. Im eiskalten Wasser ist den meisten Fischen der Appetit vergangen und nur wenige Hechte und Zander lassen sind mit langsam geführten Spinnködern aus ihrer Winterträgheit „wecken". Vor allem flachere Stillgewässer machen ihrem Namen dann alle Ehre, weil sich an ihnen meist nichts tut. In Bächen und kleineren Flüsse hingegen können Spinnangler mit leichtem Gerät (kleine Spinner in Größen 1 und 2 sowie Miniwobbler) schon auf Döbel und Barsche hoffen, denn in fließendem Wasser sind diese Räuber das ganze Jahr über aktiv. An großen und tiefen Seen (Stauseen, Talsperren) ist der Januar auch eine gute Zeit zum Barschangeln. Allerdings stehen die Fische dann dicht über dem Grund, sodass nur Bootsangler mit langsam geführten Vertikalködern (Blattpilker, Zocker) erfolgreich sein werden.

Relativ gute Karten haben Raubfischangler, die an große Flüsse angeschlossene Häfen (z.B. Hamburger oder Duisburger Hafen) befischen können. Im verhältnismäßig warmen Wasser der Becken beißen im Januar Zander und Barsche. An Warmwassereinläufen sieht es in Häfen besonders gut mit den Stachelrittern aus.

FEBRUAR

Mitte Februar beginnt für eingefleischte Hechtangler, die schlimmste Zeit des Jahres, denn fast überall ist das Angeln auf ihren Lieblingsfisch dann bis zum 1. Mai verboten. Allerdings können sich Zanderangler auf die ersten Bisse in größeren Flüssen freuen. In Buhnenfeldern sind neben Zandern dann auch die ersten Barsche und mit etwas Petri Heil auch schon Rapfen zu fangen. An Seen haben es Raubfischangler im Februar nicht leichter als im Januar, sodass man sich dort über gelegentliche Barschfänge freuen muss. In den Hafenbecken beißen weiterhin Barsche und Zander, die Ende des Monats auch in Kanälen und Schifffahrtswegen munter werden.

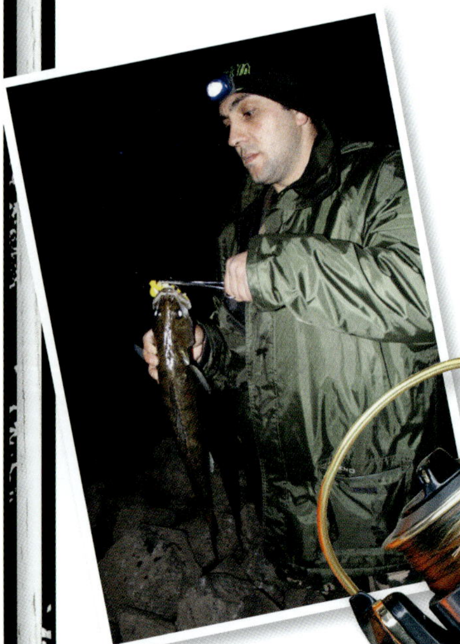

MÄRZ

Der März ist der wohl am meisten unterschätzte Angelmonat. Spätestens in der zweiten Monatshälfte haben fast alle Raubfischarten ihre relative bzw. absolute Winterruhe beendet und beginnen wieder mit der Nahrungsaufnahme. Außerdem endet am 15.03. die Forellenschonzeit, sodass an Bächen und Flüssen neben den allzeit fangbaren Döbeln nun auch auf Bach- und Regenbogenforellen gefischt werden darf. An Seen und Baggerseen finden sich die ersten Friedfische in den flacheren Bereichen ein, wohin ihnen auch die Räuber folgen. Wer mit kleinen Köderfischen oder Tauwürmern fischt, kann Ende März fast überall mit Barsch- und Aalbissen rechnen. Kurz vor der Schonzeit beißen an Seen, Flüssen und in Kanälen auch Zander auf langsam geführte Twister, Gummifische und Wobbler. Allerdings sollte man sie zu dieser Jahreszeit nicht entnehmen.

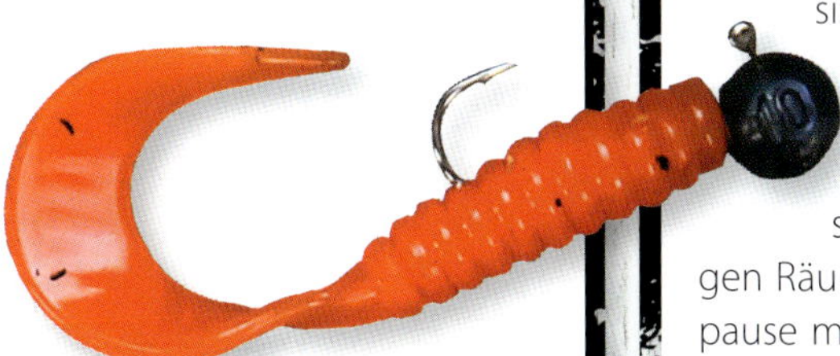

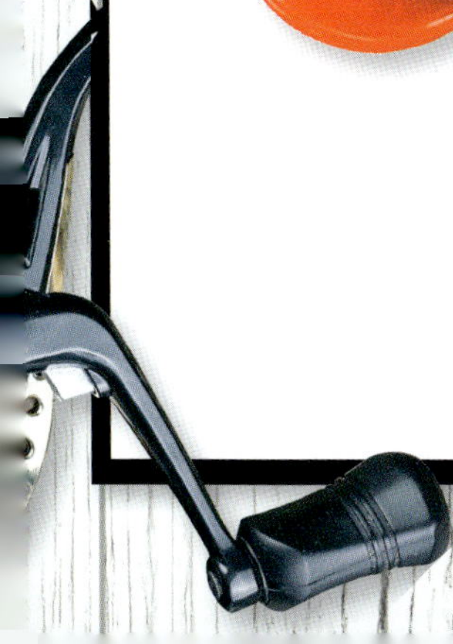

APRIL

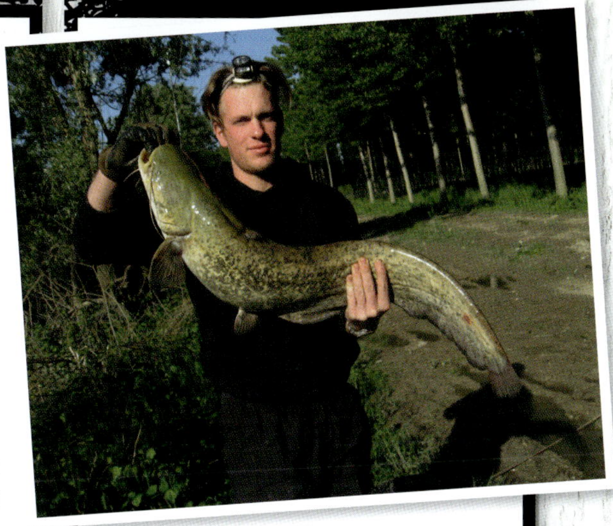

Da im April sowohl Hechte als auch Zander eine Schonzeit genießen, sind Raubfischangler genötigt, sich den anderen auf Köderfische und Spinnköder beißenden Fischarten zu widmen, was an vielen Gewässern nicht leicht ist, denn oft laichen auch die Barsche im April, sodass an manchen Seen nur noch das abendliche Angeln auf Aale übrig bleibt. An Flüssen und in Kanälen sind nun aber die Rapfen aktiv und beißen auf Blinker, Spinner und Wobbler. Wo Waller vorkommen, ist der April ein sehr guter Monat, um die urigen Räuber nach einer langen Winterpause mit Spinn- und Naturködern zu beangeln.

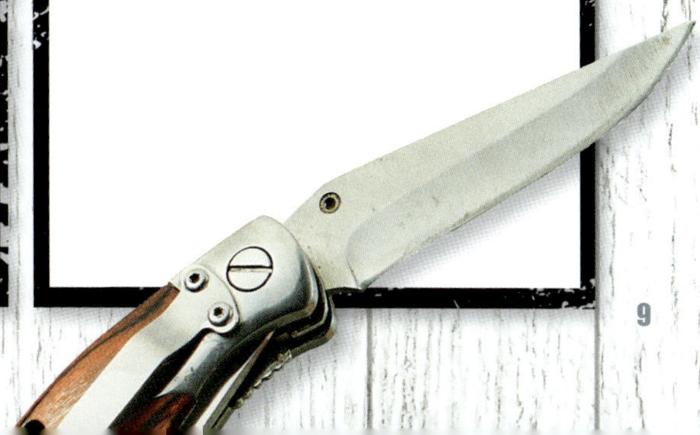

MAI

Der Mai ist der beste Angelmonat und wird nicht umsonst als Petri-Mai bezeichnet. Jetzt sind die Schonzeiten für sämtliche Raubfische (außer Zander) um und die Wassertemperaturen ideal. Ob man mit der Spinnrute auf Hechte am Baggersee, oder mit Würmern am Wehr eines kleinen Flusses auf Aale fischt, ist eine Frage persönlicher Vorlieben. Erfolg wird im Mai fast jeder Angler haben.

JUNI

Für den Juni gilt dasselbe wie für den Mai. Allerdings können in warmen Jahren die Wassertemperaturen in der zweiten Monatshälfte so hoch sein, dass einige Raubfische (Barsche und Hechte) ihren Appetit im Vergleich zum Vormonat etwas reduzieren. Waller haben Ende des Monats meist abgelaicht, sodass sich beim nächtlichen Ansitzangeln neben Aalen oft auch mit ihnen als (sehr willkommener) Beifang zu rechnen ist. Die Zanderschonzeit ist nun um und die Fische beißen sehr gut auf Twister, Shads, Wobbler sowie auf am Grund angebotene Köderfische und Fetzen.

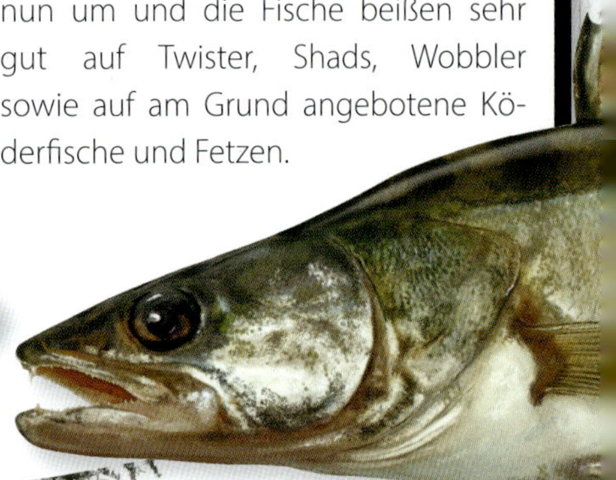

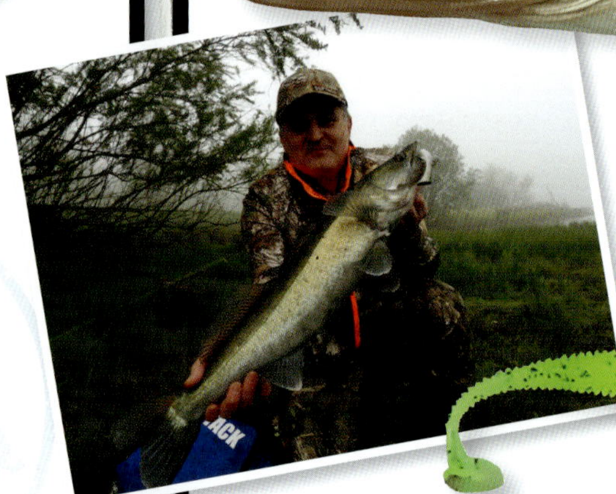

Der Juni ist ein sehr guter Monat zum Zanderfischen. (Foto: seftack)

JULI

Mitte des Jahres beginnt die Zeit der abendlichen und frühmorgendlichen Angelsternstunden, denn tagsüber ist die Sonneneinstrahlung zu intensiv, sodass Spinnfischer sich in der Regel nur mit Barschen begnügen müssen und Ansitzangler (vor allem nachmittags) oft Schneider bleiben. Hinzu kommt, dass an vielen Gewässern Hochbetrieb durch Badegäste, Tretbootfahrer und sonstige Sonnenhungrige besteht. Wer seine Aktivitäten in die Phasen der Dämmerung und/oder Dunkelheit legt, wird im Juli sowohl als Ansitz- wie als Spinnangler an fließenden und stehenden Gewässern gut fangen. Beim Nachtangeln sollte man als Spinnfischer den Stand des Mondes beachten. In hellen Vollmondnächten beißen „Hochsommerhechte" weitaus besser auf oberflächennah geführte Wobbler, als in Nächten mit abnehmendem Mond. Bei Zandern und Rapfen spielt der Mond keine große Rolle. Für Ansitzangler gilt, dass Vollmondnächte schlechte Aalnächte sind.

TIPP

Während es im Sommer einfach ist, Köderfische zu fangen, wird ihr Fang im Winter oft zum Problem. Man sollte sich daher bereits im August einen Vorrat in der Tiefkühltruhe anlegen. Am besten friert man sie in Portionen von fünf bis sechs Exemplaren ein. Bei Weißfischen ist es ratsam, sie am Vorfach montiert einzufrieren, denn so überstehen sie später auch Würfe über weite Distanzen, ohne vom Haken zu fliegen.

AUGUST

Im August finden Raubfischangler ähnliche Bedingungen wie im Juli vor. Angesichts der immer heißer werdenden Sommer hat man es dann aber oft mit sehr niedrigen Wasserständen zu tun, was dazu führt, dass im ohnehin warmen Wasser recht wenig Sauerstoff vorhanden ist. Am besten fischt man in dieser Zeit in den sehr späten Abend- und Nachtstunden mit Posenmontagen und nicht etwa am Grund. Spinnfischer sollten den niedrigen Sauerstoffgehalt des Wassers ebenfalls bedenken und ihre Köder entsprechend langsam und hoch führen. Oberflächenwobbler sind im August sehr gute Spinnköder.

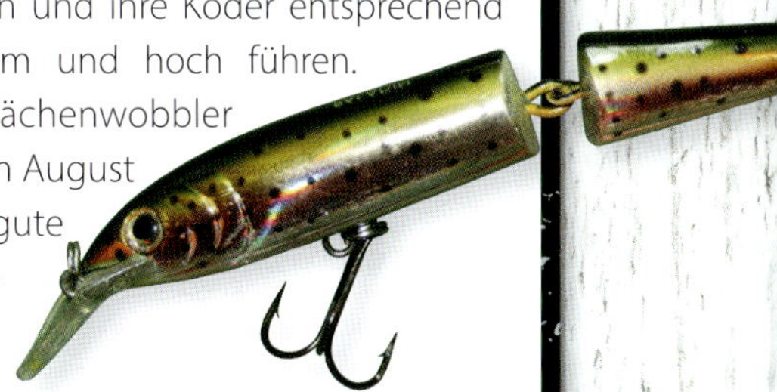

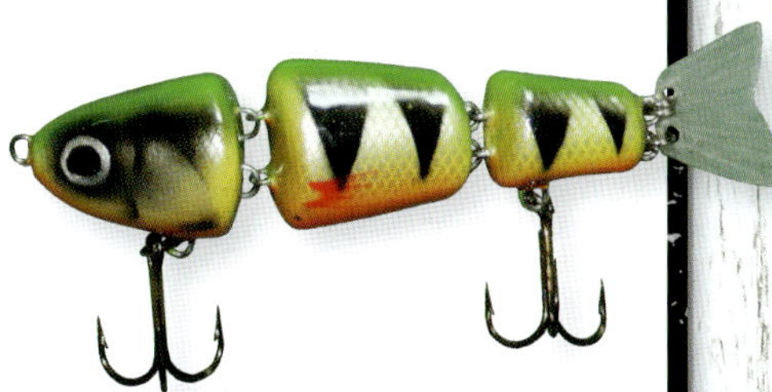

SEPTEMBER

Als erster der legendären Angelmonate mit „r" ist der September ein klassischer Raubfischmonat. Die früher einsetzende Abenddämmerung bei zugleich sinkenden Wassertemperaturen macht ihn zu einem sehr guten Zandermonat. Beim abendlichen Ansitzangeln mit Köderfischen und Fetzen kann man jedoch nicht nur auf schöne Stachelritter hoffen, sondern wird oft auch mit stattlichen Aalen belohnt. Spinnfischer sollten ebenfalls die frühen Abendstunden nutzen und Zandern, Hechten und Barschen mit Gummiködern und Wobblern nachstellen.

OKTOBER

Nach dem Mai ist der Oktober der zweitbeste Hechtmonat. Das meist kühle, windige und regnerische Wetter trifft dann auf noch recht warme Wassertemperaturen, was zum Angeln auf Hechte, aber auch Zander und Barsche ideal ist. Die besten Stellen findet man im Oktober dort, wo in den Sommermonaten reicher Wasserpflanzenbestand war (absterbende Seerosen- und Wasserkrautfelder). Bis zum Einsetzen der ersten Nachtfröste können aber auch Aal- und Wallerangler noch mit guten Fängen rechnen; dies gilt besonders für fließende Gewässer.

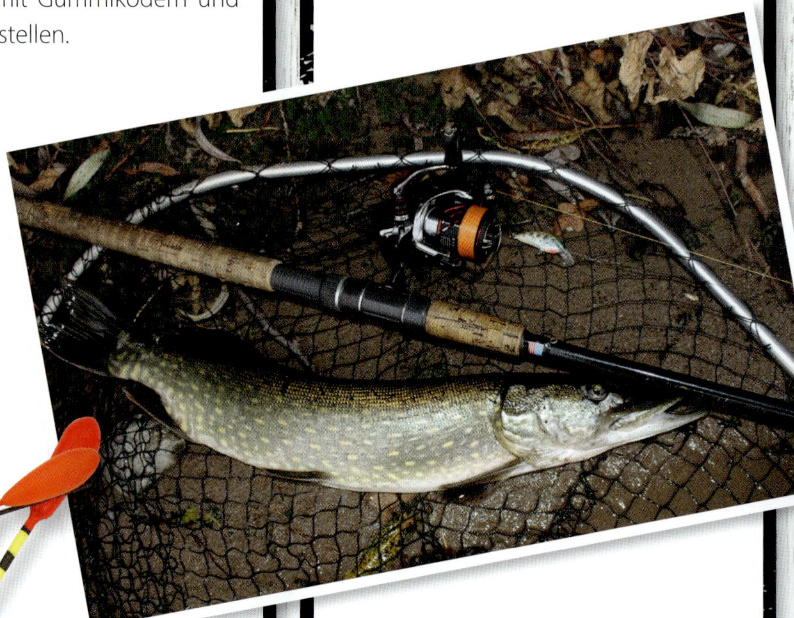

Im Spätsommer und frühen Herbst lohnt sich das abendliche Spinnfischen besonders, dieser Spätsommerhecht biss auf einen kleinen Wobbler.

NOVEMBER

Im November können Raubfischangler noch einmal aus dem Vollen schöpfen, danach geht es bis Ende Februar in eine ruhige Zeit. Zander und Hechte fressen sich in der ersten Monatshälfte noch einmal richtig voll und sollten mit Spinn- und Naturködern in den ufernahen und oberen Wasserschichten beangelt werden. Ende November, wenn die Wassertemperaturen merklich fallen, ziehen sich Hechte, Zander und Barsche in die tieferen Wasserschichten zurück (Häfen sind dann gute Angelreviere). Aale und Waller stellen die Nahrungsaufnahme fast völlig ein und auch Rapfen beißen deutlich zurückhaltender. In kleineren Fließgewässern lohnt sich das gezielte Spinnfischen auf Döbel.

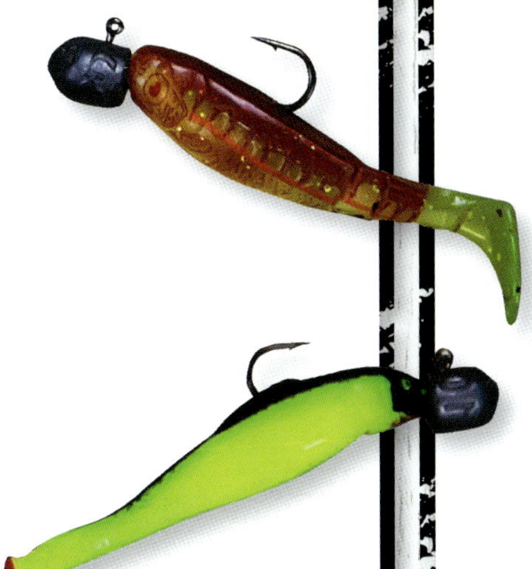

DEZEMBER

Im Dezember wird es mit dem Spinnfischen schwierig, weil die „Winterbeißer“ (Hecht, Zander, Barsch) im kalten Wasser wesentlich weniger Elan an den Tag legen, als im wärmeren. Wer es mit der Spinnrute probieren möchte, hat an Flüssen und Kanälen die besten Chancen überall dort, wo Wehre und Schleusen zu finden sind. In großen und tiefen Seen können Bootsangler mit sehr tief und langsam geführten Spinnködern erfolgreich sein. Ansitzangler sollten im Dezember die wärmsten und lichtintensivsten Tagesstunden (zwischen 13 und 15 Uhr) zum Angeln mit Köderfischen nutzen.

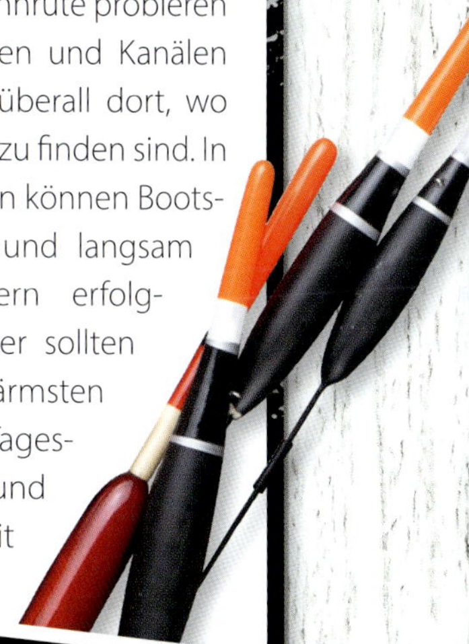

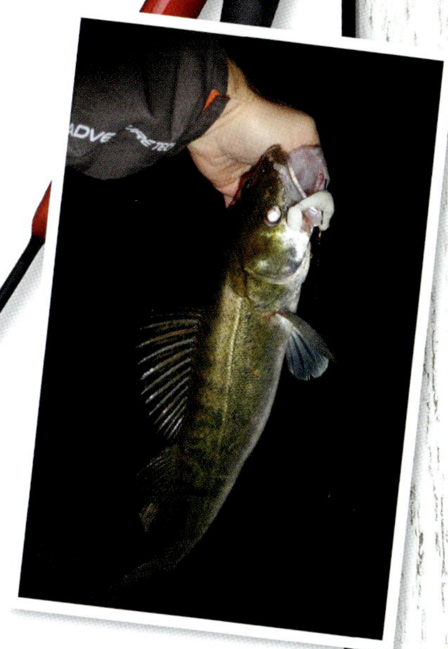

Im Winter ist das Angeln selten gemütlich. Trotzdem lassen sich noch immer schöne Zander fangen.

GUTES UND SCHLECHTES RAUBFISCHWETTER

Neben der Jahreszeit spielt auch das Wetter eine wichtige Rolle für den Fangerfolg. Unter Laien hält sich seit Jahrzehnten das Gerücht, regnerische Tage seien gute Angeltage. Diese Behauptung stimmt aber nur bedingt, denn sie gründet in der Tatsache, dass bei Regenwetter nicht viele Menschen an den Seen und Flüssen unterwegs sind und Angler somit auf Ruhe und die damit einhergehenden besseren Angelbedingungen treffen. Tatsächlich spielt das Wetter beim Angeln, und erst recht beim Raubfischangeln, eine wichtige Rolle. Will man einmal von Perioden strengsten Frostes und größter Hitze absehen, in denen das Angeln ohnehin nicht viel Spaß machen würde, so gilt prinzipiell, dass beständige Wetterlagen für den Fangerfolg aussichtsreicher als wechselnde sind.

Das Thermometer ist jedoch nicht alles, was ein Raubfischangler im Auge haben muss. Gutes Angelwetter setzt sich nämlich aus drei Komponenten zusammen: Temperatur, Wind und Luftdruck. Allgemein lassen sich zum Angelwetter folgende „Regeln" aufstellen:

Ein von Wolken bedeckter Himmel verheißt von Frühjahr bis Herbst ganztägig gutes Angelwetter. Im Winter ist es umgekehrt, dann sind sonnige Tage (vor allem die Nachmittagsstunden) aussichtsreicher.

Herrscht Windstille, so sind im Frühjahr und Sommer die Stunden der Morgen- und Abenddämmerung die besten Zeiten fürs Spinn- und Ansitzangeln. Schwacher bis mäßiger Wind aus südlicher und/oder westlicher Richtung ist besser als Nord- und Ostwind. Doch allgemein gilt, dass kontinuierliche Windverhältnisse stets besser sind als wechselnde. Phasen längeren Ostwindes sind somit vielversprechender, als täglich wechselnde Winde aus westlichen und südlichen Richtungen.

Windige Tage sind besonders an stehenden und langsam fließenden Gewässern deutlich bessere Fangtage als solche, an denen sich kein Lüftchen rührt, denn Wind bringt Sauerstoff ins Wasser und macht die Fische entsprechend munter. Allerdings sollte der Wind nicht so stark sein, dass die Wasseroberfläche Schaumkronen trägt.

Raubfische schätzen in der wärmeren Jahreszeit Tiefdruckgebiete (tiefhängende Wolken, Regen und Wind) weit mehr als Hochdruckgebiete. Im Winter ist es jedoch umgekehrt, weil Hochdruckgebiete dann mit ihrer intensiven Sonneneinstrahlung das Wasser erwärmen und den Stoffwechsel aller Fische anregen. Für den Luftdruck gilt dasselbe wie für den Wind: Konstante Verhältnisse sind besser als wechselhafte.

TIPP

In Seen sollte man stets das dem Wind zugewandte Ufer befischen, denn mit dem Wind wird nicht nur Sauerstoff, sondern auch Futter ans Seeufer gespült, dem die Fische folgen.

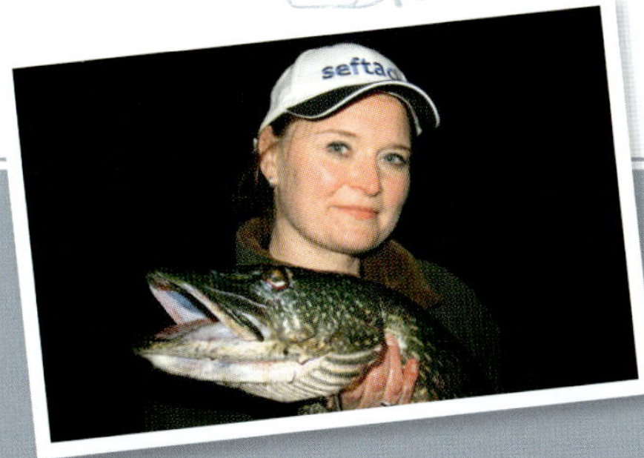

Bei Vollmond beißen Hechte nachts besser als am Tage.

Mondkalender für Raubfischangler

Die Mondphasen spielen nicht nur beim Nachtangeln eine wichtige Rolle, sondern üben auch tagsüber einen nicht zu unterschätzenden Einfluss auf das Beißverhalten von Raubfischen aus. Ob es mit der zu- und abnehmenden Anziehungskraft zwischen zwei Neumondphasen zu tun hat oder ob der Mondschein Einfluss auf die Fressaktivitäten der Raubfische nimmt, ist wissenschaftlich nicht geklärt. Fest steht aber, dass Fische bei Vollmond, Halbmond und in den Phasen dazwischen sehr unterschiedliche Verhaltensweisen an den Tag legen.

Für Raubfischangler lassen sich (Ausnahmen bestätigen die Regel) folgende Faustregeln festhalten:

Bei Vollmond beißen Barsche eher schlecht. Ihnen sollte man in Phasen des abnehmenden Mondes nachstellen. Dasselbe gilt tagsüber für Hechte. Während des Vollmondes legen sie dann eine Fresspause ein, lassen sich jedoch beim abendlichen und nächtlichen Angeln sehr gut fangen. Waller beißen bei Vollmond bedeutend besser als in Phasen des abnehmenden Mondes. Dasselbe gilt für Rapfen. Döbel und Forellen mögen den Vollmond ebenfalls. Für diese drei Flussräuber spielt allerdings der Wasserstand eines Fließgewässers eine weitaus wichtigere Rolle, als der Stand des Mondes. Ganz anders sieht es bei Zandern aus. Auf ihr Beißverhalten scheint der Mond keinen Einfluss zu nehmen.

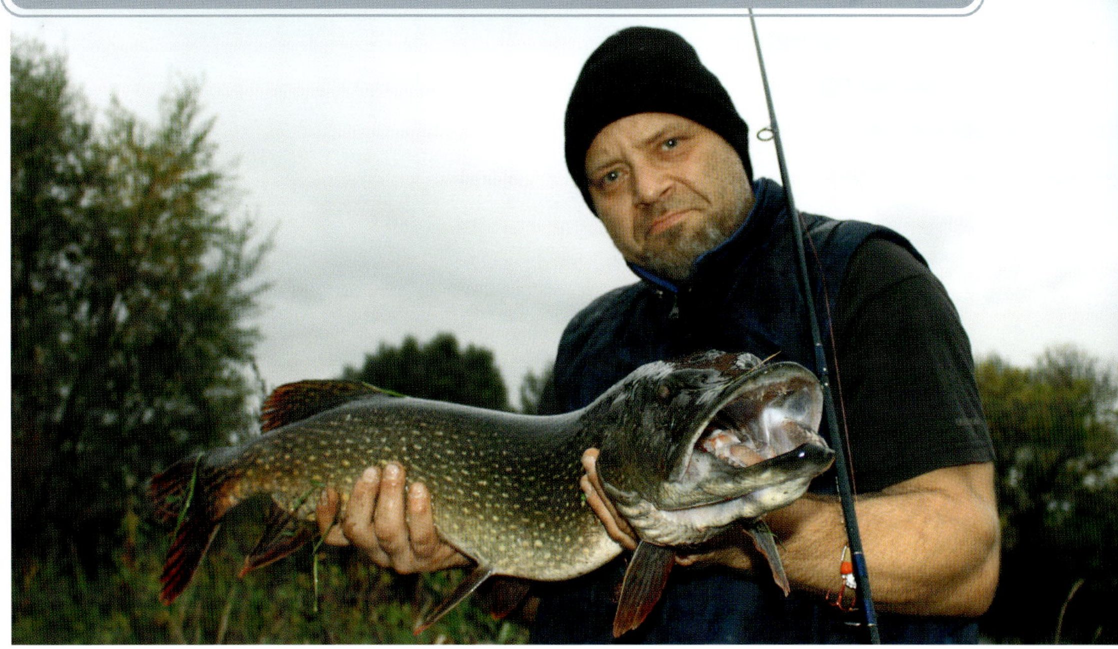

Ein leicht bedeckter Himmel verheißt von Frühjahr bis Herbst gutes Hechtwetter.

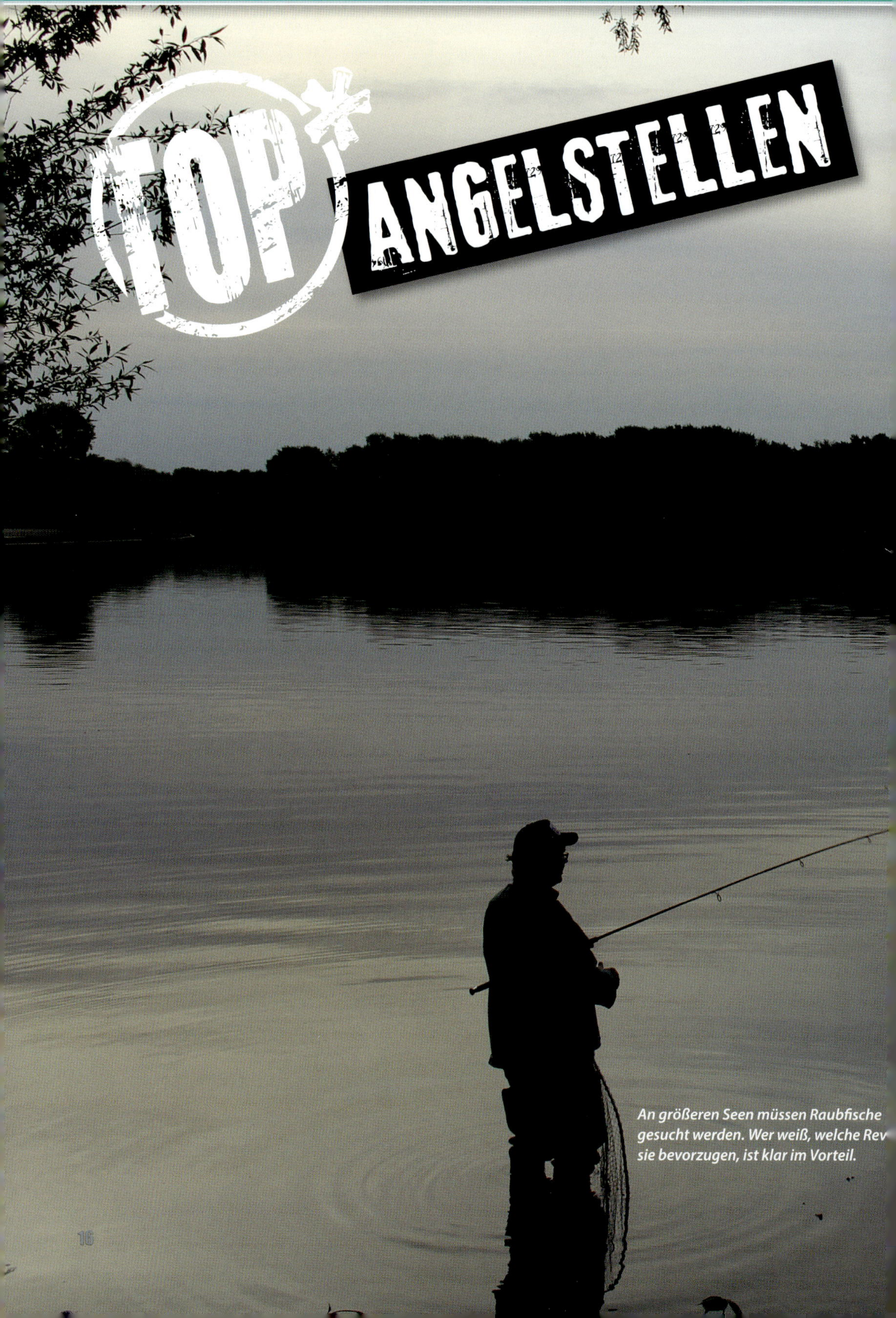

An größeren Seen müssen Raubfische gesucht werden. Wer weiß, welche Rev sie bevorzugen, ist klar im Vorteil.

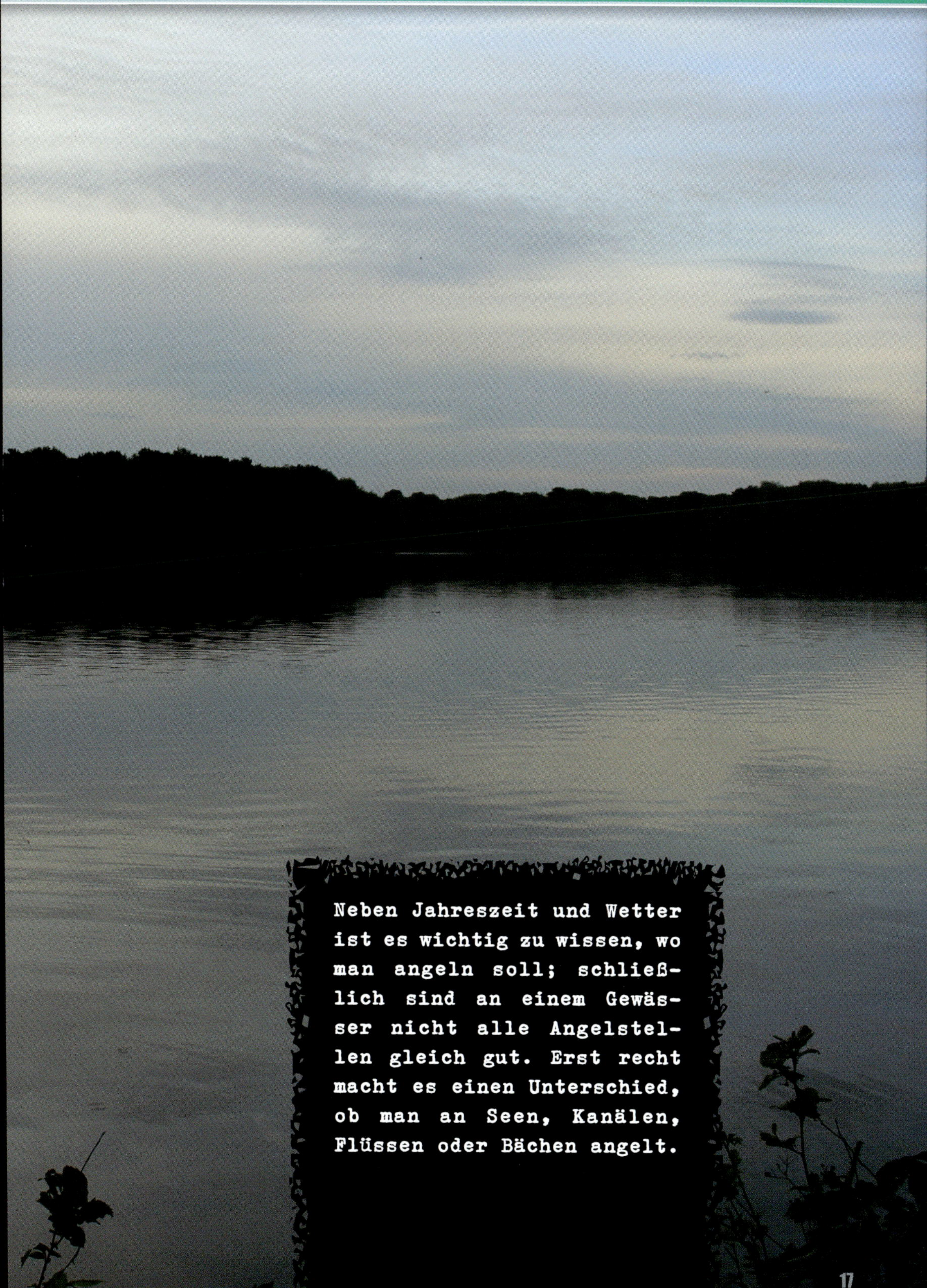

Neben Jahreszeit und Wetter ist es wichtig zu wissen, wo man angeln soll; schließlich sind an einem Gewässer nicht alle Angelstellen gleich gut. Erst recht macht es einen Unterschied, ob man an Seen, Kanälen, Flüssen oder Bächen angelt.

RAUBFISCHPLÄTZE IN SEEN

Seen ohne Zuflüsse sind geschlossene Ökosysteme und unterscheiden sich dadurch nicht nur von Flüssen, die in ihrem Lauf die bekannten und nach Fischarten benannten Regionen aufweisen, sondern je nach ihrer geografischen Lage auch erheblich voneinander. Würde man beispielsweise mit denselben Angelmethoden, mit denen man an alpinen Seen fischt, auch an Flachlandseen zu Werke gehen, bliebe man mit höchster Wahrscheinlichkeit bei jedem Angelausflug Schneider. Es ist daher wichtig zu wissen, wie, wann und wo man an welchem See zu fischen hat.

In kleineren Seen springen einem aussichtsreiche Angelplätze förmlich ins Auge. Bootsstege, Seerosenfelder, über das Wasser hängende Äste großer Bäume und Bachmündungen ziehen Raubfische und Raubfischangler hier magisch an. In größeren Seen sind gute Plätze oft nicht auf den ersten Blick auszumachen und müssen mühsam ausgekundschaftet werden. Sowohl für überschaubare als auch für riesige Stillgewässer gilt, dass nicht jede Angelstelle zu jeder Tages- und erst recht Jahreszeit gleich gut ist. Wo es sich wann lohnt, mit der Spinnrute oder der Köderfischmontage den Räubern nachzustellen, vermittelt folgende Übersicht:

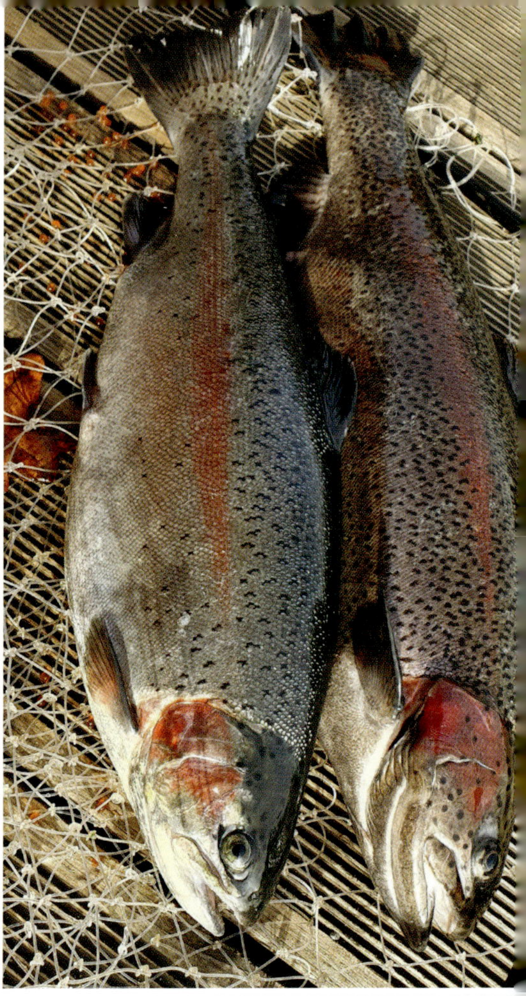

Fischt man an Mittelgebirgsseen mit kleinen Spinnern, wird man oft mit Regenbogenforellen belohnt ... (Foto: Gregor Bradler/Big Fish Media)

BACHEINLÄUFE:

Überall dort, wo Bäche in Seen fließen, findet man das ganze Jahr hindurch gute Angelplätze. Im Sommer tragen die Bäche kühles und sauerstoffreiches Wasser sowie zusätzliches Futter in die Seen ein und sorgen so dafür, dass die Fische stets aktiv und in Fresslaune sind. Im Winter sorgt das fließende Wasser ebenfalls für angenehme Temperaturen, so dass an Einläufen auch dann noch mit Räubern zu rechnen ist, wenn im Rest des Gewässers nichts beißen will. Im Sommer sollte man Bächen nach ergiebigen Regenfällen besondere Aufmerksamkeit schenken, denn

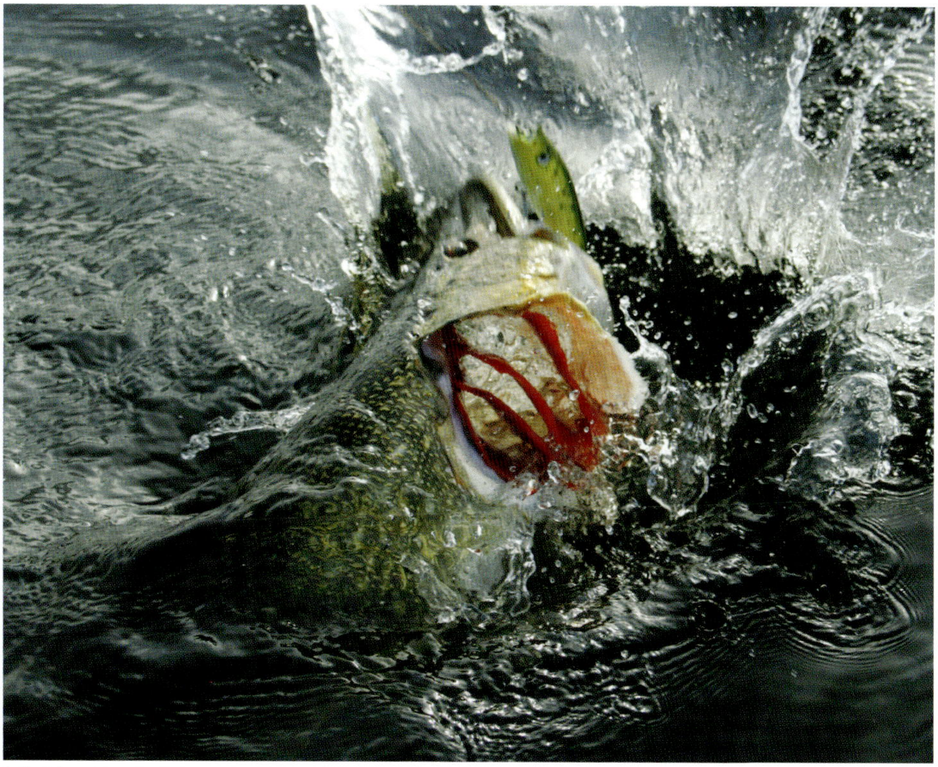

... würde man diese Köder an Flachlandseen benutzen, bliebe man beim Hechtangeln oft Schneider, denn hier punkten größere Wobbler.

dann tragen sie zusätzliches Futter in die Seen und werden zu Anlaufstellen für Weißfische, denen die Räuber dorthin folgen. Bacheinläufe sind von Frühjahr bis Herbstanfang oft exzellente Plätze für das nächtliche Angeln auf Aale und Waller.

SEEROSENFELDER:

Da man zwischen den zahllosen Pflanzen unmöglich angeln kann, bieten sich die Ränder von Seerosenfeldern im Sommer als vorzügliche Angelplätze an. Unter dem schützenden Pflanzendach versammeln sich alle im Gewässer vorkommenden Fischarten, sodass für die Räuber der Tisch dort reich gedeckt ist. Im Spätherbst, wenn die Pflanzen im Absterben begriffen sind, findet man dort noch immer ein sehr gutes Hechtrevier. Mit Beginn der ersten Nachtfröste verlassen jedoch die Futterfische und auch die Hechte den ehemaligen Pflanzendschungel.

TIPP

Wathosen- bzw. -stiefel erhöhen den Bewegungsradius beim Spinnfischen. Vor allem, wenn man Sandbänke, Bachmündungen und Schilflücken beangelt.

SCHILFUFER:

In den Sommermonaten sind mit Schilf bewachsene Uferstrecken sowie Schilffelder sehr gute Plätze für das frühmorgendliche und abendliche Raubfischangeln. Überall dort, wo man am Tage große Mengen Jungfische im Flachwasser ausmachen kann, lohnt sich ein abendlicher Raubfischansitz bzw. ein Besuch mit der Spinnrute.

SANDBÄNKE:

Flache Sandbänke sind im Frühjahr und Sommer Top-Anlaufstellen für Raubfische. Mit Einbruch der Dunkelheit finden sich dort Zander, Barsche und Hechte ein und machen Jagd auf Kleinfische. Der saubere Grund macht Sandbänke wie geschaffen für das Angeln mit Twistern und Gummifischen. Wo solche Bänke bis weit ins Gewässer ragen, muss man in Watstiefel steigen, um die besonders aussichtsreichen Schnittstellen zum tieferen Wasser befischen zu können.

SCHARKANTEN:

Als Scharkanten bezeichnet man Strukturen des Gewässergrunds, an denen flache Bereiche unvermittelt in die tiefen übergehen. (Am Bodensee wird diese etliche Kilometer lange Kante als Halde bezeichnet und ist mit Bojen markiert.) Die Unterwasserklippen sind von Januar bis Dezember die besten Angelstellen in größeren Seen. Wer vom Boot aus fischen kann, sollte solche Bereiche mit Wobblern und Blinkern nach Hechten sowie mit Gummiködern nach Zandern und Barschen absuchen.

STEGANLAGEN:

Barsche, Zander und Hechte zieht es besonders im Frühjahr und Sommer in die Nähe von Bootsstegen, wo sie unter den Kähnen und Sportbooten ihre Einstände beziehen. Hier greift man am besten zu auffälligen Spinnködern, welche die Räuber reizen

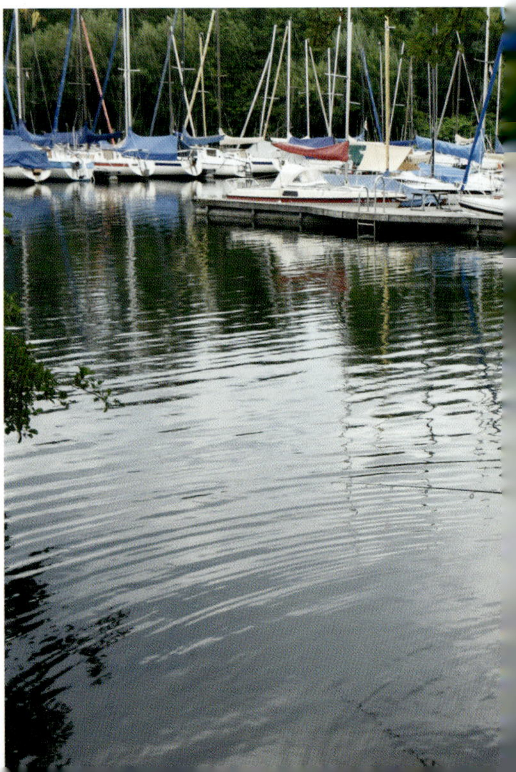

Bootsstege und Sportboothäfen sind sommerliche Hot-Spots für Spinnfischer.

und zur Attacke verführen. In Gewässern mit gutem Barschbestand kann der Einsatz von Drop-Shot-Montagen Wunder wirken. Sind die Seen tief (z.B. Stauseen), sodass man unter den Booten viele Meter Wassertiefe vorfindet, sind Steganlagen auch im Winter gute Angelplätze. Stege müssen vorsichtig beschritten werden, denn die darunter stehenden Fische reagieren auf Erschütterungen und Lärm empfindlich.

STEILUFER:

Steilufer sind vor allen Dingen für Barsch- und Zanderangler sehr interessant, denn die Stachelritter stehen gern im Schatten der mächtigen Wände, wo sie bevorzugt Jagd auf Kleinfische machen, die sich von den an den Steinen angesiedelten Schnecken und Würmern ernähren. Für die Raubfischangelei an Steilufern ist ufernahes Angeln das oberste Gebot. Sowohl vom Ufer als auch vom Boot aus sind Vertikalköder sehr gut.

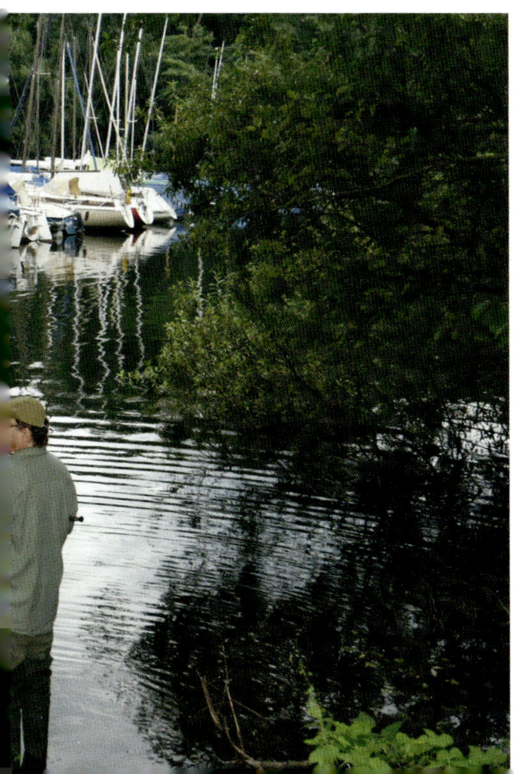

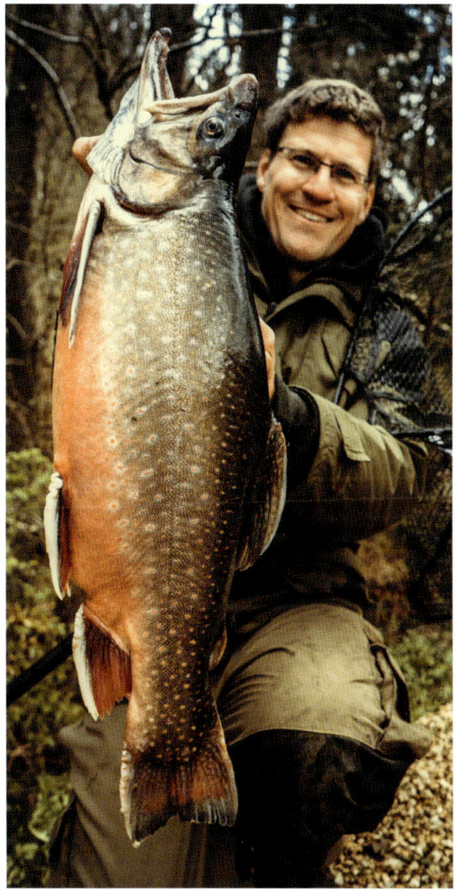

An Gewässern mit Salmonidenbestand sind Staumauern Top-Plätze für Seesaibling. (Foto: Gregor Bradler/Big Fish Media)

STAUMAUERN:

An Talsperren zählen die Staumauern zu den besten Ganzjahresangelstellen fürs Bootsangel, denn hier finden sich Hechte, Barsche und Zander ein. Am besten befischt man diese tiefen Bereiche mit Vertikalködern (Pilker, Zocker etc.). An manchen Talsperren sind die Staumauern auch hervorragende Plätze zum Fang von Salmoniden (Seeforellen und Seesaiblingen).

RAUBFISCHPLÄTZE IN KANÄLEN

An schnurgeraden Kanälen ist es nicht leicht, gute Angelstellen zu finden. Es sind Kleinigkeiten, die hier gute von aussichtslosen Plätzen unterscheiden.

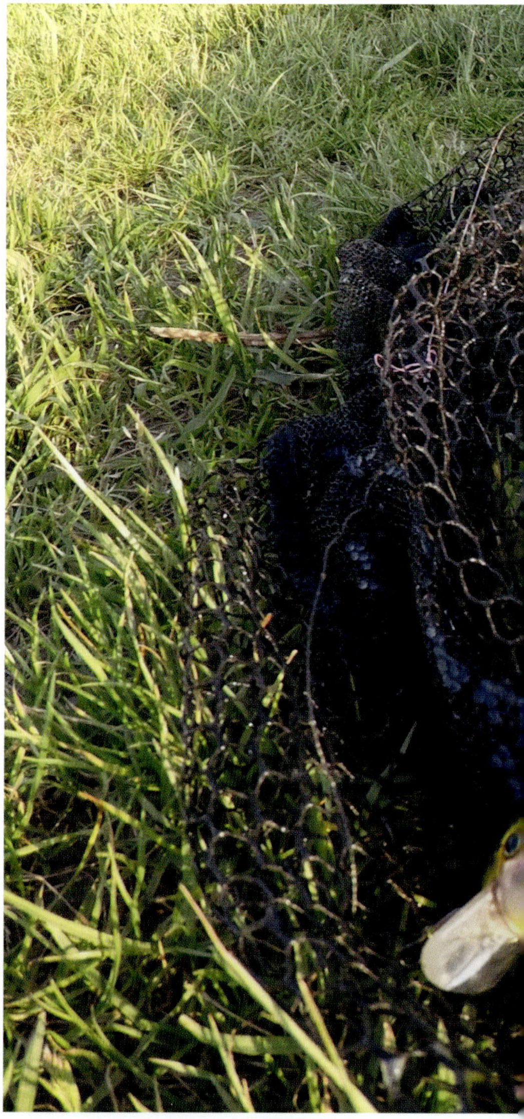

BRÜCKEN:

Brücken sind tagsüber Top-Stellen für Barsche und Zander. Die Stachelritter stören sich dabei nicht am Verkehrslärm, der durch Autos bzw. Eisenbahnen verursacht wird. Für Angler ist dies auf Dauer aber nervenaufreibend, sodass Ansitzangeln dort keine gute Idee ist. Will man unter Brücken Barsche fangen, so greift man zu Spinnern, hat man es auf Zander abgesehen, sind dicht am Grund geführte Twister und Gummifische besser, weil Zander tagsüber immer tief stehen.

SCHLEUSEN:

Obgleich die eigentlichen Schleusenanlagen von Anglern meist nicht betreten werden dürfen, lohnt es sich, in ihrer Nähe zu fischen, denn die erheblichen Wasserbewegungen während einer Schleusung wirbeln Futter für Kleinfische vom Grund auf und machen sie somit zu einem Anziehungspunkt für Raubfische. Vor allem Zander und Barsche werden unterhalb von Schleusen gefangen, aber auch Waller und Rapfen stellen sich gern dort ein.

SCHIFFSANLEGER:

Schiffsanleger, also aus dem Wasser ragende Pfähle bzw. Masten, bieten Zandern und Barschen Deckung. Hier lohnen sich Ansitze mit Köderfischen oder das Spinnfischen mit Gummiködern.

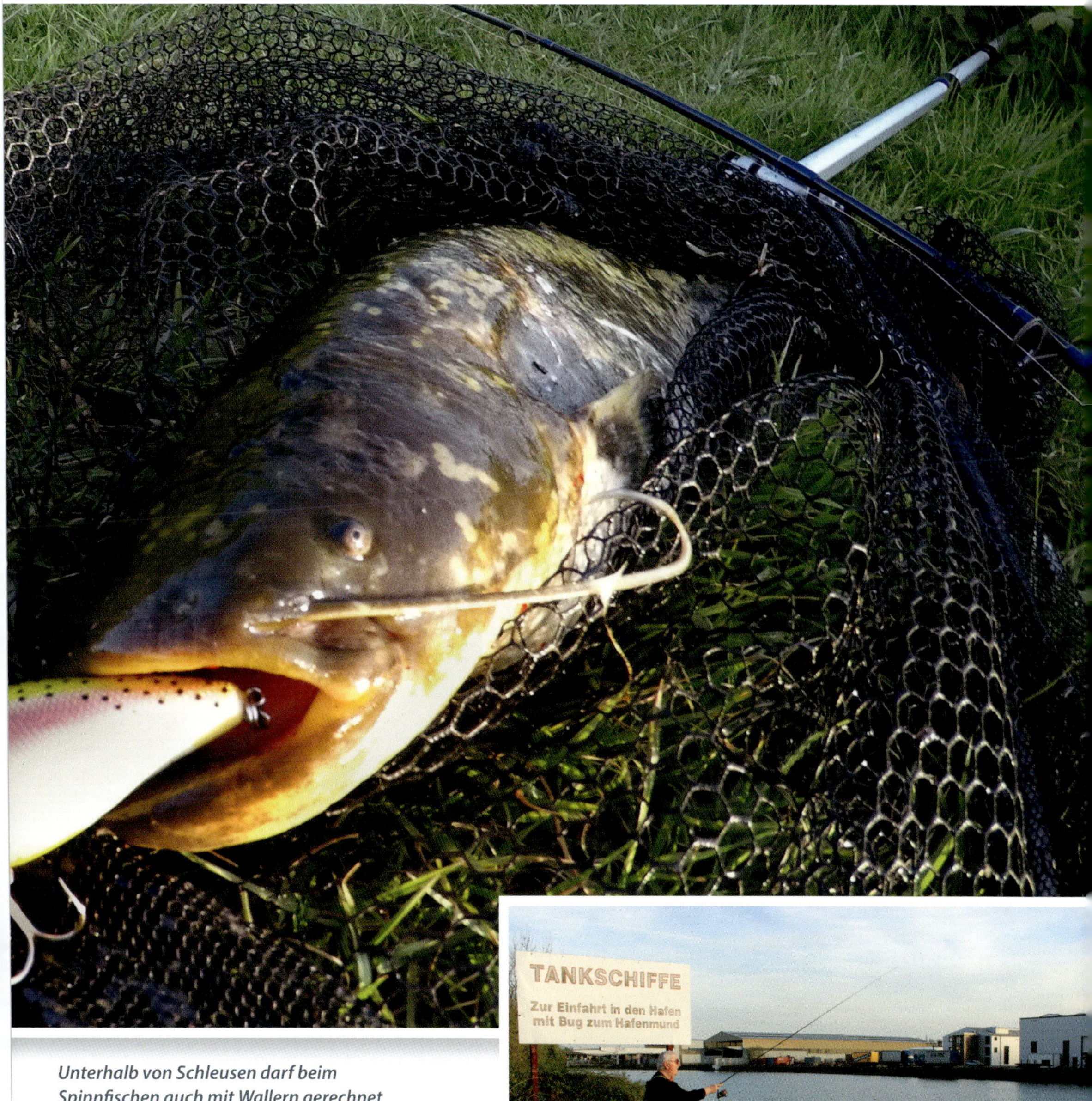

Unterhalb von Schleusen darf beim Spinnfischen auch mit Wallern gerechnet werden. Dieser schnappte sich einen Kugelwobbler.

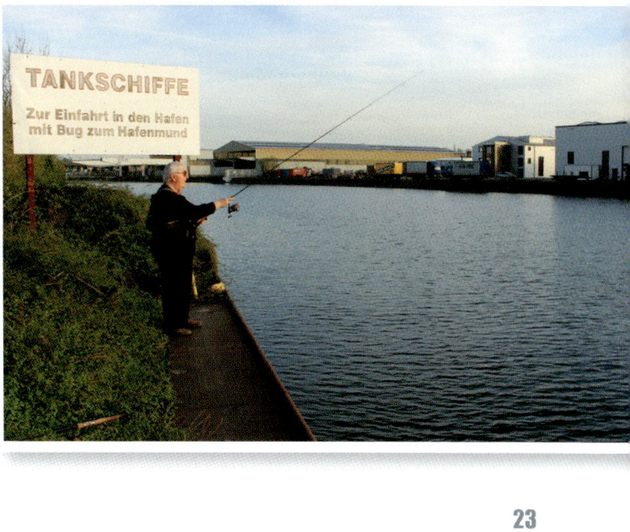

Kanalhäfen sind Top-Reviere für Spinn- und Ansitzangler.

RAUBFISCHPLÄTZE IN BÄCHEN UND KLEINEN FLÜSSEN

Bäche und kleine Flüsse werden von Anglern oft unterschätzt, sodass in manchen kleineren Fließgewässern selten oder gar nicht geangelt wird. Kleine Fließgewässer, mitunter auch Nebenarme von größeren Flüssen, sind aber oft wahre Traumreviere für Spinn- und Ansitzangler, die es auf Döbel und Forellen abgesehen haben. An Bächen beginnt mit im Januar oder Februar gefangenen Döbeln oft die Angelsaison.

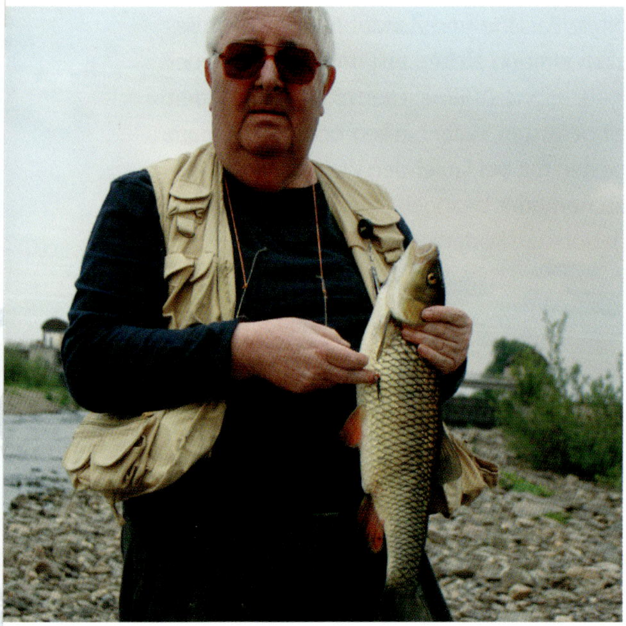

Kleine Flüsse und Bäche sind oft Top-Reviere für Döbel.

BRÜCKEN:

Brücken (auch kleine Holzbrücken) spenden Schatten und zählen damit zu den bevorzugten Einstellplätzen für Barsche und Zander. Besonders an heißen Sommertagen und bei sehr klarem Wasser sind Flussübergänge immer einen Versuch wert. Spinnfischer sollten diese Bereiche intensiv befischen. (Natürlich darf man nicht von Brücken herab angeln, sondern man befischt sie vom Ufer oder an der Brücke verankertem Boot aus!)

ÜBERHÄNGENDE ÄSTE:

An Bächen sind überhängende Äste sowie über den Uferrand wuchernde Sträucher im Sommer Top-Plätze, denn sie bieten Forellen und Döbeln Deckung. Spinnfischer sollten hier kleine Wobbler einsetzen. Naturköderangler fischen am besten mit Würmern oder kleinen Köderfischen an einer leichten Posenmontage.

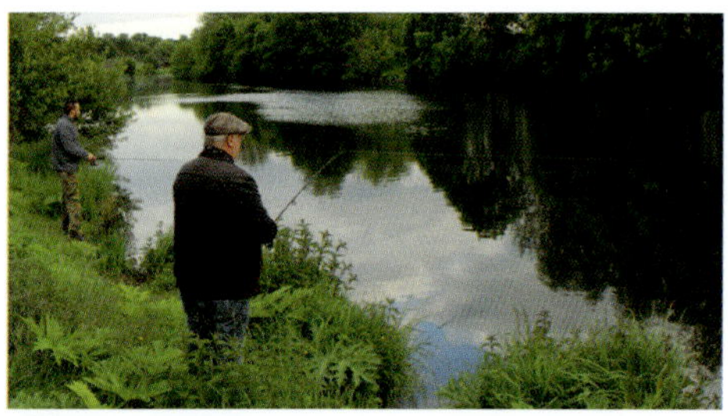

An kleinen Flüssen und Bächen kann man mit leichten Spinnmontagen wunderbare Fischwaid erleben.

GUMPEN:

Als Gumpen bezeichnet man tiefe Ausspülungen im Fluss- bzw. Bachbett. In Bächen zählen diese Löcher zu den bevorzu-

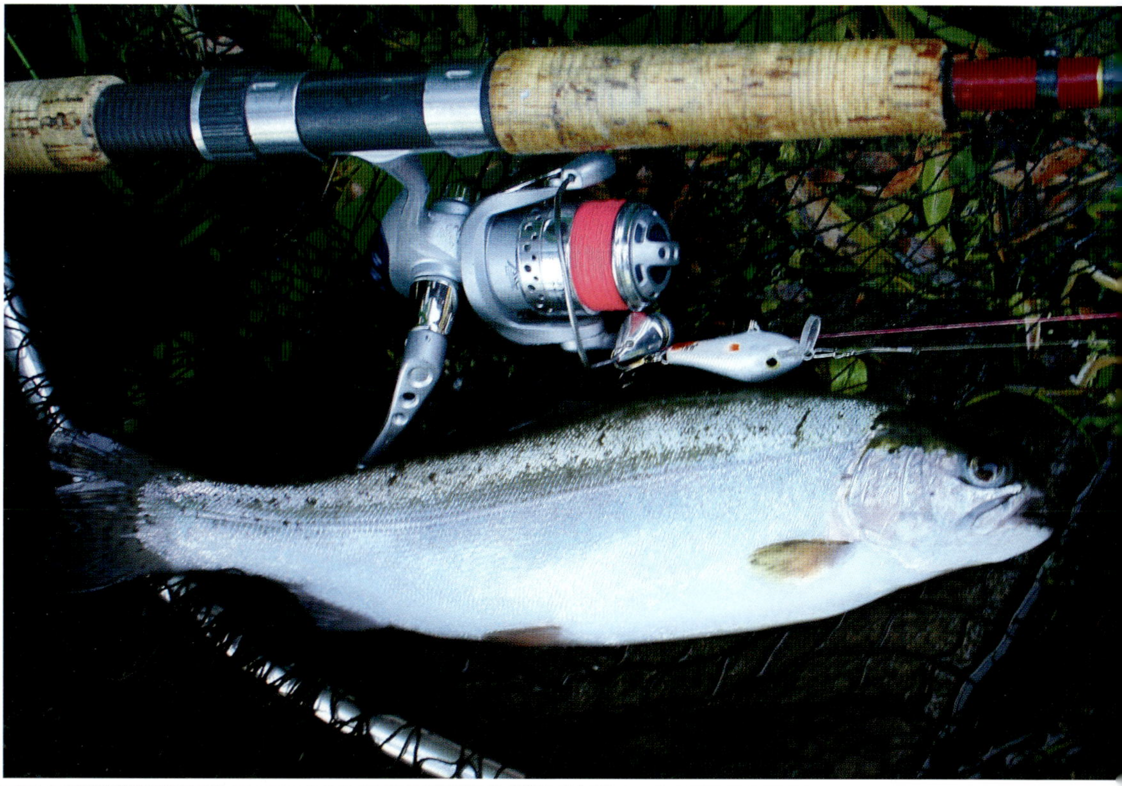

Wehre sind beliebte Forelleneinstellplätze. Diese Regenbogenforelle biss auf einen kleinen Wobbler.

ten Einstellplätzen von Bachforellen. In Flüssen stellen sich dort auch andere Raubfische ein. Vor allem nachtaktive Fische wie Aale, Waller und Zander schätzen Gumpen als Stätten für ihre Tagesruhe.

WEHRE:

Wehre gehören zu den besten Angelstellen in Bächen sowie in kleineren und mittelgroßen Flüssen. Der hohe Sauerstoffgehalt des Wassers unterhalb der Wehranlagen macht diese Flussabschnitte besonders im Sommer sehr interessant. In der recht starken Strömung direkt unterhalb des Wehrfalls fühlen sich Rapfen und mancherorts Bach- und Regenbogenforellen sehr wohl. Hechte und Döbel findet man hingegen eher am Rand des Kehrwassers, wo die Strömung bereits deutlich ruhiger ist. An größeren Flüssen sind die Strecken oberhalb von Wehren gute herbst- und winterliche Angelplätze, denn dann schätzen die Fische eher das ruhigere und tiefere Wasser. Spinnfischer sollten sich stets der Hängergefahr durch Äste und anderes Treibgut an Wehren bewusst sein.

ANSITZ ANGELN

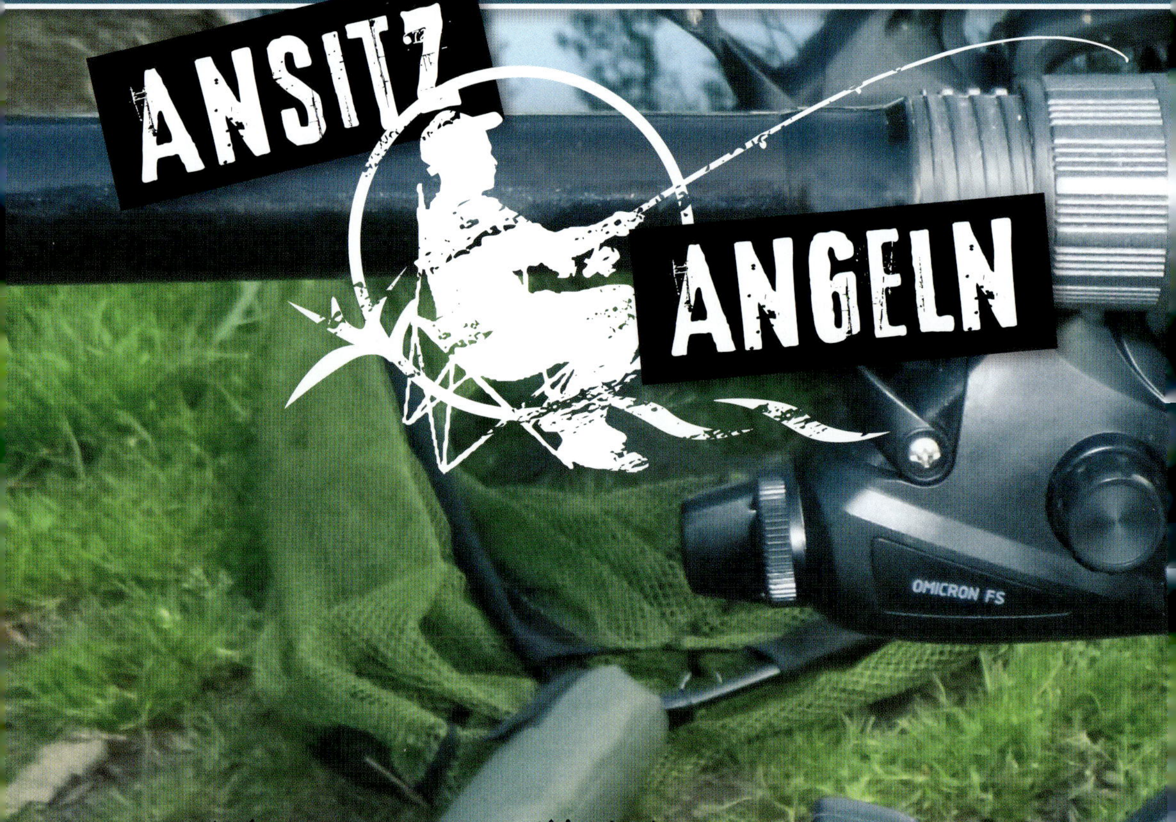

Ansitzangeln ist die wohl ursprünglichste und gemütlichste Form des Angelns. Das Fischen mit Naturködern hat aber wenig mit klassischem Würmchenbaden gemein. Längst reicht es nicht mehr aus, einen Köderfisch auf einen Drilling zu stecken und auf einen hungrigen Hecht zu warten. Angeln mit Köderfischen, Fetzen, Würmern und exotischen Ködern ist keineswegs bequemer oder einfacher, als das Spinnfischen auf Räuber.

Eine mit monofiler Schnur perfekt bespulte Freilaufrolle.

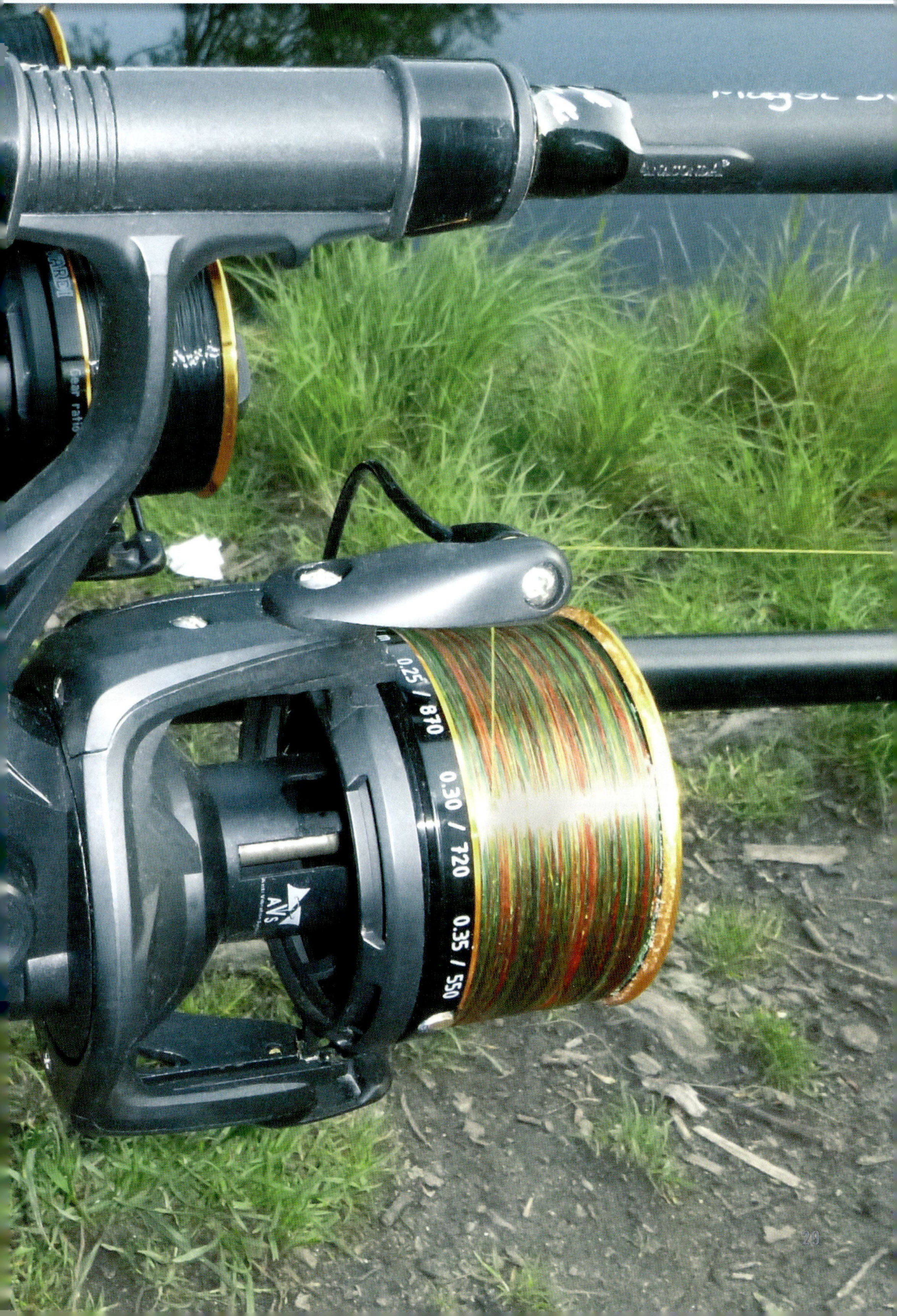
0.25 / 870
0.30 / 720
0.35 / 550

ANSITZANGELN MATERIAL

RUTEN

Da man es beim Ansitzangeln auf große Fische abgesehen hat, müssen kräftige Ruten mit einem hohen Wurfgewicht und einem starken Rückgrat gewählt werden. Obgleich es noch immer Teleskopruten gibt, entscheiden sich die meisten Angler für zweiteilige Steckruten. Schaut man in die Kataloge der vielen unterschiedlichen Angelgerätehersteller, so kann man rasch den Eindruck gewinnen, für jedes Gewässer und jede Raubfischart sei eine jeweils andere Rute nötig. An Baggerseen muss es laut Hersteller B unbedingt die Weitwurf-Hechtrute C sein, während die Experten der Firma D dort nichts anderes als die ultimative Zander-Posenrute E empfehlen. Unter langjährigen Raubfischexperten mögen solche Feinheiten durchaus Stoff für nächtelange Diskussionen bieten, für Einsteiger sind diese Glaubenskriege allerdings Quatsch, denn mit einer Karpfenrute (sog. Boilierute) liegen die meisten Angler beim Ansitz auf Räuber goldrichtig.

Die ursprünglich für das Angeln mit Boilies entwickelten Karpfenruten haben ihre Qualitäten als Raubfischruten schon lange unter Beweis gestellt und sind daher die idealen Stöcke für das Naturköderangeln auf große und kampfstarke Raubfische (vor allem Hechte und Aale). Fast alle Boilieruten sind 3,3 Meter lang, was elf englischen Fuß entspricht. Im Unterschied zu anderen Angelruten werden Karpfenruten nicht nach Wurfgewichtsangaben klassifiziert, sondern nach sog. Testkurven, die mit dem englischen Kürzel lbs. (Pounds = Pfund) auf dem Rutenblank angegeben werden. Die gängigste Klasse ist dabei 2,5 lbs. Dies entspricht einem Wurfgewicht von etwas mehr als 100 Gramm. Allerdings kann man mit diesen Stöcken auch weitaus leichtere Montagen wunderbar auswerfen, sodass sie auch für das Zanderangeln sehr gut zu gebrauchen sind. Allein für den Fang von Barschen sind diese stabilen Ruten zu steif, sodass für einen Barschansitz auf eine Spinnrute als Ansitzrute zurückgegriffen werden sollte.

ROLLEN

Für das Ansitzangeln auf Raubfische sind Stationärrollen der Größe drei bis vier ideal. Im Fachhandel werden diese Rollen als 3000er- bzw. 4000er-Modelle angeboten. Diese Rollen passen hervorragend zu den als Raubfischruten genutzten Karpfenruten. Neben einem leichten Lauf und einer guten Schnurverlegung vervollständigt eine exakt arbeitende und gut justierbare Bremse die Qualitätsmerkmale einer Rolle. Alle modernen Rollen ab einer Preisklasse von etwa 80 Euro erfüllen diese Voraussetzungen. Wer seine Rollen ausschließlich für das Ansitzangeln nutzen möchte ist gut

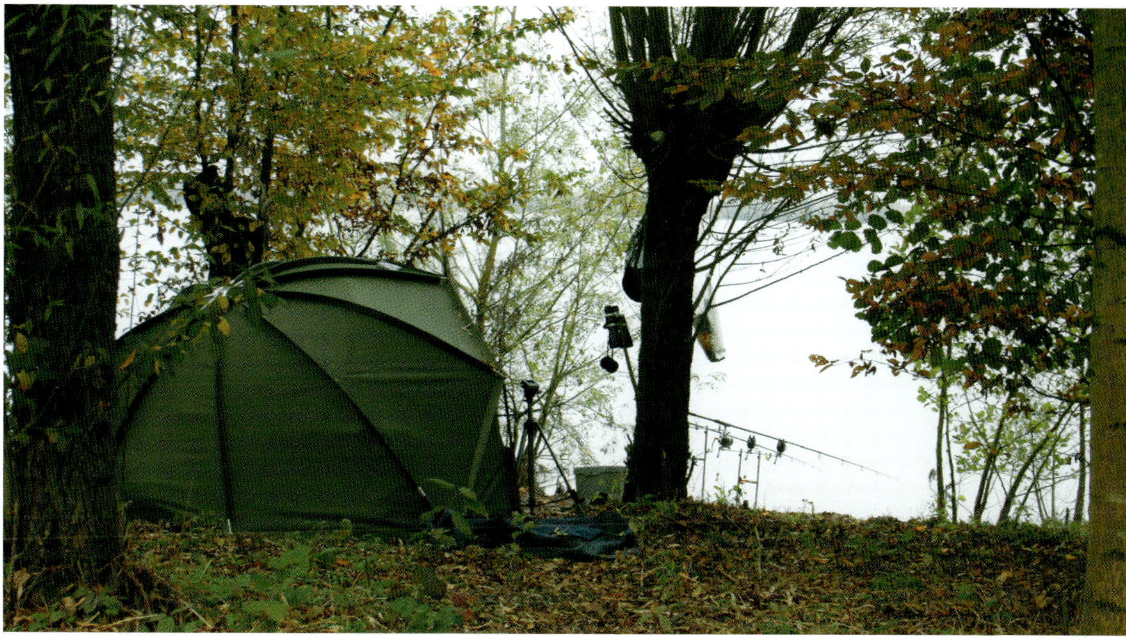

beraten, sog. Freilaufrollen anzuschaffen. Dieser Rollentyp hat den Vorteil, dass ein beißender Fisch auch bei geschlossenem Schnurfangbügel Schnur von der Rolle ziehen kann, was an fließenden Gewässern ein entscheidender Vorteil gegenüber herkömmlichen Stationärrollen ist. Moderne Freilaufrollen verfügen über fein justierbare Bremseinstellungen, sodass für jedes Gewässer und für fast alle Strömungsverhältnisse die entsprechende Einstellung gewählt werden kann. Die meisten Rollen werden mit zwei Spulen (Wechselspulen) geliefert. Diese Spulen sollte man mit unterschiedlichen Schnüren bewickeln, sodass man auf wechselnde Gegebenheiten reagieren kann (z.B. eine mit 25er monofiler fürs gezielte Zanderfischen und die andere mit 20er geflochtener für den nächtlichen Aalansitz). Beim Ansitzangeln ist es wichtig, möglichst viel Schnur auf der Rolle zu haben. Allerdings darf es nicht zu viel sein, sonst drohen beim Wurf Schnurverwickelungen (sog. Perücken). Eine Rollenspule ist dann perfekt gefüllt, wenn sie bis knapp unter den Rand bewickelt ist, sodass vom oberen Spulenrand noch etwa ein Millimeter zu sehen ist.

SCHNUR

Ob man sich beim Ansitzangeln für monofile oder geflochtene Schnur entscheidet ist nicht allein eine Frage des persönlichen Geschmacks, sondern auch der Angelsituation geschuldet. Zwar kann geflochtene Schnur in einigen Situationen (z.B. beim nächtlichen Aalangeln in der Nähe von Unterwasserhindernissen oder beim Angeln mit Segelposenmontagen über sehr weite Distanzen) klare Vorteile gegenüber monofiler, also herkömmlicher, Angelschnur aufweisen, doch sind Einsteiger gut beraten, zunächst zu einer monofilen Angelschnur zu greifen. Der Fachhandel unterscheidet zwischen weichen und harten Monoschnüren. Grundangler sollten stets eine harte Schnur wählen, denn sie weist im Vergleich zu einer weichen (zu erkennen an Namen wie Soft oder Stretch) eine wesentlich geringe Dehnbarkeit auf. Unter harter Schnur versteht man eine monofile Leine, die aufgrund ihres geringen Dehnungspotentials Anhiebe auch über weite Distanzen gut in den harten Raubfischmäulern unterbringt.

Meist ist harte Schnur braun, sandfarben, marineblau oder grün gefärbt, um über schlammigem oder sandigem Grund bzw. im blauen oder grünen Wasser von Seen oder Ozeanen unauffällig zu wirken. Berührt man diese Schnur, so stellt man fest, dass sie recht widerborstig ist und an ihren Enden sogar „pieksig" sein kann. Im Vergleich zu einer weichen Monofilschnur lässt sich harte etwas schlechter knoten, was aber bei dünneren Schnüren (unter 50er) selten zu einem Problem wird. Monofile Schnur sollte nur ein Jahr bis maximal zwei Jahre auf der Rolle bleiben, denn sie verliert durch Sonnenlicht, wechselnde Temperaturen sowie den Wechsel von Feuchtigkeit und Trockenheit ihre Elastizität und Tragkraft. Schnur sollte man nicht daheim (auch nicht im dunklen Keller) lagern, sondern beim Fachhändler des Vertrauens zu Beginn einer neuen Angelsaison aufspulen lassen. Als Faustregel sei Einsteigern beim Kauf monofiler Schnur empfohlen, stets die etwas teureren Schnüre zu wählen und von Billigleinen sowie sog. Zielfischschnüren (zu erkennen an der Abbildung einer einzelnen Fischart auf der Verpackung) die Finger zu lassen. Gute monofile Angelschnur gibt es z.B. von den Herstellern Berkley und Stroft.

TIPP

Nach einem hartnäckigen Hänger oder dem Drill eines großen Fisches ist monofile Schnur oft überdehnt. Schneiden Sie nach einem solchen Ereignis die letzten rund drei Meter ab und entsorgen sie im Müll.

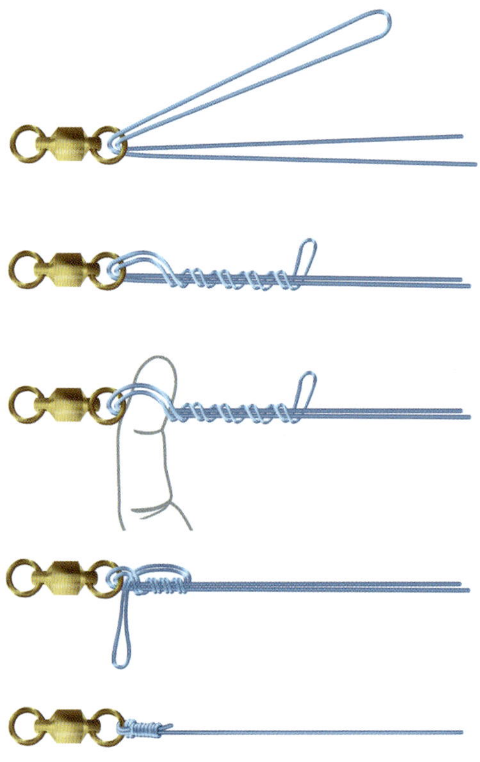

Monofile Schnüre knotet man am sichersten mit einem doppelten Clinchknoten. (Zeichnung: H. Dänekas)

Was ist Nassfestigkeit?

Die auf der Verpackung angegebene Knotenfestigkeit monofiler Angelschnur bezieht sich auf deren sog. Nassknotenfestigkeit. Nassknotenfestigkeit hat nichts mit der Tragkraft des Knotens unter Wasser zu tun, sondern gibt die tatsächliche Tragkraft einer Angelschnur am fachmännisch gebundenen Knoten an. Um die optimale Tragkraft einer Schnur (und somit auch ihrer Knoten) zu erreichen, muss eine Angelschnur beim Knotenbinden mit Wasser oder Speichel angefeuchtet werden, denn nur so kann eine Beschädigung durch Reibungshitze beim Zuziehen des Knotens vermieden werden.

GRUNDBLEIE

Viele Angler schenken der Wahl des richtigen Grundbleis zu wenig Beachtung. In stehenden Gewässern muss ein Laufblei drei Eigenschaften haben: Es muss reibungslos auf der Hauptschnur gleiten und darf dem Fisch beim Biss keinen Widerstand entgegensetzen, es muss schwer genug sein, um den Köder an die gewünschte Stelle werfen zu können und es muss leicht genug sein, um nicht im Grund zu versinken. In fließenden Gewässern wird von einem Laufblei noch eine vierte Eigenschaft gefordert, nämlich schwer genug zu sein, um der Strömung standzuhalten und gleichzeitig so leicht zu sein, dass es den Fisch bei der Köderaufnahme nicht misstrauisch werden lässt.

Im Wesentlichen gibt es vier Formen von Grund- bzw. Laufbleien: Kugelbleie, Olivenbleie, Dreiecksbleie und Sechskantbleie (auch Sargbleie genannt). Kugel- und Olivenbleie sind die gängigsten Formen und werden auch zum Austarieren größerer Posen verwendet. Sie eignen sich sehr gut als Grundbleie zum Beangeln von Gewässern mit sauberem Grund (Sand- bzw. Kiesgrund). Dreiecksbleie sind hervorragende Grundbleie für das Angeln in starker Strömung. Durch ihre großen und flügelartigen Seitenflächen bleiben sie auch in stark strömenden Gewässern stets am Grund. Allerdings neigen diese Bleie sehr leicht zu Hängern. Sechskantbleie werden ebenfalls in strömendem Wasser eingesetzt. In stehenden Gewässern sollte man aufgrund der Hängergefahr nur auf sie zurückgreifen, wenn man über absolut sauberem Grund (Sandgrund) fischt. In den meisten Gewässern kommt man mit kugelförmigen Bleien zurecht.

Neben den Laufbleien muss jeder Angler auch Birnenbleie in verschiedenen Gewichten in seiner Gerätebox haben, denn aus ihnen lassen sich sog. Seitenarme fertigen, die überall dort verwendet werden, wo man kein Laubblei direkt auf die Schnur ziehen möchte. Eine Seitenarm besteht aus einem (meist 15 bis 30 Zentimeter langen) Stück Angelschnur, dem Birnenblei und einem Tönnchenwirbel. Wirbel und Blei werden an die beiden Schnurenden geknotet. Der Wirbel wird dann anstelle eines herkömmlichen Laufbleis auf die Hauptschnur gezogen. Der Vorteil eines Seitenarms, dessen Schnur viel dünner als die gewählte Hauptschnur sein muss, besteht darin, dass bei einem Hänger nur das Blei und nicht auch der gehakte Fisch verloren geht.

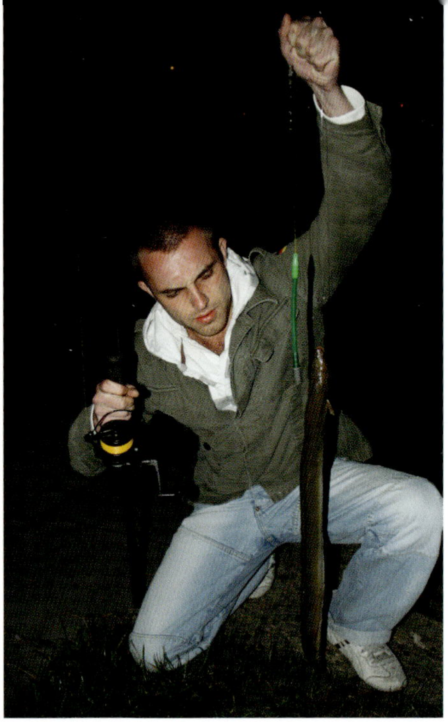

Über schlammigem Grund sind Tiroler Hölzl weitaus besser als normale Grundbleie.

TIROLER HÖLZL

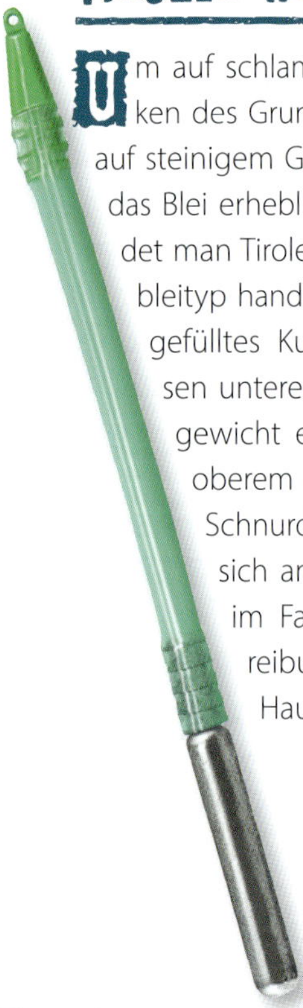

Um auf schlammigem Grund ein Einsinken des Grundbleis zu verhindern oder auf steinigem Grund die Hängergefahr für das Blei erheblich zu reduzieren, verwendet man Tiroler Hölzl. Bei diesem Grundbleityp handelt es sich um ein mit Luft gefülltes Kunststoffröhrchen, an dessen unterem Ende ein schmales Bleigewicht eingelassen ist. An dessen oberem Ende befindet sich ein Schnurdurchlauf. Das Hölzl richtet sich am Grund auf und sorgt so im Falle eines Bisses für einen reibungslosen Durchlauf der Hauptschnur.

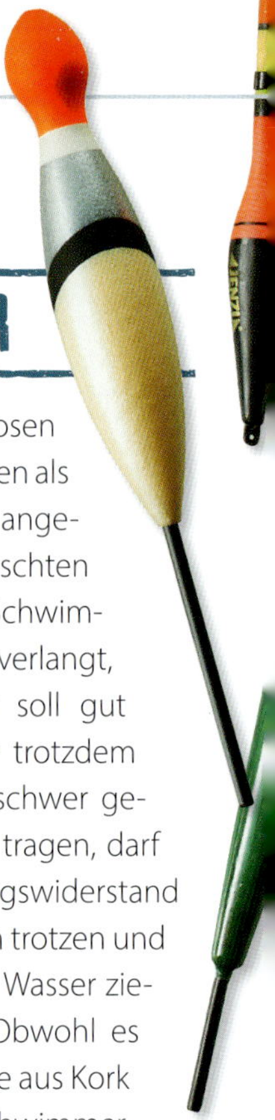

POSEN/SCHWIMMER

Im Wesentlichen haben Posen zwei Funktionen. Sie dienen als Bissanzeiger und sollen den angebotenen Köder in der gewünschten Tiefe halten. Von modernen Schwimmern wird aber viel mehr verlangt, denn ein guter Schwimmer soll gut sichtbar sein, die Fische aber trotzdem nicht verschrecken, er muss schwer genug sein, um einen Köder zu tragen, darf beim Biss aber nicht viel Abzugswiderstand leisten; er soll Wind und Wellen trotzen und darf unter keinen Umständen Wasser ziehen oder gar leckschlagen. Obwohl es noch immer klassische Modelle aus Kork gibt, werden die meisten Schwimmer heute aus leichten Kunststoffen hergestellt. Es gibt Posen mit Gummiringen, die dazu dienen, sie fest auf der Hauptschnur zu fixieren (sog. feststehende Posen) und solche mit einer Schnurinnenführung bzw. mit außen angebrachten Laufringen (sog. Laufschwimmer). Laufschwimmer werden mittels auf die Hauptschnur geknoteten Schnurstoppern in der gewünschten Angeltiefe fixiert.

HAKEN

Nur für Hechtmontagen an Stahlvorfächern verwendet man Drillingshaken. Bei allen anderen Raubfischen reichen Einzelhaken vollkommen aus. Je nach anvisierter Zielfischart bzw. angebotener Köder müssen unterschiedliche Haken benutzt werden. Während man für Zander dünne und scharfe Haken einsetzt, weil sie wesent-

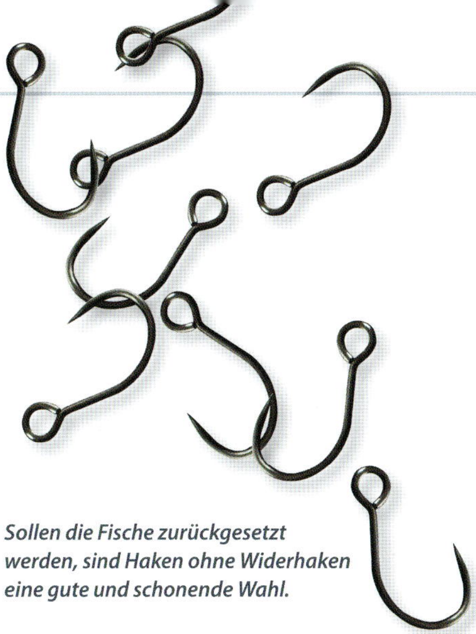

Sollen die Fische zurückgesetzt werden, sind Haken ohne Widerhaken eine gute und schonende Wahl.

lich sicherer in die harten Mäuler eindringen und dort keiner großen Belastung ausgesetzt sind, greifen Wallerangler zu dickeren Modellen, die einem langen Drill besser standhalten. Für das Angeln auf Aale mit Würmern verwendet man sog. Wurmhaken, die mit kleinen Widerhäkchen versehen sind, auf denen ein einzelner Wurm oder ein Bündel nicht verrutschen kann. Am besten kaufen Einsteiger sog. Zielfischhaken, die im Fachhandel mit Bezeichnungen wie Wallerhaken, Zanderhaken etc. geführt werden.

VORFÄCHER

Für alle Raubfischarten (außer Hechte) können Vorfächer aus monofiler Schnur verwendet werden. Man kann Vorfächer entweder selber binden oder kauft sie fertig gebunden als Vorfachhaken im Angelgerätefachhandel. Einsteiger, die ihren eigenen Bindekünsten noch nicht voll vertrauen können, sollten auf die Vorfachhaken aus dem Handel zurückgreifen. Hier ist es wichtig, keine Billigprodukte zu erstehen, sondern zu den Vorfachbriefchen renommierter Hersteller zu greifen (kaufen Sie einfach nicht die billigsten). Die fertigen Vorfächer werden oft mit dem entsprechenden Zielfisch auf der Verpackung angeboten, was Einsteigern, anders als beim Kauf von Angelschnur für denselben Zielfisch, die Wahl des passenden Vorfachhakens sehr erleichtert. Vorfächer müssen stets dünner als die Hauptschnur sein, damit im Falle eines Schnurbruchs nicht etliche Meter Leine im Wasser verbleiben oder ein Fisch sie hinter sich herziehen muss.

Vorfachhaken gibt es fertig gebunden. Wer die Briefchen mit einem Kaufdatum versieht, läuft nicht Gefahr, sie zu überlagern.

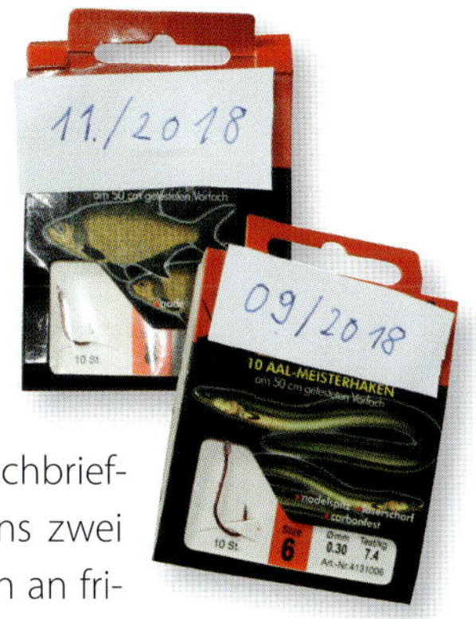

Achten Sie unbedingt darauf, Vorfächer nicht zu überlagern. Monofile Angelschnur hat nur eine begrenzte „Lebenserwartung". Auch in der Gerätebox gelagerte Vorfachbriefchen müssen nach spätestens zwei Jahren ersetzt bzw. die Haken an frische (neue) Schnur gebunden werden. Zwar bietet der Fachhandel viele andere Vorfachmaterialien (Fluorocarbon, Hardmono, Kevlar etc.) an, doch sollte man von solchen Materialien die Finger lassen, denn sie sind entweder zu weich (Fluorocarbon), zu dick (Kevlar) oder zu hart (Hardmono). Für Hechte kommt einzig ein Stahlvorfach in Frage (siehe Kapitel „Gezielt auf Hecht").

RUTENHALTER UND ROD-PODS

Für Uferangler sind gabelförmige Rutenhalter ideal. Auf zwei dieser Halter wird die Grundangel horizontal abgelegt. An steinigen Ufern finden Rutenhalter mit Erdspießen jedoch keinen Halt. Ein modernes Rod-Pod leistet hier die besten Dienste und lässt sich auch innerhalb sehr kurzer Zeit in die gewünschte Position bringen.

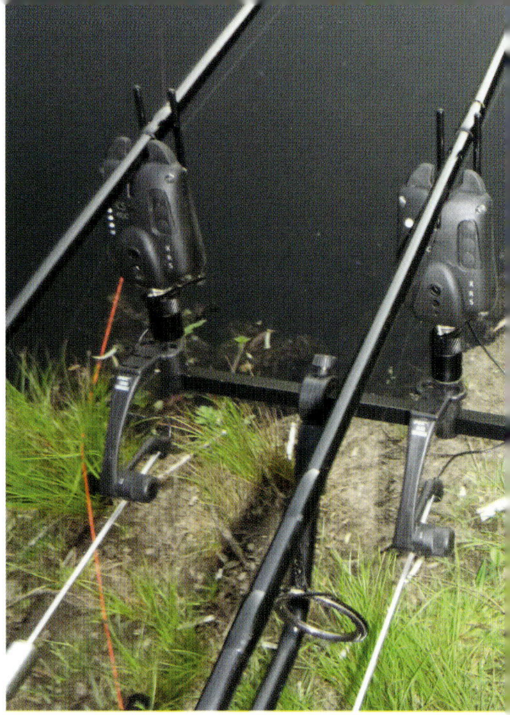

Rod-Pots, hier mit elektrischem Bissanzeiger, sind schnell au und erlauben eine perfekte Ablage der Ruten.

KLETTERAFFEN

Als Kletteraffen werden Bissanzeiger bezeichnet, die in die Hauptschnur der Rute (meist zwischen Rolle und erstem Rutenring) eingehängt werden, wenn diese auf zwei gabelförmigen Rutenhaltern ruht. Bei geschlossenem Rollen-Schnurfangbügel steigt der Bissanzeiger im Falle eines Bisse hoch.

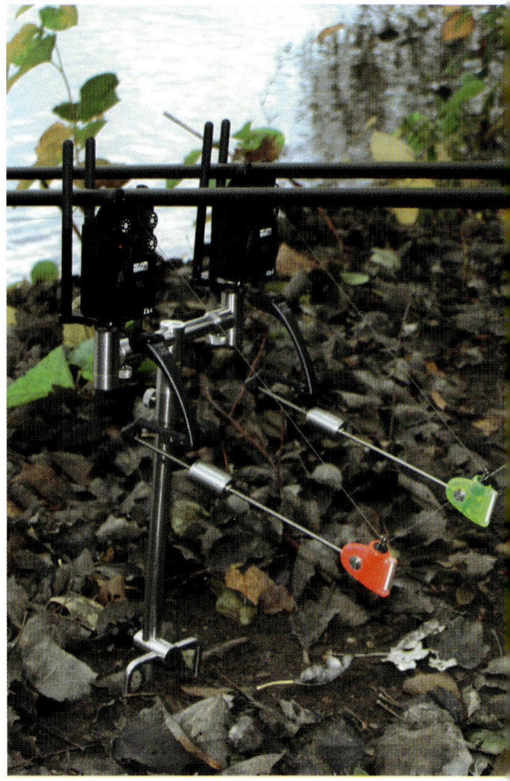

Kletteraffen sind sehr empfindliche Bissanzeiger.

UNTERFANGKESCHER

Ein geräumiger Unterfangkescher mit langem Stiel und tiefem Netz ist einer der wichtigsten Ausrüstungsbestandteile beim Angeln. Durch ihre leichten Stiele aus Kohlefasern oder Aluminium sind moderne Kescher leicht zu handhaben und helfen dabei, die Beute schnell und schonend aus dem Wasser zu befördern. Keinesfalls dienen sie dazu, gehakte Fische einzufangen. Erst wenn ein Hecht, Barsch, Zander oder anderer Räuber völlig ausgedrillt ist, was man daran erkennt, dass er sich auf die Seite legt und keine schnellen Schwimmbewegungen mehr macht, ist er reif für die Landung, also das Keschern. Da Fische nicht rückwärts schwimmen können, müssen sie mit dem Kopf voran gekeschert werden. Bei kapitalen Exemplaren ist es wichtig, dass sie solange wie möglich im Wasser bleiben und der Kescher nicht am Stiel, sondern mit beiden Händen am Netz bzw. am Rahmen aus dem Wasser gehoben wird. So verhindert man ein Abbrechen des Kescherstiels und den Verlust der Beute in letzter Sekunde. Sollen die Fische zurückgesetzt werden, ist es gut, knotenlose oder gummierte Netze zu verwenden.

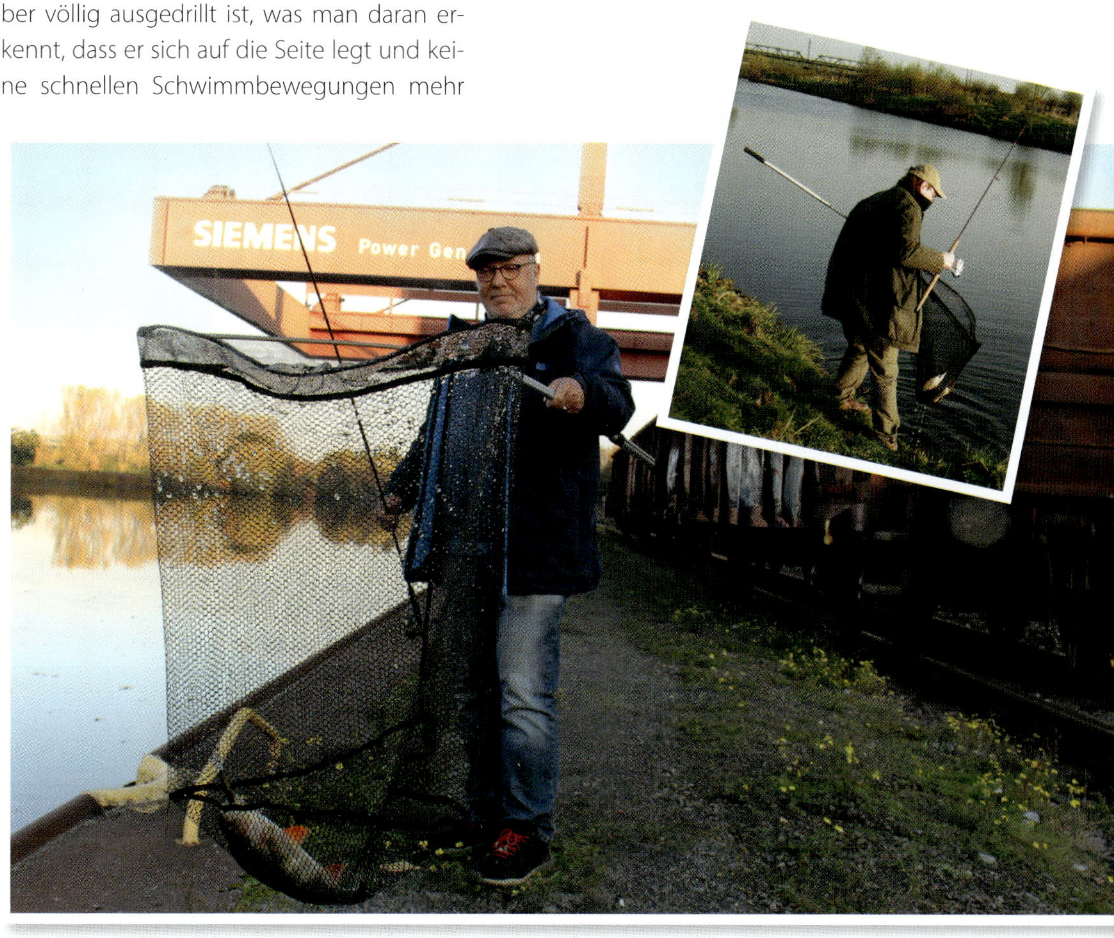

Während man mittelprächtige Barsche durchaus am Kescherstiel aus dem Wasser heben kann, ...

... ist es bei Hechten sicherer, den Kescher am Bügel anzufassen.

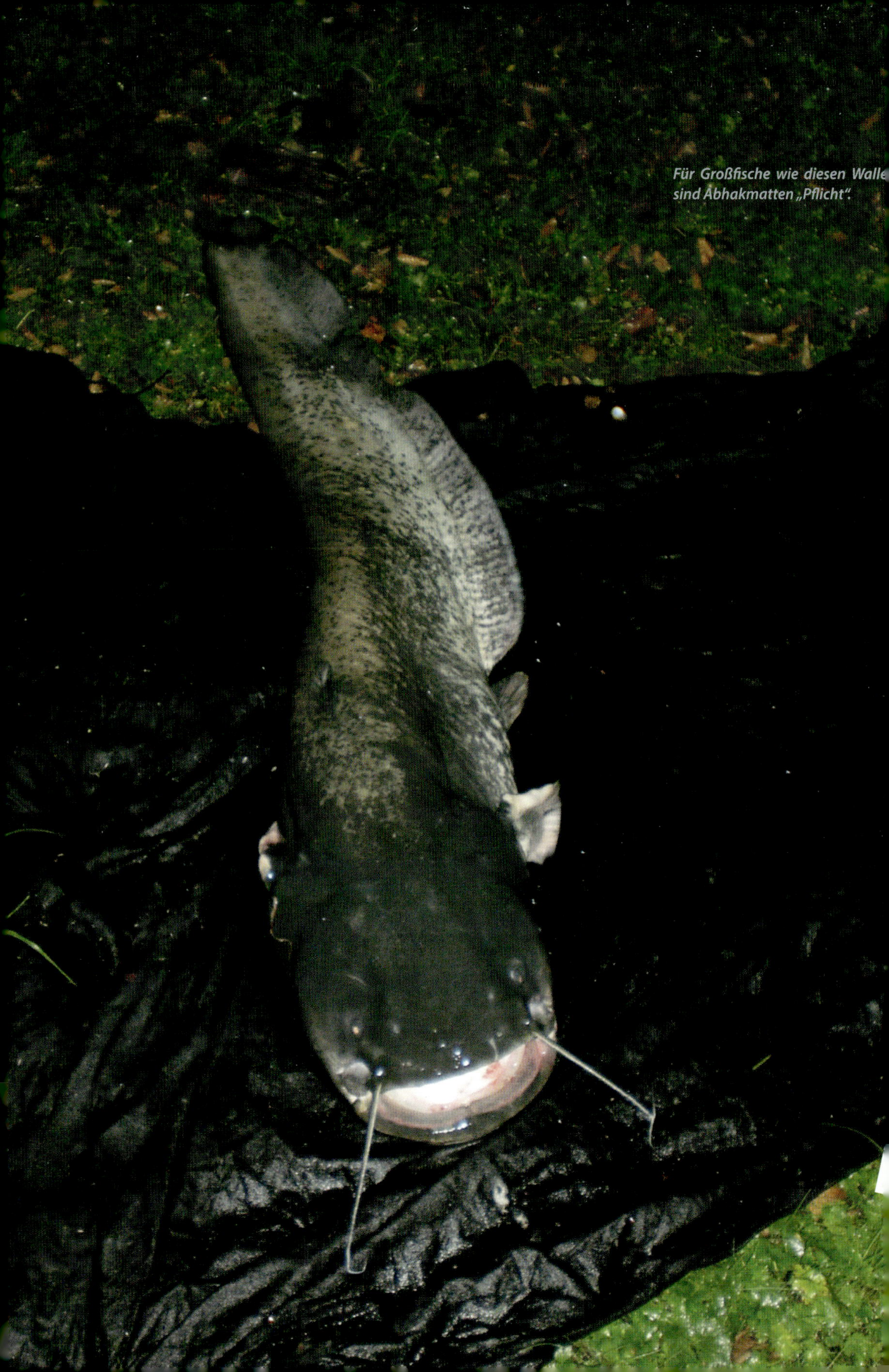

Für Großfische wie diesen Walle
sind Abhakmatten „Pflicht".

ABHAKMATTE

Auf steinigem, trockenem oder sandigem Untergrund ist eine Abhakmatte aus Kunststoff ein sehr nützlicher Gegenstand um größere Fische, die für ein Zurücksetzen bestimmt sind, schonend vom Haken zu lösen. Diese aus der Karpfenangelszene stammenden Matten haben sich im Laufe der letzten Jahre auch bei vielen Ansitzanglern durchgesetzt, die es auf Hechte und vor allem Waller abgesehen haben. Sie lassen sich rasch ausrollen, mit Wasser befeuchten und schützen die empfindliche Schleimhaut des darauf abgelegten Fisches. Wichtig beim Prozess des Abhakens ist, dass nur völlig ausgedrillte Fische auf den Matten abgelegt werden.

STIRNLAMPE

Da besonders im Sommer die Nachtstunden zu den besten Angelzeiten zählen, empfiehlt es sich, eine Stirnlampe (Kopfleuchte) statt einer Taschenlampe mitzuführen. Mit einer solchen Leuchte hat man beide Hände frei. Der Fachhandel hält sehr gute und preisgünstige LED-Kopfleuchten bereit, die eine exzellente Leuchtkraft haben.

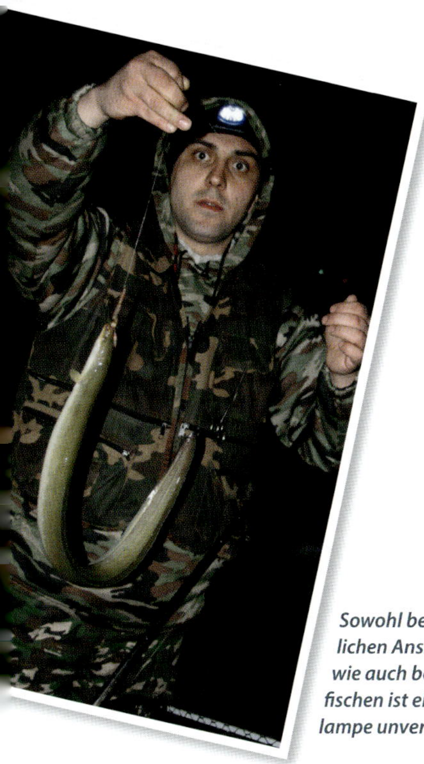

Sowohl beim nächtlichen Ansitzangeln wie auch beim Spinnfischen ist eine Stirnlampe unverzichtbar.

SCHIRME, STÜHLE UND ZELTE

Fast so wichtig wie das richtige Angelgerät ist auch die Einrichtung des Angelplatzes, schließlich verbringt man als Ansitzangler dort viele Stunden (bei oft wechselnden Wetterbedingungen). Um bequem sitzen zu können, lohnt sich der Kauf eines sog. Ansitzstuhls, denn ein solcher hat vier höhenverstellbare Beine und kann jedem Gelände angepasst werden. Herkömmliche Klapp-Campingstühle versagen an den Ufern der meisten Gewässer hingegen kläglich. Um sich vor Wind und Regen zu schützen, ist ein entsprechender Schirm (im Geräteladen als Ansitzschirm, in Campingläden als Anglerschirm erhältlich) eine weitere lohnende Investition. Ob man ein Ansitzzelt (mitunter auch Karpfenzelt bzw. Carp-Dome genannt) aufstellt, hängt von der Dauer des Angelausflugs sowie vom Grad der angestrebten Bequemlichkeit ab.

Gerätekiste für Ansitzangler

Wer neben Ködern, Rute, Rolle, Rutenhaltern und Kescher folgendes Kleinzeug in seiner Gerätebox hat, wird beim Ansitzangeln mit fast jeder Situation fertig:

Posen/Schwimmer: Feststehende Posen und Laufschwimmer von drei bis zehn Gramm Tragkraft, darunter auch die eine oder andere Leuchtpose (Knicklichtpose) sowie Schnurstopper und die dazugehörigen Perlen.

Grundbleie: Laufbleie und Birnenbleie in Gewichten von fünf bis 30 Gramm. Fischt man in stark fließenden Gewässern, müssen es auch Bleie von 100 Gramm sein. Tiroler Hölzl als Stehaufmännchen sollten ebenfalls nicht fehlen.

Haken/Vorfächer: Haken in verschiedenen Größen an unterschiedlich starken Vorfächern sind ein unabdingbares Muss. Hier gilt die Devise: Man kann selten zu viel Auswahl haben. Fürs Hechtangeln Stahlvorfächer mit entsprechenden Drillingen.

Wirbel: Karabinerwirbel in unterschiedlichen Größen sowie kleine Kunststoffperlen (Stopperperlen) bzw. Ventilgummis zum Schutz des Knotens vor dem Grundblei.

Wichtige Utensilien: Köder- und Wurmnadeln, Hakenlöser, Fischtöter, Messer, Aalglöckchen, einhängbare Bissanzeiger (Affenkletterer), Stirnlampe sowie ein Handtuch zur „Bewältigung" von Aalen.

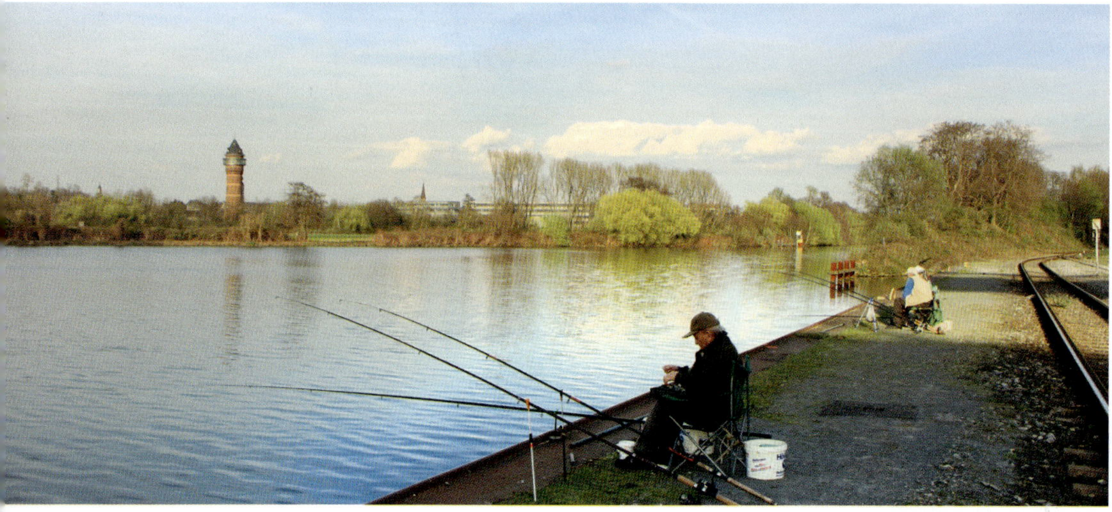

Kleines ABC der Erstausrüstung

Leider ist es so, dass es keinen der vielen Angelgeräteproduzenten gibt, dessen Produktsortiment durchweg mit befriedigend bewertet werden kann. Auf dem (nicht nur für Einsteiger) schwer überschaubaren Angelgerätemarkt bietet sich betrüblicherweise folgende Situation: Hersteller A baut vorzügliche Ruten, aber leider miserable Rollen, was bei Firma B genau umgekehrt ist. Leider hat es B nicht geschafft, für seine tollen Rollen auch nur ansatzweise gute Schnur zu entwickeln, weshalb man hier auf Leinen aus der Produktion von Firma C zurückgreifen muss, die außer ihrer Top-Schnur ansonsten nichts Gutes im Angebot hat. Da weder A, B noch C brauchbare Wirbel im Programm führen, muss man diese vom Produzenten D kaufen, dessen Stahlvorfächer aber leider so wenig taugen, dass man sich besser für die des Hauses E entscheidet. Die fängigsten Spinnköder und schärfsten Haken werden wiederum allein von der Firma F gefertigt, deshalb kauft man sie dort. Um mit einer perfekten Ausrüstung den ersten Wurf machen zu können, muss ein Angler im Extremfall also auf Produkte von sechs Herstellern zurückgreifen.

Um ein wenig Ordnung in dieses Wirrwarr zu bringen, gilt: Gutes Gerät muss zwar kein Vermögen kosten, sollte aber auch nicht zu billig sein. Lassen Sie unbedingt die Finger von sog. Sets bzw. Kits, in denen Sie Ruten, Rollen, Schnüre und jede Menge Kleinzeug in einer Plastikverpackung bekommen. Gute Ruten (dies gilt für Spinn- und Ansitzruten) kosten zwischen 60 und 100 Euro, wer für seinen ersten Stock so viel anlegt, wird in der Regel nicht enttäuscht und kann damit lange fischen. Ähnlich sieht es bei Rollen aus. Gute Modelle kosten ab 100 Euro, sind aber als Auslaufmodelle oft für die Hälfte zu haben. Für Ruten und Rollen gilt allgemein, dass es sich lohnt, ältere Modelle zu kaufen, die in Onlineshops oft bis zu 50 Prozent reduziert zu haben sind. Ich benutze z.B. Ruten folgender Hersteller: Sportex, Greys und Quantum. Die meiner Erfahrung nach besten Rollen werden von der japanischen Firma Shimano hergestellt. Auch einige Modelle des ebenfalls japanischen Herstellers Daiwa tun sehr gute Dienste und sind lange haltbar. Rollen anderer Produzenten haben mich im Laufe meiner gut fünfzigjährigen Anglerlaufbahn oft enttäuscht. Neben Ruten und Rollen sind Schnüre sehr wichtig. Sehr gute monofile Schnüre werden beispielsweise von den Firmen Berkley und Stroft hergestellt. Bei geflochtenen bürgen die Namen WFT, Berkley und Spiderwire für Qualität. Bei der Vielzahl von Kleinzeug (Wirbel, Haken etc.) haben sich einige Hersteller mit guten Produkten hervorgetan. Die besten Angelhaken stammen von der norwegischen Firma Mustad sowie vom französischen Hersteller VMC. Sehr gute Karabiner und Wirbel stammen z.B. von Berkley, Top-Stahlvorfächer vom britischen Hersteller Stanmar.

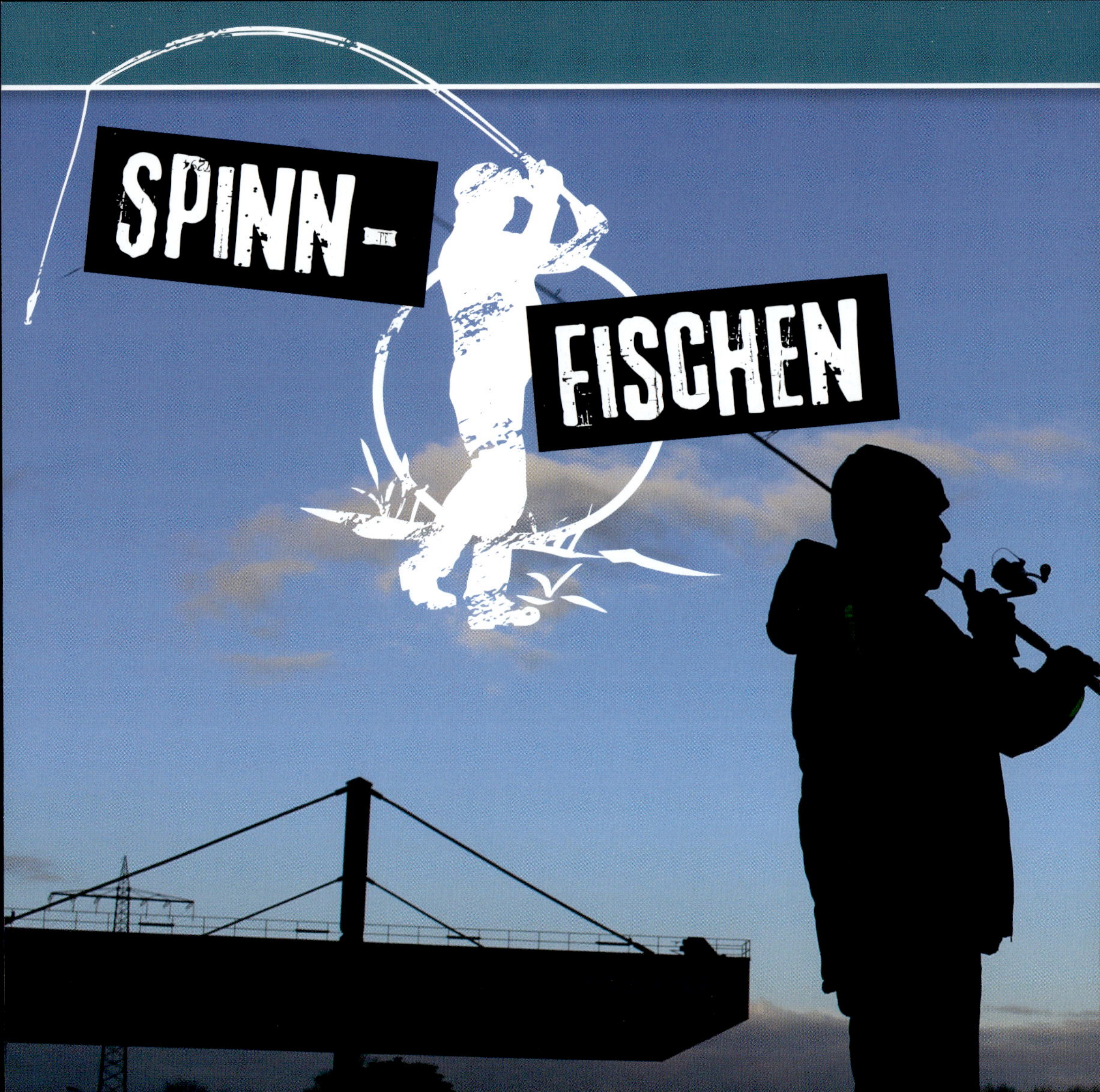
SPINN-
FISCHEN

Spinnfischen ist das gezielte Raubfischangeln mit künstlichen Ködern, wobei der Angler seinen Köder aktiv anbietet. Gegenüber dem Raubfischfang mit an Grundbleimontagen oder Posen/Schwimmern angebotenen natürlichen Ködern (Köderfischen, Fetzen, Würmern) birgt das Spinnfischen den Vorteil, dass man ohne viel Aufwand mit dem Angeln loslegen kann und sich, anders als beim Ansitzangeln, nicht erst Köder besorgen muss. Neben diesem offensichtlichen Vorteil bietet das Spinnfischen aber noch einige andere: Mit der Spinnrute lässt sich in relativ kurzer Zeit eine große Wasserfläche nach beißfreudigen Fischen absuchen. Als Spinnfischer ist man nicht auf den Appetit der Raubfische angewiesen, denn Spinnköder reizen den Jagd- und Aggressionstrieb. Sie verleiten also auch solche Räuber zum Biss, die auf Naturköder nicht hereingefallen wären. Und schließlich erleben Spinnfischer die Bisse eines Raubfisches direkt als Schläge in die Rute, was ihrer Angelmethode den sportlichen Reiz verleiht.

SPINNFISCHEN MATERIAL

RUTE

Hat man es als Einsteiger nicht gerade auf kapitale Waller abgesehen, so ist man mit einer mittleren Spinnrute gut ausgerüstet. Die für den Allroundgebrauch richtige Rute hat ein Wurfgewicht von zehn bis 60 Gramm. Das Wurfgewicht gibt Aufschluss über die Belastbarkeit der Rute beim Wurf und ist quasi ihr Stabilitätsetikett. Wurfgewicht ist eine etwas irreführende Bezeichnung, denn es soll das maximale Gewicht angeben, welches mit der Rute ausgeworfen werden kann. Würde man sich an diese Angaben halten, so käme man mit einer Spinnrute in der Wurfgewichtsklasse von fünf bis 20 Gramm aus, denn Spinnköder wiegen selten mehr als etwa 15 Gramm. Tatsächlich ist es aber so, dass man mit einer Rute in der Wurfgewichtsklasse von zehn bis 60 Gramm problemlos einen Spinner von nur zehn Gramm sehr weit auswerfen kann und die Aktion dieses Stocks auch ausreicht, um Bisse zu übertragen, Anhiebe sicher zu setzen und größere Fische problemlos auszudrillen. Die ideale mittlere Spinnfischrute zum Fang von Hechten, Barschen, Rapfen und Zandern hat ein Wurfgewicht von zehn bis 60 Gramm; wird in Gewässern mit höherem Bestand an Döbeln, Forellen und Barschen mit entsprechend kleineren und leichteren Spinnködern gefischt, ist eine Rute mit einem Wurfgewicht von fünf bis 20 Gramm passend, sollte aber tatsächlich nur von Einsteigern benutzt werden, die Bäche mit einem solchen Fischbestand beangeln.

Die Länge der Spinnrute sollte der Größe des Anglers und besonders der meist kleineren Anglerin angepasst sein. Für länger andauerndes Spinnfischen ist das Werfen mit zu langen Ruten unbequem und kräftezehrend. Kommt beispielsweise ein 1,8 Meter großer Angler mit einer 2,7 Meter langen Spinnrute gut zurecht, so ist dieser Stock für eine 1,6 Meter große Anglerin viel zu lang, sodass sie mit einer 2,2 Meter langen Rute (mit demselben Wurfgewicht) weitaus besser bedient ist. Am besten probiert man die Handhabung einer Rute im Angelgeräteladen vor dem Kauf aus. Weiter spielt der Einsatzort

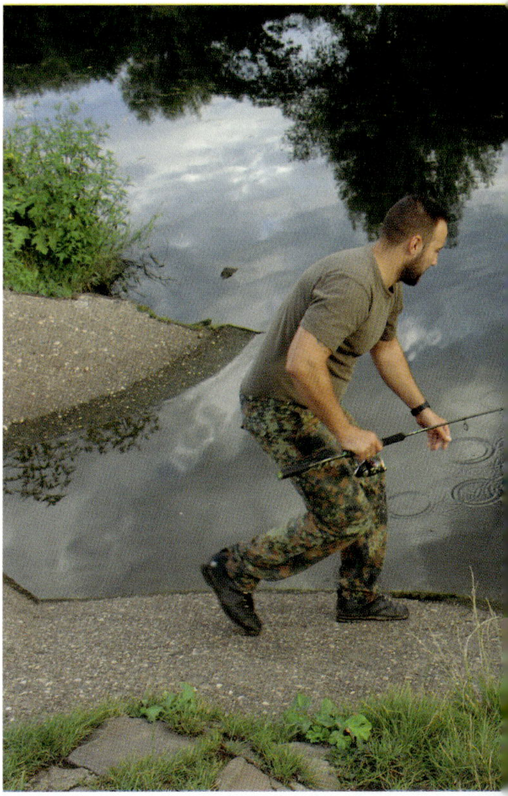

einer Spinnrute eine wichtige Rolle. An dicht bewachsenen Ufern oder an Bord kleiner Boote sollte eine kürzere Rute verwendet werden, als an einer Flussbuhne. Die meisten Spinnruten sind nicht kürzer als zwei und nicht länger als 2,7 Meter.

Neben Wurfgewicht und Länge ist auch die Wahl der Aktion wichtig. Unter Aktion versteht man das Rückgrat bzw. die Biegeeigenschaften. Man unterscheidet drei Aktionen: Spitzenaktion (es biegt sich unter Belastung allein das obere Fünftel der Rute), semiparabolische Aktion (die Rute biegt sich bis zum Mittelteil) und parabolische Aktion (die Rute biegt sich halbkreisförmig). Entsprechend dieser Aktionseigenschaften werden die Ruten als hart, mittel und weich bezeichnet. Auch der Anzahl der Schnurlaufringe kommt eine wichtige Bedeutung zu. Es dürfen nämlich weder zu viele, noch zu wenige sein. Bei zu wenigen Ringen kommt die Aktion der Rute nicht zum Tragen, zu viele Ringen führen zu kürzeren Wurfweiten. Spinnruten von 2,7 Metern sollten mit sieben bis acht Ringen versehen sein, Stöcke von zwei Metern hingegen dürfen nicht weniger als fünf und nicht mehr als sechs Ringe aufweisen. Ob eine Rute mit weiten oder engen Ringen ausgestattet ist, spielt nur eine untergeordnete Rolle. Mit weiten Ringen kann man weiter (jedoch auch etwas ungenauer) werfen, während man mit engen Ringen zielgenauere Würfe platzieren kann.

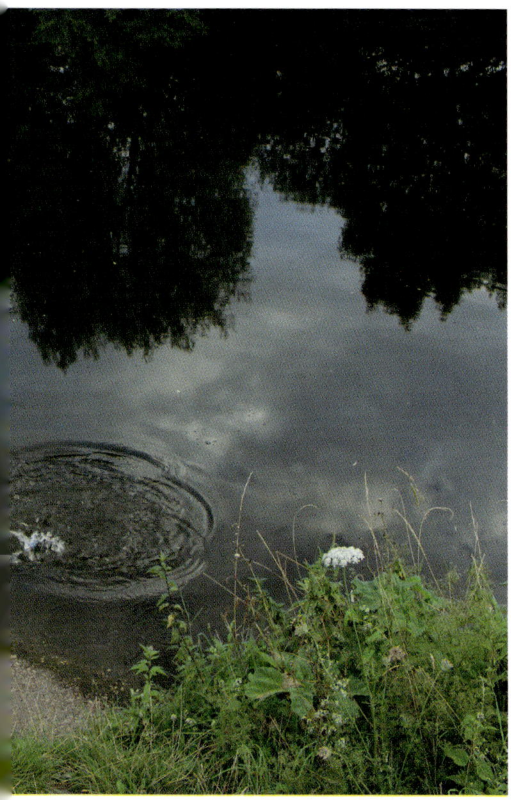

Viele Einsteiger möchten nicht auf Raubfische warten und beginnen ihre Karriere gleich als Spinnangler.

ROLLE

Auf dem Rollenmarkt gibt es unzählige unterschiedliche Modelle, die sich in zwei Hauptgruppen unterteilen lassen: Multi- und Stationärrollen. Einsteigern sei der Kauf einer Stationärrolle empfohlen, denn sie kann man nicht nur zum Spinnfischen, sondern auch zum Grund- bzw. Ansitzangeln verwenden. Außerdem ist das Werfen mit Stationärrollen bedeutend einfacher zu erlernen, als der Umgang mit (sehr komplizierten) Multirollen. Zum Spinnfischen auf Hechte, Barsche, Zander und Forellen sollte man ein 2,5er- bis 3er-Rollenmodell verwenden (von den Herstellern meist als 2500 bzw. 3000 bezeichnet). Diese Rollen fassen bei geringem Gewicht genügend Schnur (meist 100 Meter 25er), um auch mit größeren Raubfischen fertig zu werden. Neben dem Schnurfassungsvermögen ist die Übersetzung einer Rolle ein wichtiges Kriterium. Unter Übersetzung versteht man das Verhältnis von Schnureinzug (Rotation der Schnurtrommel) zu Kurbelumdrehung. Einsteiger sollten darauf achten, dass ihre Rolle keine zu hohe Übersetzung hat, denn zu viel Übersetzung (also sehr viel Schnureinzug bei einer Kurbelumdrehung) verführt sehr leicht zu einer schnellen und damit falschen Führung eines Spinnköders. Eine Rolle mit einer Übersetzung von 4:1 ist für die Belange der meisten Spinnfischer völlig ausreichend. Angler, die häufig in schnell fließendem Wasser auf schnelle Raubfische (Rapfen, Forellen, Lachse) angeln, sollten auf eine hohe Übersetzung Wert legen und eine hochübersetzte Rolle (z.B. 5:1 oder sogar 6:1) kaufen. Je nach Modell sind an Stationärrollen die Bremsen auf der Spule (Kopfbremse) oder am Heck (Heckbremse) angebracht. Für welchen Typ man sich entscheidet, ist eine reine Geschmacksfrage. Die Bremse hat die Funktion, unter Zug Schnur freizugeben und so ihr Zerreißen (einen sog, Schnurbruch) zu verhindern. Unabhängig von der Höhe ihrer Übersetzung oder davon, ob sie eine Kopf- oder Heckbremse hat, muss eine gute Stationärrolle fünf Qualitätsmerkmale aufweisen: erstens muss ihr Lauf ruckelfrei sein, um ein gleichmäßiges Einholen der Schnur zu gewährleisten, zweitens soll sie eine stufenlose und fein justierbare Bremse besitzen, mit der man im Drill die Belastung auf Schnur, Vorfach, Wirbel und Rute genau dosieren kann, drittens soll ihre Spule weite Würfe ermöglichen, viertens müssen die am Bügel befindlichen Schnurlaufröllchen frei rotieren können und fünftens muss die Bügelfeder von bester Qualität sein, und sich auch nach einigen Tausend Würfen noch immer leichtgängig öffnen und schließen lassen.

Die richtige Bremseinstellung

Der Rollenbremse fällt nicht allein beim Drill eine wichtige Bedeutung zu, sondern ihre Funktion kommt schon beim Biss eines größeren Raubfisches zum Tragen, denn sie muss die oft ungestümen und heftigen Attacken auf den Spinnköder abfedern. Zwar wird die erste „Abmilderung" eines starken Bisses von der Rutenspitze übernommen, doch beißen kapitale Fische oft so vehement, dass die Hauptschnur bei zu festgezogener Bremse reißen kann. Am besten ist eine Rollenbremse eingestellt, die erst bei Belastung der Rute etwas Schnur freigibt. Dies testet man, indem man sie an der Rute montiert, die Schnur durch sämtliche Rutenringe zieht und die Bremse solange verstellt, bis sie die Schnur erst dann (langsam und gleichmäßig) freigibt, wenn sich das obere Drittel der Rute zu biegen beginnt. Wird mit harten Ruten gefischt, so sollte die Bremse bereits mit ihrer Arbeit loslegen, wenn sich das obere Fünftel der Rute zu biegen beginnt.

SCHNUR

Im Fachhandel werden zwei Sorten von Angelschnur angeboten: monofile, also „klassische" aus Nylon, und geflochtene (polyfile), die aus mehreren miteinander verflochtenen Kunststofffasern hergestellt wird. Zum Spinnfischen verwenden die meisten

„Profis" heute geflochtene. Monofile Schnüre kommen in der Regel nur beim gezielten Angeln auf Barsche oder beim Fischen im Winter zum Einsatz. Für welchen der beiden Schnurtypen man sich als Einsteiger entscheidet, ist eine Frage des persönlichen Geschmacks. Beide Typen unterscheiden sich wie folgt: Monofile Schnur bietet je nach Härtegrad mehr oder weniger Dehnung und schafft so Tragkraftreserven. Sie ist abriebfester als geflochtene Schnur und hat somit beim Fischen über steinigem oder mit Muscheln bewachsenem Grund Vorteile. Weiter ist sie leicht knotbar und hat gute Nassknotenfestigkeit. Im Winter vereist sie nicht und ist darüber hinaus weitaus billiger, als geflochtene Schnur. Ihre negativen Eigenschaften lassen sich so zusammenfassen: Sie hat wesentlich weniger Tragkraft als geflochtene gleicher Stärke, ist nicht UV-lichtbeständig und hält beim Spinnfischen daher nur eine Saison. Ihre hohe Dehnung führt auf größere Distanzen mitunter zu schlecht bis gar nicht durchgebrachten Anhieben. Nach längeren Drills oder einem Hänger muss sie gekürzt werden, was die Schnurmenge auf der Rolle verringert und auf Dauer zu schlechteren Wurfresultaten führt.

Geflochtene Schnur bietet im Vergleich zu monofiler einige Vorteile: sie hat eine wesentlich höhere Tragkraft bei bedeutend dünnerem Durchmesser. Man kann mit ihr erheblich weiter werfen. Sie ist viel länger haltbar (UV-lichtbeständig) und überdehnt nicht im Drill und bei Hängern. Allerdings hat sie im direkten Vergleich auch Nachteile, denn geflochtene Schnur verfügt über wenig Abriebfestigkeit und vereist bei strengem Frost auf der Rolle. Sie reißt bei Erreichen der Belastungsgrenze ohne Vorwarnung und ist wesentlich teurer als monofile Schnur. Hinzukommt, dass ihre Dehnungsfreiheit beim Angeln auf Barsche (Papiermaul) zum Nachteil wird.

Leider schauen zu viele Angler bei der Wahl ihrer Schnüre nur auf die Tragkraftangaben und übersehen dabei andere wichtige Charakteristika einer Angelschnur. Neben der unbestreitbar wichtigen Reißfestigkeit sind aber noch Abriebfestigkeit, Geschmeidigkeit, und Knotenfestigkeit wichtige Qualitätsfaktoren einer Schnur. Die besten monofilen Schnüre zum Spinnfischen werden heute von den Firmen Stroft und Berkley hergestellt. Bei geflochtenen Leinen gibt es die besten ebenfalls von Berkley sowie von WFT und Spiderwire.

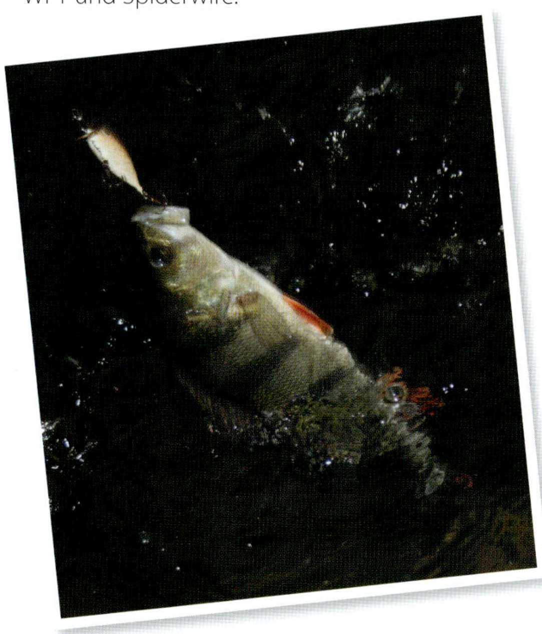

Ob mit geflochtener oder monofiler Schnur geangelt wird, muss jeder Angler situationsbedingt entscheiden. Angelt man auf weichmäulige Barsche, ist monofile besser.

WIRBEL UND KARABINER

Beim Spinnfischen kommen sowohl Tönnchen als auch Tönnchen-Karabinerwirbel zum Einsatz. Tönnchenwirbel werden am oberen Ende des Vorfaches mittels eines doppelten Clinchknotens (den jeder Angler im Kurs für die Sportfischerprüfung gelernt hat) befestigt. Karabinerwirbel kommen ans untere Ende der Vorfächer und dienen zur Befestigung von Spinnködern; wird mit Wobblern gefischt, verzichtet man am unteren Vorfachende auf einen Karabinerwirbel und verwendet stattdessen einen einfachen Karabiner; dasselbe gilt für Twister und Shads, die man (wenn es nicht auf Hecht geht) sogar direkt an ein Vorfach aus monofiler Schnur oder Fluorocarbon knoten kann (doppelter Clinchknoten). Die wichtigste Aufgabe eines Wirbels besteht darin, die Hauptschnur und das Vorfach vor Drall zu schützen; deshalb sind Wirbel beim Einsatz vor schnell rotierenden Kunstködern (besonders Spinnern) sehr wichtig und durch nichts zu ersetzen.

Neben der Stabilität des Tönnchens ist die Verarbeitung des Karabiners ein wesentliches Qualitätsmerkmal von Wirbeln. Leider halten viele Modelle nicht das, was ihre Hersteller versprechen. Wer kein Risiko eingehen möchte, greift von vornherein zu Tönnchenwirbeln mit sog. Crosslock-Karabinern, bei denen man die Garantie hat, dass sie sich dank ihres doppelten Verschlusses (Kreuzverschluss) unter Zug weder öffnen, noch verformen. Wer beim Kauf von Wirbeln und Karabinern spart, der spart im wahrsten Sinne des Wortes am falschen Ende.

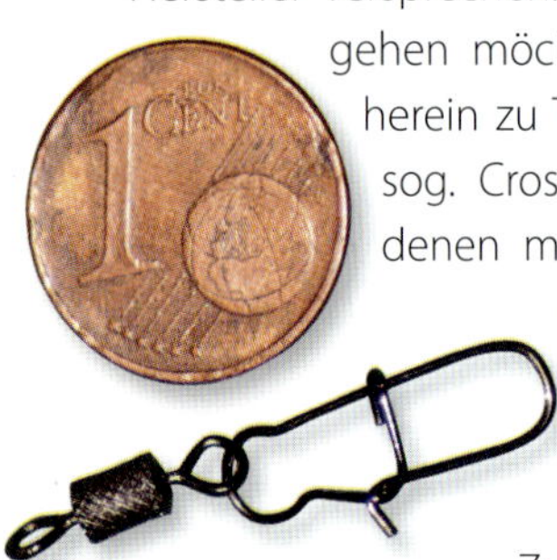

Tönnchenwirbel mit Crosslockkarabiner.

VORFÄCHER

Vorfächer stellen die Verbindungsleine zwischen Spinnköder und Hauptschnur dar. Je nach beangelter Zielfischart können bzw. müssen sie aus speziellen Materialien gefertigt sein. Stets müssen Vorfachschnüre weniger Tragkraft aufweisen als die Hauptschnur. Nur so kann man im Falle eines Schnurbruchs sicher sein, dass ein Fisch nicht viele Meter Schnur hinter sich herziehen muss.

FLUOROCARBONVORFÄCHER

Fluorocarbonschnur ist eine sehr weiche und angeblich im Wasser unsichtbare monofile Leine, die bei gleicher Tragkraft etwas dicker als herkömmliche monofile Schnur ist. Aufgrund ihrer recht hohen Dehnbarkeit bzw. Elastizität ist sie besonders bei Zanderanglern sehr beliebt, denn wenn mit Twistern und Gummifischen an geflochtener Schnur gefischt wird, ist das weiche Fluorocarbonvorfach ein hervorragender Puffer, der die harten Stöße eines gehakten Zanders abfedert und die Gefahr des Ausschlitzens eines gehakten weichmäuligen Fisches (z.B. Barsches) verhindern kann. Aber auch bei der Verwendung von monofiler Hauptschnur können Fluorocarbonvorfächer sehr nützlich sein, nämlich dann, wenn es in kristallklaren Gewässern auf scheue Forellen oder Döbel geht.

Fischt man gezielt auf sehr scheue Fische, wie z.B. Döbel, ist ein Fluorocarbonvorfach genau richtig.

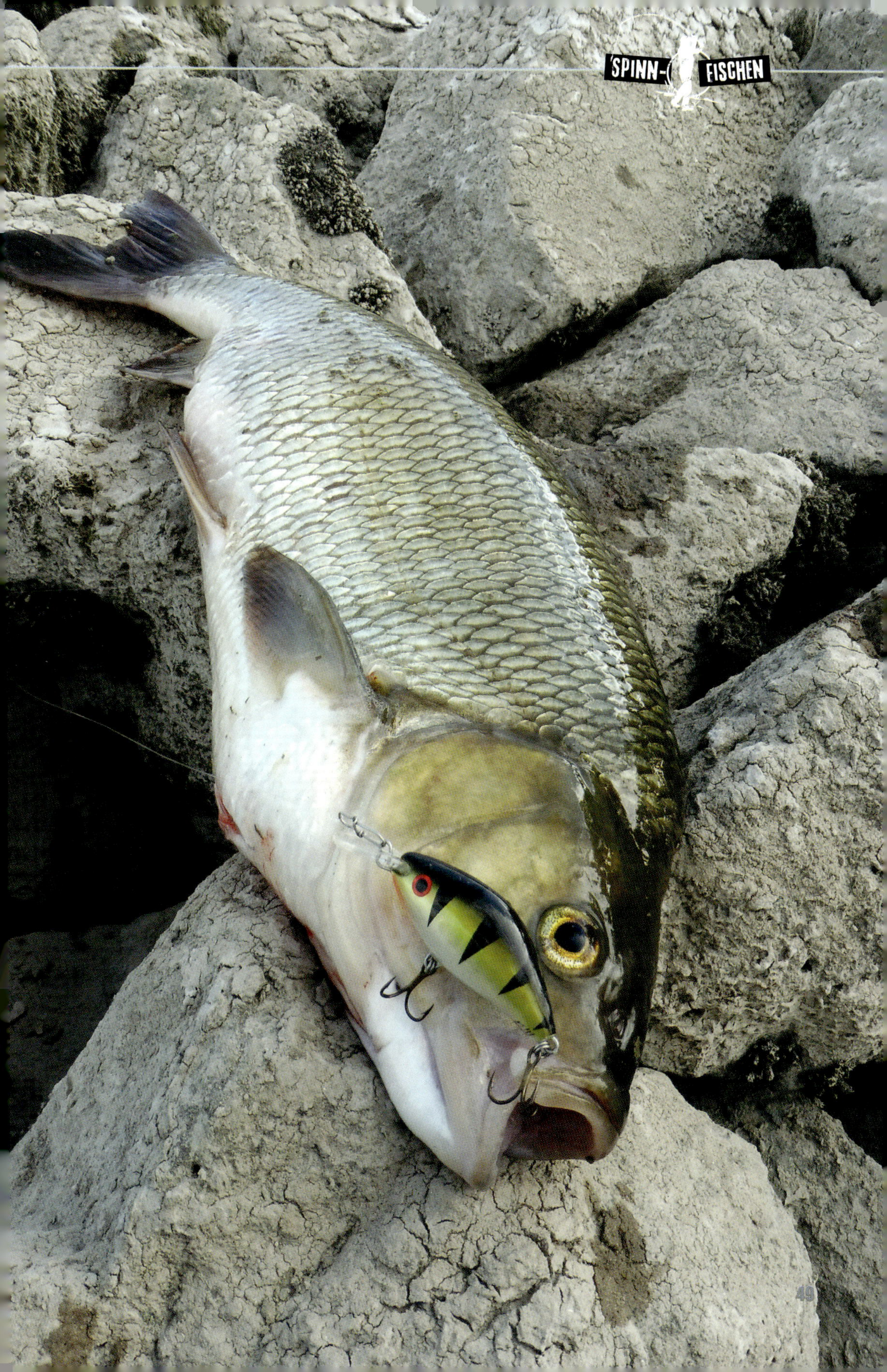

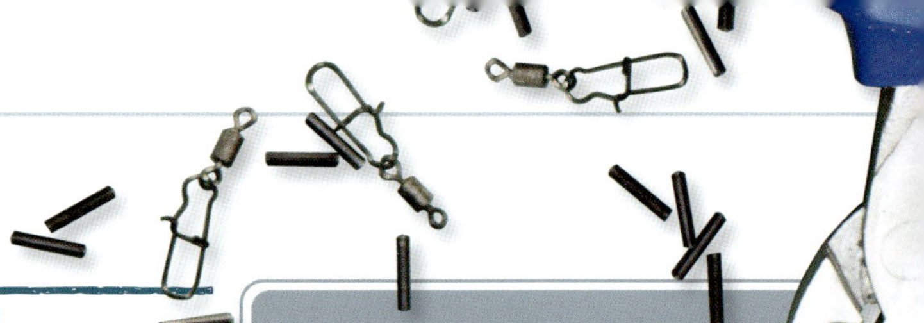

STAHLVORFÄCHER

Für waidgerechte Angler ist die Verwendung eines Stahlvorfaches überall dort ein „Muss", wo mit den Bissen von Hechten gerechnet werden kann. Moderne Stahlvorfächer mit ihren geringen Durchmessern, ihrer Geschmeidigkeit sowie ihrer hohen Tragkraft eignen sich vorzüglich als bisssichere Verbindungsschnur zwischen Köder und Hauptschnur und sind beim Hechtangeln durch kein anderes Vorfachmaterial ersetzbar. Die besten Stahlvorfächer bestehen aus mehreren dünnen Drähten und werden im Handel als fertige 1x7-Stahlvorfächer (aus sieben dünnen Drahtfäden verwoben), 7x7-Vorfächer (49 Fäden) oder auf Spulen zum Selbermachen von Vorfächern verkauft. 7x7-Vorfachmaterial ist extrem weich und hat beinahe die Elastizität von stärkerer monofiler Angelschnur. Die Drähte gibt es mit und ohne Nylonmantel. Sie lassen sich hervorragend mittels Klemmhülsen und einer Spezialzange zu Vorfächern verarbeiten. Dabei ist es wichtig, auf die Qualität der Klemmhülsen und die Beschaffenheit der Zange zu achten. Am besten greift man zu Hülsen aus Aluminium oder Kupfer, die zur Stärke des Stahlvorfachdrahtes passen müssen. Eine gute Zange sollte fünf Einkerbungen zum Verschluss der Hülse aufweisen. Keinesfalls darf eine einfache Zange aus dem Baumarkt verwendet werden, denn mit ihr würde man Hülsen und Draht beschädigen. Fürs Spinnfischen sollten die Stahlvorfächer zwischen 40 und 50 Zentimeter lang sein.

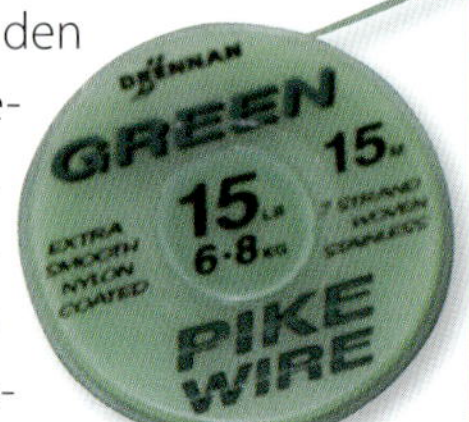

Stahlvorfächer selber bauen

Das Ausgangsmaterial, Spezialzange, Stahlvorfachdraht, Klemmhülsen und Karabinerwirbel.

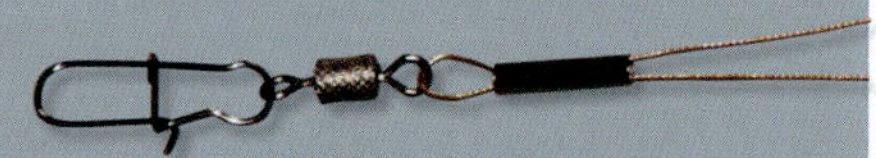

Schritt eins: Den Draht durch die Klemmhülse und das Öhr des Wirbels ziehen.

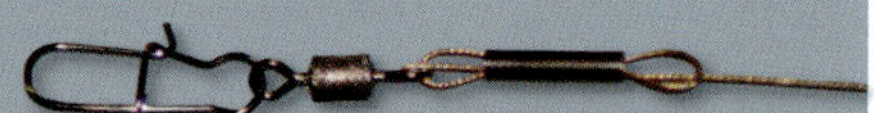

Schritt zwei: Das Drahtende noch einmal durch die Klemmhülse führen.

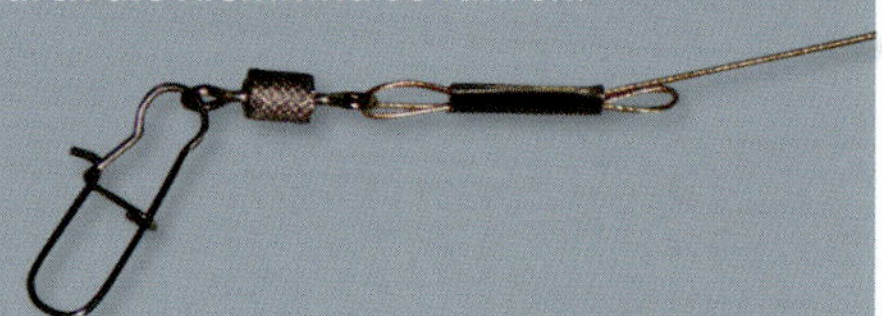

Schritt drei: Die Klemmhülse mit der Zange fest verschließen.

SPINNKÖDER

Spinnköder gibt es aus verschiedenen Materialien. Blinker und Spinner sind aus Metall, Gummifische und Twister aus Weichplastik, Wobbler sind entweder aus Kunststoff oder aus Holz. Seit das Spinnfischen im Trend liegt, werden jede Saison unzählige neue Spinnköder auf den Markt geworfen, von denen wenige gut und die meisten völlig überflüssig sind. Wer einige Spinner, Blinker, Wobbler und Gummiköder in seiner Gerätebox hat, kommt an den meisten Gewässern prima zurecht.

Qualität bei guten Spinnködern

Achten Sie beim Kunstköderkauf auf Details (Qualität der Sprengringe, Haken und Ösen). Sind die Drillinge an einem Wobbler beispielsweise mit Minischräubchen befestigt oder verhaken sich zwei Drillinge ineinander, so gehört der Köder nicht ans Ende einer Schnur.

SPINNER

Schon auf den ersten Blick erkennt man, dass Spinner keine natürlichen Beutefische imitieren sollen, sondern durch ihre um die eigene Achse rotierenden Blätter Schwingungen erzeugen, die von Raubfischen mittels des Seitenlinienorgans wahrgenommen werden. Für Hechte, Barsche, Rapfen und Forellen stellen Spinner provozierende Nervensägen dar, die es zu beseitigen gilt. Für andere Raubfische gilt dies nicht. So lassen sich Zander und Waller selten bis gar nicht mit Spinnern fangen, was daran liegt, dass diese Köder bei ihnen keine Schlüsselreize wecken, also keinen „Beißreflex" auslösen. Je größer das Spinnerblatt ist, umso größer erscheint dem Raubfisch die vorgetäuschte Nervensäge. Gewöhnlich werden Spinner in sechs Größen produziert, die von 0 bis 5 reichen, wobei die Nummern 0 bis 2 für das Angeln auf Forellen in kleinen Bächen, 3 fürs Barschangeln und 4 bis 5 für das gezielte Angeln auf Rapfen und Hechte eingesetzt werden.

Für Einsteiger sind Spinner die idealen Köder, denn mit ihnen kann man nur wenig falsch machen. Im Grunde ist ihre Führung kinderleicht: Nach dem Auswerfen lässt man sie kurz absinken und beginnt dann mit dem stetigen Einkurbeln. Je langsamer die Einholgeschwindigkeit gewählt wird, desto tiefer und ruhiger läuft der Spinner. Schnelle Kurbelumdrehungen lassen ihn in Oberflächennähe laufen, langsame im tieferen Wasser. Das Führungstempo richtet sich dabei auch nach der gewünschten Zielfischart.

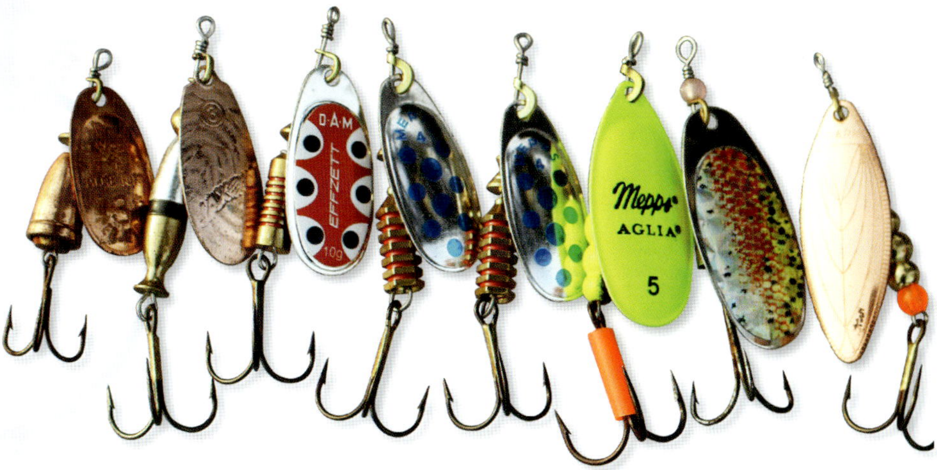

Klassische Spinner. Ganz rechts ein Modell mit länglichem Blatt für fließende Gewässer.

Hechte und Barsche mögen (besonders im Herbst und Winter) langsam geführte, d.h. tief laufende und ruhig rotierende Spinner. Forellen und Rapfen hingegen gehen lieber auf flott geführte Köder. Grundsätzlich unterscheidet man zwischen Spinnern für fließende und stehende Gewässer. Modelle mit einem runden Blatt kommen im stehenden oder langsam fließenden Wasser zum Einsatz, während solche mit einem länglichen in Flüssen und Bächen eingesetzt werden, denn schmale Blätter setzen der Strömung weniger Widerstand entgegen. Durch ihr rotierendes Blatt neigen Spinner dazu, die Schnur zu verdrallen. Um dies zu verhindern, muss stets ein Wirbel direkt vor den Köder geschaltet werden.

Klassische Farben

Neben unzähligen Farbvariationen gibt es Spinner und Blinker noch immer in ihren drei klassischen Grundfarben, nämlich Silber, Gold und Kupfer. Diese drei Farbtypen genügen gewöhnlich, um für alle Lichtverhältnisse und Wasserfärbungen stets den richtigen Köder bei der Hand zu haben. Silberne Blinker und Spinner werden in stark getrübtem oder im klaren Wasser bei bedecktem Himmel eingesetzt, goldene und kupferfarbene verwendet man bei schönem Wetter und bei klarem Wasser. Für Spinnköder gilt die alte Faustregel: helle Farben bei schlechtem Wetter, gedeckte Farben bei Sonnenschein.

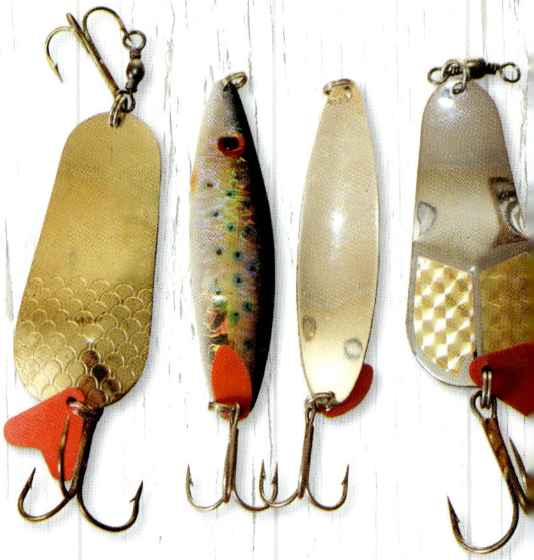

Die löffelförmigen FZ-Blinker sind für stehende Gewässer, die schlanken für fließende.

BLINKER

Neben Spinnern sind Blinker klassische Kunstköder. Sie eignen sich zum Fang aller Raubfische und sind nur unwesentlich komplizierter zu führen als Spinner. Obgleich in den Regalen der Angelgeräteläden hunderte verschiedene Blinker zu finden sind, gibt es eigentlich nur zwei Grundformen dieses Kunstködertyps, nämlich schlanke und löffelförmige. Schlanke Blinker sind für den Einsatz in fließendem Gewässer gemacht, löffelförmige für das Angeln in stehenden sowie in den fast stehenden Abschnitten von Flüssen und Bächen. Je nach Größe täuschen sie ein mehr oder weniger stattliches Futterfischchen vor.

Große Blinker sind altbewährte Spinnköder zum Fang von Hechten, Seeforellen und Wallern, kleinere Modelle fangen Barsche, Zander und Forellen. Löffelblinker des Typs FZ (benannt nach ihrem Erfinder Fritz Ziegenspeck) werden heute von vielen Herstellern gebaut. Nach wie vor sind sie die besten Hechtblinker und wohl auch die besten Hechtspinnköder überhaupt. FZ-Blinker gibt es in unterschiedlichen Farben, Größen und Gewichten. Mit der etwa 20 Gramm schweren Modellvariante kommt man an den meisten Gewässern hervorragend zurecht. An sehr tiefen Seen und Talsperren (vor allem im alpinen Raum), in denen die Hechte zuweilen in Wassertiefen jenseits der 15-Metermarke zu suchen sind, muss hingegen mit Blinkern jenseits der 30 Gramm gefischt werden.

Blinker führt man mit Rute und Rolle. Während des Einholens wird die Rutenspitze langsam auf und ab bewegt, sodass dem Blinker eine taumelnde Bewegung verliehen wird. Häufig erfolgen die Bisse in den Absinkphasen, daher ist es wichtig, die Schnur stets straff zu halten, um keinen Augenblick lang den Kontakt zum Blinker zu verlieren. Schlanke Blinker sind für fließende Gewässer gedacht und wurden ursprünglich zum Huchen- bzw. Lachsangeln entworfen. Aufgrund ihrer Form und der beangelten Zielfische (Bachforellen, Saiblinge, Huchen, Rapfen und Döbel) bedürfen sie einer anderen Führung als löffelförmige. Wie die schlanke Form dieses Köders erkennen lässt, soll er ein agiles und schnell schwimmendes Futterfischchen imitieren (Laube, kleine Nase oder Äsche), und muss diesem Vorbild entsprechend zügig geführt werden. Nach dem Auftreffen auf der Wasseroberfläche beginnt man mit dem Einholen und verzichtet (außer in tiefen Gewässern) auf Einholpausen. Die Einholgeschwindigkeit sollte in einem vernünftigen Verhältnis zur Fließgeschwindigkeit des Wasser stehen, nie aber so schnell sein, dass der Blinker direkt

An sog. verblinkerten Gewässern hilft oft nur das Experimentieren. Dieser Barsch biss auf einen Eigenbau-Miniwobbler.

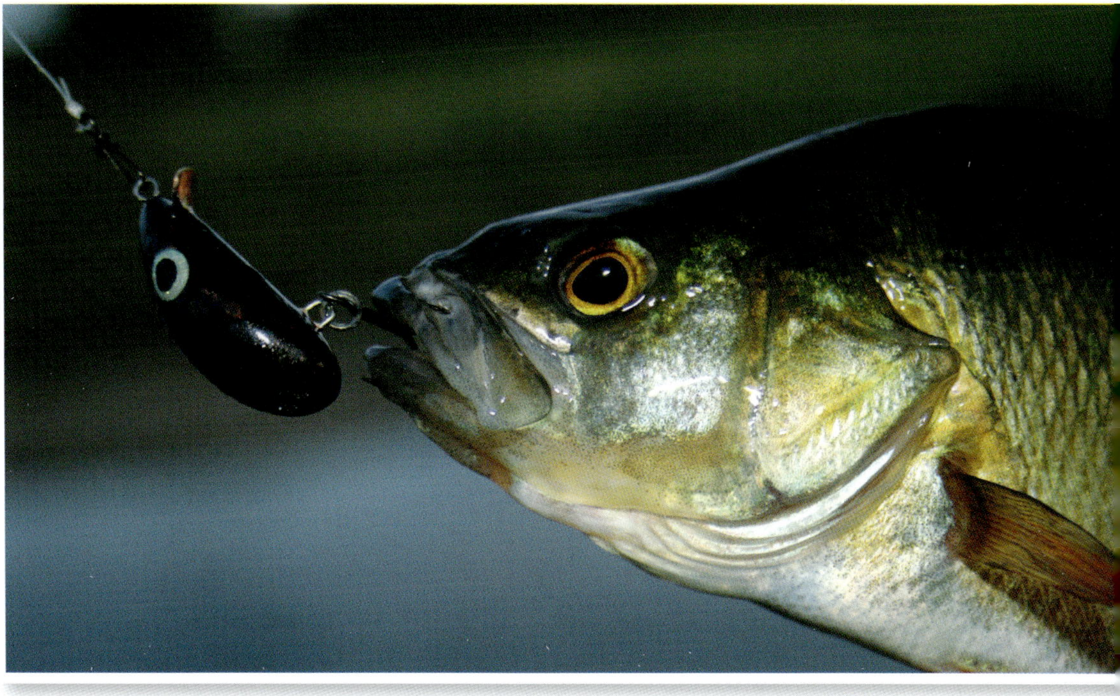

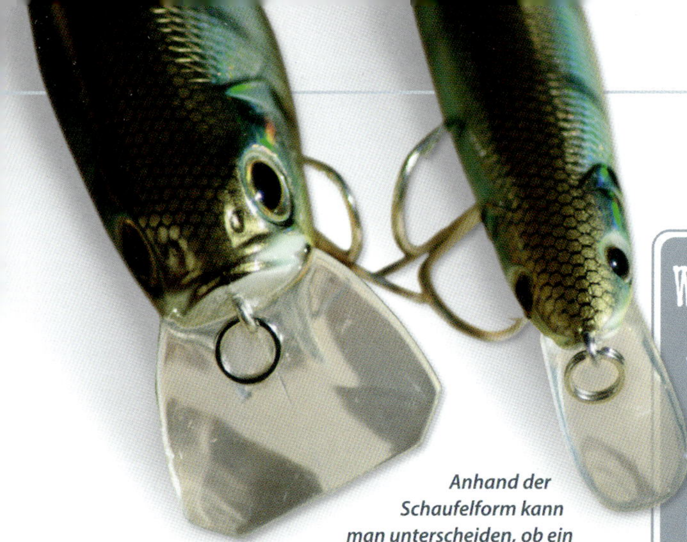

Anhand der Schaufelform kann man unterscheiden, ob ein Wobber tief oder flach läuft. Links ein Tiefläufer, rechts ein Flachläufer.

unter der Oberfläche läuft oder gar aus dem Wasser zu springen droht. Möchte man in tieferen Gewässern den Blinker lange in Grundnähe halten, so muss man ihn mit der Strömung führen, also gegen die Stromrichtung auswerfen.

Ein entscheidender Faktor für Erfolg bzw. Misserfolg beim Fischen mit Blinkern ist das rote Plastikfähnchen am unteren Ende des Köders. Dieser unscheinbare Bestandteil, der die Kiemen eines flüchtenden Fischchens imitieren soll, darf an keinem Blinker fehlen und sollte bei Verlust sofort ersetzt werden. (Ersatz gibt es im Fachhandel.)

WOBBLER

Wobbler gibt es in vielen unterschiedlichen Größen, Formen, Farben und Ausführungen. Sie werden entweder aus Holz oder aus Kunststoff gefertigt. Im Wesentlichen unterscheidet man zwischen schwimmenden und sinkenden Modellen, von denen es wiederum tief- und flachlaufende Ausführungen gibt. Ob es sich um einen flach oder einen tief laufenden Wobbler handelt, erkennt man an der Stellung der Tauchschaufel. Tieftaucher haben eine spitze, lange Schaufel, Flachläufer eine breite und steile. Gefertigt werden diese Wobblertypen entweder aus Kunststoff oder aus Balsaholz. Viele Modelle aus Kunststoff sind innen hohl und werden oft mit Rasselkugeln ausgestattet.

Damit Wobbler richtig laufen und nicht durch zu viel Gewicht an ihrer Nase aus der Balance gebracht werden, müssen sie an Karabinern befestigt werden und keinesfalls an Karabinerwirbeln, denn diese sind für Wobbler zu schwer.

Was ist Verblinkern?

Von Verblinkern spricht man, wenn an einem Gewässer auf Kunstköder nur noch sehr wenige Raubfische gefangen werden. Die Ursache für eine solche Beißzurückhaltung vermuten viele Angler im sog. Catch & Release (dem Fangen und sofortigen Zurücksetzen der Fische). Tatsächlich ist es so, dass in vielbefischten (meist stadtnahen) Gewässern heute die einst fängigen roten, gelben und kunterbunten Spinnköder bedeutend weniger Bisse bringen. Um auch an solchen Seen und Flussabschnitten mit Spinnködern erfolgreich zu sein, sind Angler gezwungen, auf Spinnköder im natürlichen Design zurückzugreifen sowie solche Modelle auszuwählen, die dort noch nicht zum Einsatz kamen.

SCHWIMMENDE WOBBLER

Schwimmende Wobbler gibt es als Tiefläufer und als Flachläufer. In tieferen Gewässern sind Flachläufer reine Frühjahrs- und Sommerköder, denn im Herbst und Winter stehen die Raubfische in tieferen Gewässerschichten und ihre Reviere können von diesen Spinnködern nicht mehr erreicht werden. Geführt werden flachlaufende Wobbler, indem man sie durch zügiges Einkurbeln auf etwas Tiefe bringt und danach das Tempo variiert (mal etwas zügiger, dann langsamer, nach einer zügigen Passage einen kurzen Einholstopp einlegt). Im Sommer darf das Tempo ruhig etwas flotter sein, denn im warmen Wasser sind die Raubfische aktiv und beißfreudig, was im Winter meist nicht der Fall ist, dann stehen sie tief und gehen eher auf behäbig geführte Tiefläufer.

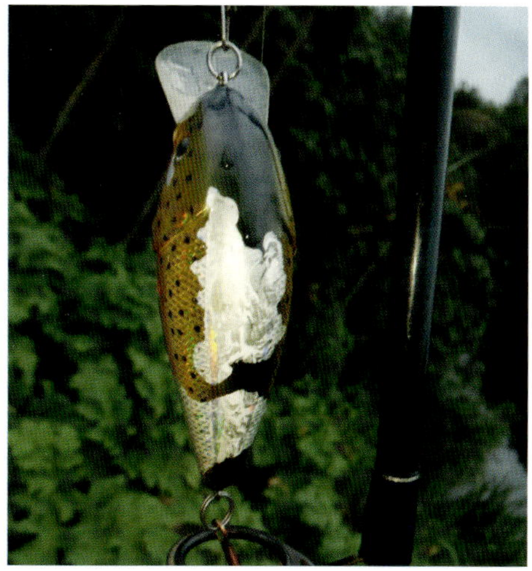

Kugelwobbler sind sehr gute Köder. Dieser verlor durch einen Wallerbiss seinen Lack.

SINKENDE WOBBLER

Sinkende Wobbler sind von Januar bis Dezember hervorragende Spinnköder für fließende Gewässer. In Seen und Talsperren sind sie eher Winterköder und werden zum Fang träger Räuber eingesetzt. Der Vorteil sinkender Wobbler liegt eindeutig darin, dass man sie in großer Tiefe langsam führen kann und sie nicht wie schwimmende Tiefläufer stets auf einer gewissen Geschwindigkeit halten muss. Am besten führt man Tiefläufer langsam und stetig (ab und an von kurzen Stopps unterbrochen). Beim Spinnfischen in Fließgewässern ist es wichtig, schlanke Modelle zu verwenden, weil breite bzw. hochrückige Köder rasch zum Spiel der Strömung werden und sich dann nicht mehr kontrolliert führen lassen.

KUGELWOBBLER

Kugelwobbler sind gedrungene Wobblertypen mit entsprechend hoher Wasserverdrängung. Die Köder haben einen sehr aggressiven Lauf und eignen sich daher besonders gut für das Fischen im warmen Wasser. Kugelwobbler sind jedoch nicht nur reine Sommerköder, denn die meisten von ihnen sind mit innenliegenden Rasselkugeln versehen, die dem Köder auch bei langsamer Führung ein gewisses „Aggressionspotential" verleihen. Beim nächtlichen Spinnfischen kommen sie meist im oberflächennahen Wasser zum Einsatz, beispielsweise zum Zanderfang in den Buhnen großer Flüsse oder über flachen Sandbänken in Seen. Durch ihren lautstarken Lauf sind Kugelwobbler auch gute Spinnköder für Waller. Kugelförmige Wobbler gibt es in sinkenden und schwimmenden Ausführungen.

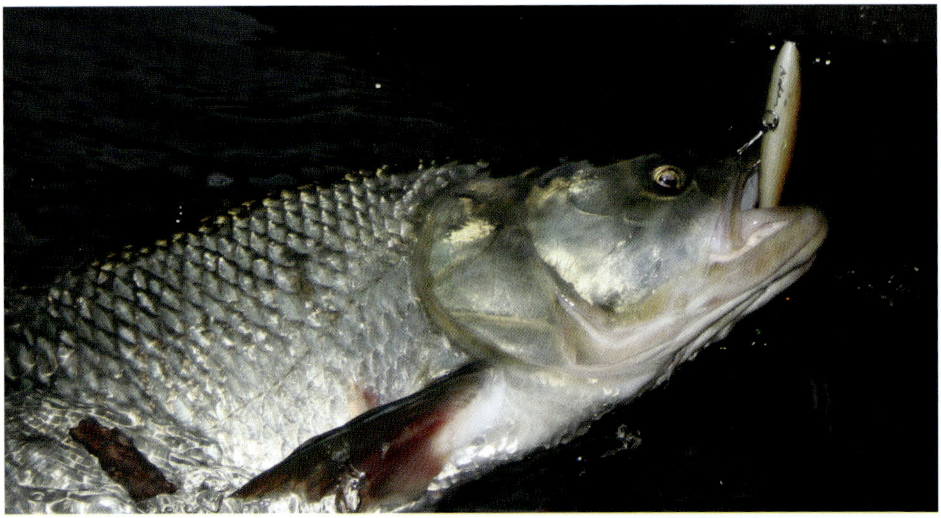

Oft sind es schaufellose Wobbler, die scheue Rapfen zum Biss verführen.

SCHAUFELLOSE WOBBLER

Ohne großen Krach zu schlagen, bahnen sich schaufellose Wobbler bei stetigem Schnureinzug ihren Weg durchs Wasser, wobei sie ein krankes oder angeschlagenes Fischchen imitieren. Modelle ohne Tauchschaufel zeichnen sich durch ihre Unaufdringlichkeit aus und sind somit das völlige Gegenteil von Kugelwobblern. Sie sind vor allem dort sehr gute Spinnköder, wo starker Angeldruck herrscht und viele Raubfische mit anderen Spinnködern schon schlechte Erfahrungen gemacht haben. Wobbler ohne Schaufel gibt es in schwimmender und sinkender Version sowie in einteiliger und zweiteiliger Ausführung.

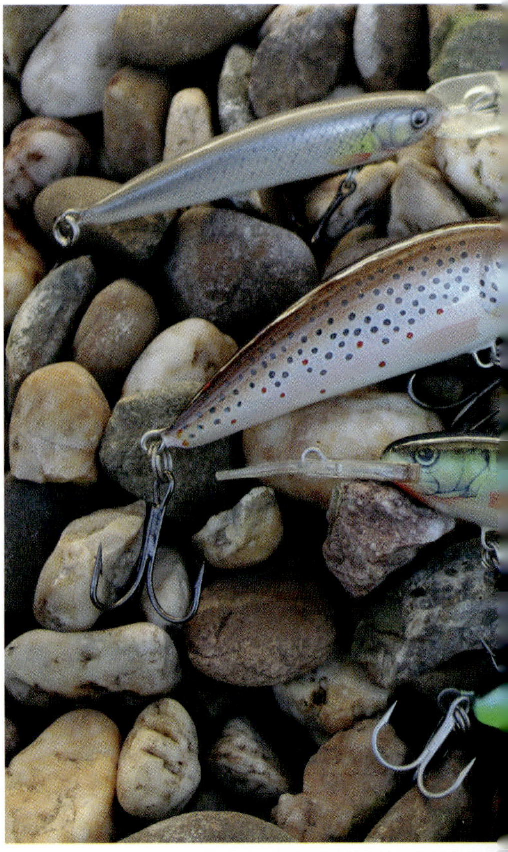

Wer in viel befischten Gewässern angelt, sollte mehr dezente, als poppig-bunte Wobbler in seiner Box haben.

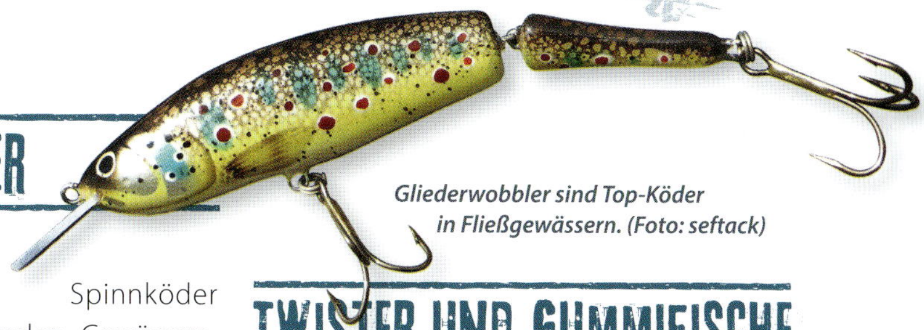

Gliederwobbler sind Top-Köder in Fließgewässern. (Foto: seftack)

GLIEDERWOBBLER

Mehrteilige Wobbler sind hervorragende Spinnköder für den Einsatz in fließenden Gewässern. Sie kommen in kleineren Ausführungen in Forellenbächen zum Einsatz und sind als größere Modelle wunderbare Zanderköder zum abendlichen Angeln an Buhnenfeldern. Man kann Gliederwobbler verführerisch (also langsam) als sommerliche Oberflächenköder einsetzen sowie mit sinkenden Modellen Gumpen nach Raubfischen absuchen.

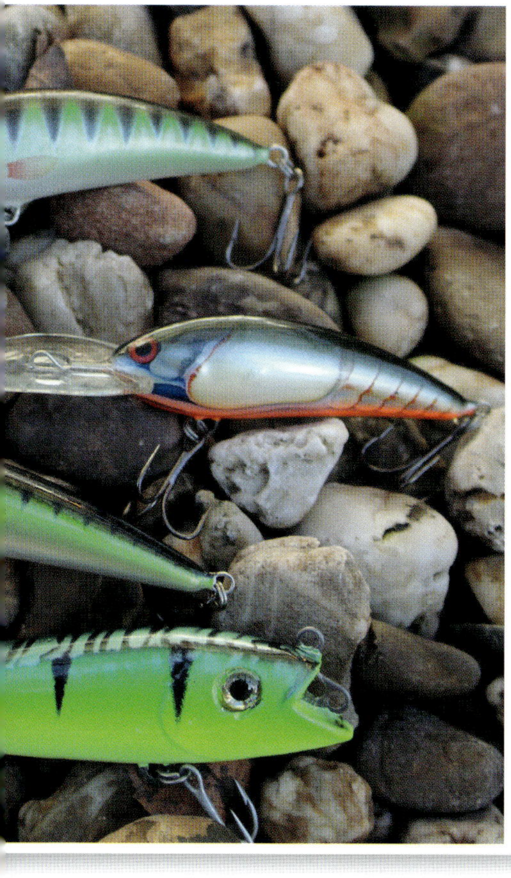

TWISTER UND GUMMIFISCHE

Gummiköder sind moderne Klassiker zum Fang von Zandern und Barschen. Grundsätzlich unterscheidet man zwei Typen von Weichplastikködern: Twister und Gummifische (Shads). Beide Köderformen eignen sich hervorragend dazu, den Gewässergrund nach Raubfischen abzuklopfen. Dabei lässt man sie immer wieder auf den Gewässergrund aufschlagen, was im Idealfall dazu führt, dass sich dort kleine Staubwölkchen bilden, die das Verhalten eines aufgeschreckten Kleinfisches imitieren. Geführt werden diese Bleikopfköder durch Heben und Senken der Rutenspitze während des langsamen Einholens.

TWISTER

Twister sind Gummiköder von wurmförmiger Gestalt, deren Schwanz verbreitert und sichelförmig geformt ist. Trotzdem imitieren sie keine Jungfische, sondern stellen einen Reizköder im klassischen Sinne dar. Twister zählen zu den besten Spinnködern für Barsche und Zander. Im Frühjahr sind bunte Twisterkörper (besonders rote und gelbe) Top-Köder. Im Sommer, Herbst und Winter sollte man eher zu gedeckten Farben (braun, silbern, dunkelrot) greifen. Beißt auf einfache Twister nichts, hilft oft ein Griff zu Modellen mit zwei Schwänzen (Doppelschwanztwister).

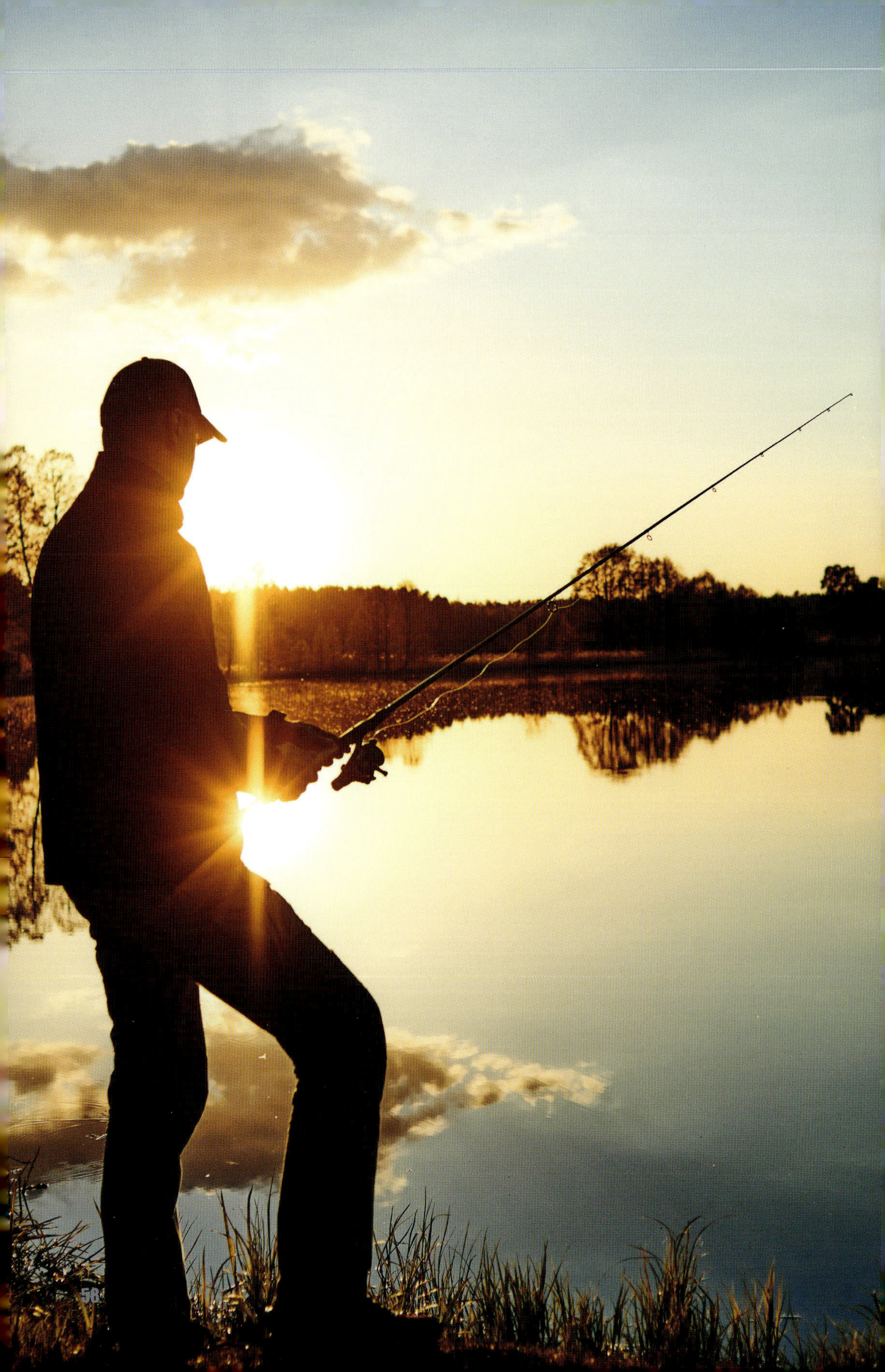

GUMMIFISCHE (SHADS)

Gummifische, sog. Shads, sind neben Wobblern die wohl besten Kunstköder zum gezielten Zanderangeln. Die Form des Schwanzes ist entscheidend für die Aktion des Köders. Tellerförmige Schwänze haben die kräftigste Aktion und eignen sich daher besonders gut für das Fischen in trübem Wasser und bei Dunkelheit, denn der reizvoll schwänzelnde Teller gibt gleichzeitig Schwingungen ab. Kunstköder mit lebhafter Aktion eignen sich auch bestens für das Angeln im Sommer und Frühherbst. Einige Shads verfügen außerdem über in den Schwanz eingearbeitete Rasseln, die den Köder noch attraktiver machen.

Sowohl Twister als auch Shads können ihr Potential nur entfalten, wenn sie auf einen Bleikopfhaken (Jig-Haken bzw. Jig-Kopf) montiert werden. Die Wahl des richtigen Jig-Kopfes kann sowohl beim Angeln mit Twistern als auch beim Fischen mit Shads fangentscheidend sein. Grundsätzlich werden drei Formen von Jig-Köpfen unterschieden: runde, bananen- und schlittenförmige. Runde Jig-Köpfe eignen sich sehr gut zum Fischen in stehenden Gewässern und kommen überall dort zum Einsatz, wo die Wassertiefe nicht mehr als drei bis vier Meter beträgt. An runden Jig-Köpfen laufen die Köder am lebhaftesten, weil der kugelförmige Kopf dem Wasser sehr wenig Widerstand entgegensetzt. Bananenköpfe heben schon auf leichten Zug vom Grund ab und verleihen dem Gummiköder auch bei langsamer Führung ein äußerst lebhaftes Spiel, sie sind daher im Winter sehr gut. Schlittenköpfe sind für langsame Absinkphasen und kleine Sprünge gedacht. Sie eignen sich vorzüglich zum Nachtangeln über sauberem Grund.

Beim Einsatz großer Gummifische ist es ratsam, den Köder mit einem Zusatzdrilling (sog. Angsthaken) an einem Stahlvorfach zu versehen, der im Schwanz verankert wird. So lässt sich die Zahl der Fehlbisse erheblich verringern.

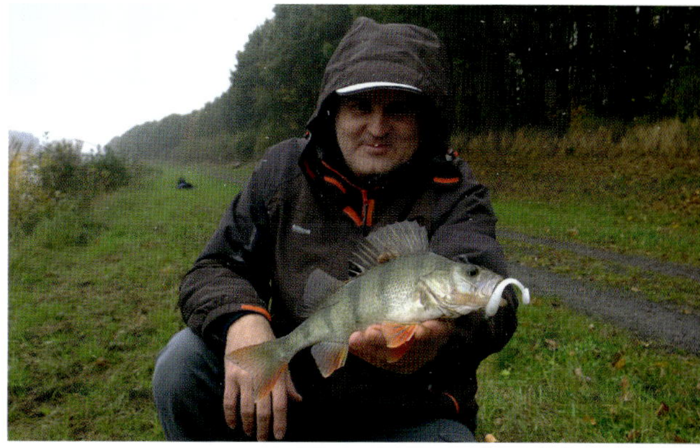

Shads sind sehr gute Barschköder. Dieser Stachelritter schnappte sich ein weißes Modell. (Foto: seftack)

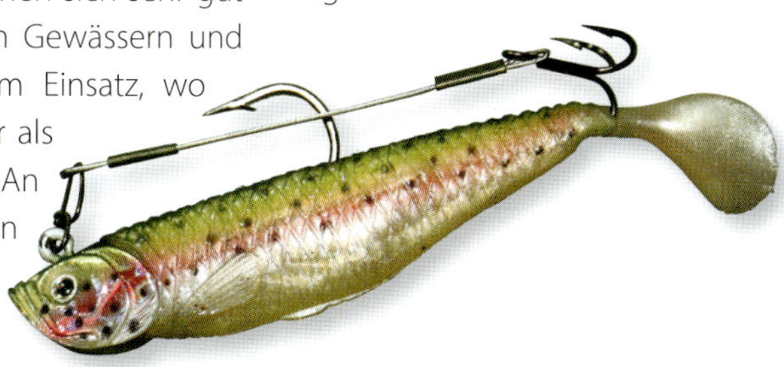

Ein Shad mit einem Angsthaken, der verhindern soll, dass ein sog. Schwanzbiss nicht zum Anhaken des Fisches führt.

BOOTS-ANGELN

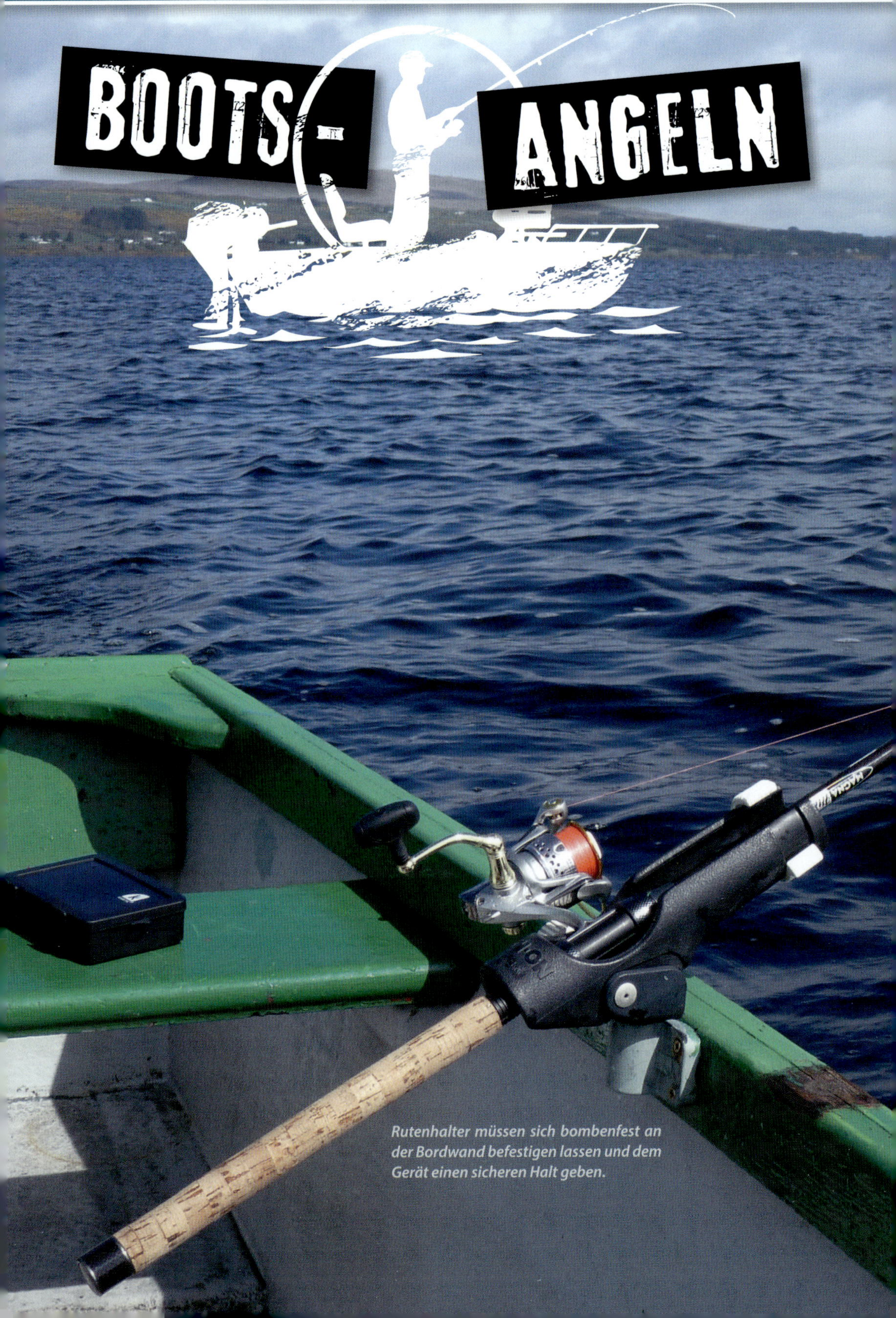

Rutenhalter müssen sich bombenfest an der Bordwand befestigen lassen und dem Gerät einen sicheren Halt geben.

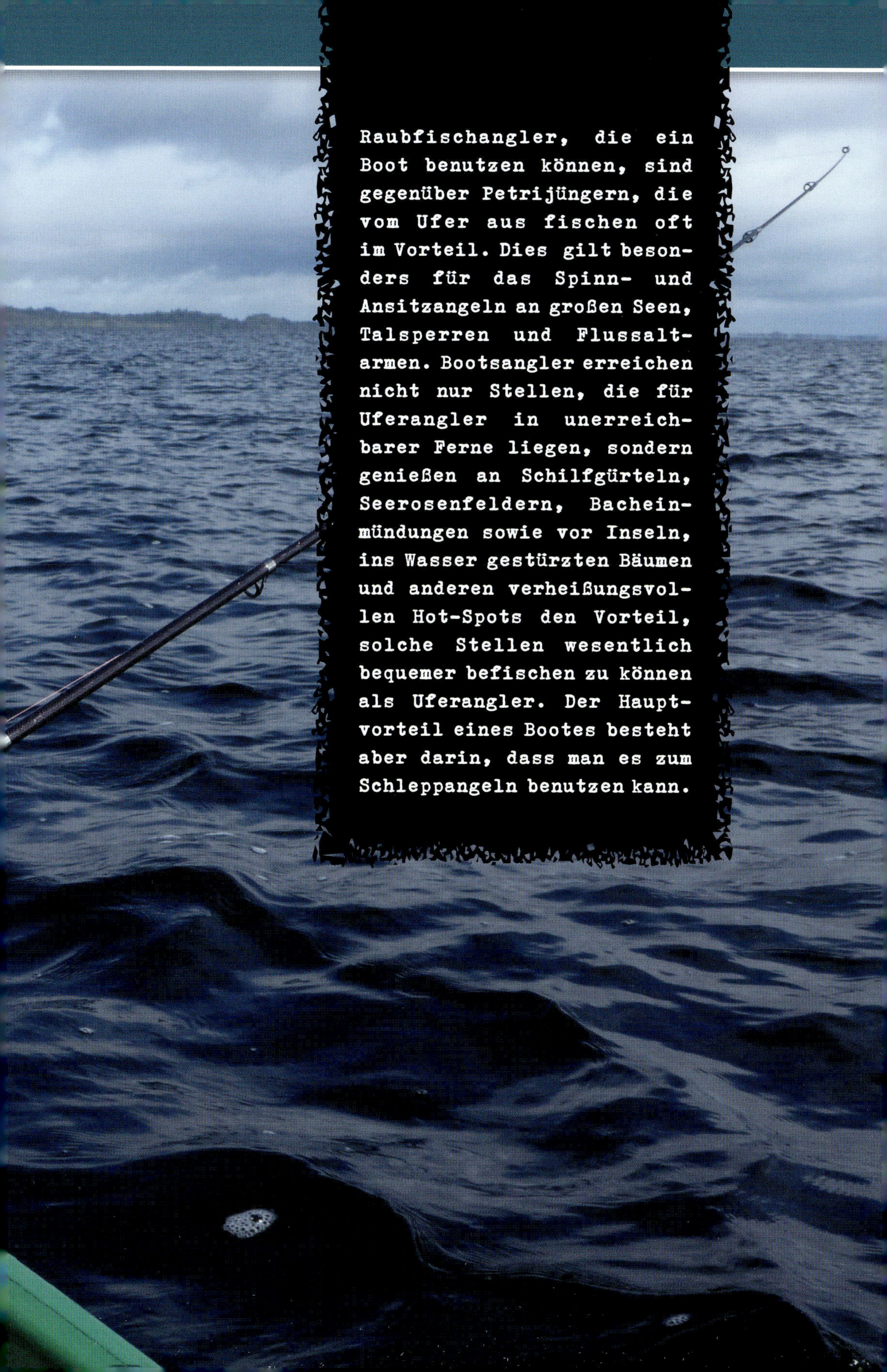

Raubfischangler, die ein Boot benutzen können, sind gegenüber Petrijüngern, die vom Ufer aus fischen oft im Vorteil. Dies gilt besonders für das Spinn- und Ansitzangeln an großen Seen, Talsperren und Flussaltarmen. Bootsangler erreichen nicht nur Stellen, die für Uferangler in unerreichbarer Ferne liegen, sondern genießen an Schilfgürteln, Seerosenfeldern, Bacheinmündungen sowie vor Inseln, ins Wasser gestürzten Bäumen und anderen verheißungsvollen Hot-Spots den Vorteil, solche Stellen wesentlich bequemer befischen zu können als Uferangler. Der Hauptvorteil eines Bootes besteht aber darin, dass man es zum Schleppangeln benutzen kann.

BOOTS-ANGELN

SCHLEPPEN MIT KUNSTKÖDERN

Als Schleppangeln bezeichnet man das Ziehen von Spinnködern hinter einem fahrenden Boot. Gute Schleppköder sind Wobbler und Blinker. Spinner eignen sich hingegen gar nicht, weil ihr rotierendes Blatt die Angelschnur hoffnungslos verdrallen würde. Schleppen eignet sich in erster Linie zum Absuchen großer Wasserflächen vom Ruder- oder Motorboot aus. Ein wesentlicher Vorteil dieser Angelmethode besteht darin, dass ein Angler mit zwei Spinnruten gleichzeitig fischen kann und so zwei unterschiedliche Köder im Wasser hat. Beim Schleppen mit Kunstködern werden meist Wobbler und/oder Blinker verwendet. Die richtige Schleppgeschwindigkeit ist dabei das wichtigste. Wer vom Ruderboot aus schleppt, kommt selten in die Verlegenheit, seine Köder zu schnell zu führen. Von Motorbooten aus besteht diese Gefahr hingegen ständig.

Blinker und Wobbler laufen bei einer Geschwindigkeit von drei bis maximal vier Stundenkilometern am besten. Diese Geschwindigkeit erreicht man mit einem Ruderboot, indem man nach drei oder vier Ruderschlägen eine kurze Pause einlegt und dann das Boot wieder auf Fahrt bringt. Temporegeln für eine richtige Schleppgeschwindigkeit gibt es leider nicht, sie muss vom Beißverhalten der Fische und von der Jahreszeit abhängig variiert werden. Im Frühjahr und Sommer, wenn die Raubfische aktiver sind, verfolgen sie auch flott geführte Köder, während sie im Hebst und Winter eher auf gemächlich laufende Blinker und Wobbler beißen.

Während des Schleppens kommen die Ruten in einen Bootsrutenhalter. Bei gelegentlichem Schleppen genügen Schraubrollenhalter. Schleppt man mit dem eigenen Boot regelmäßig, so lohnt es sich, die Halter permanent an der Bordwand zu installieren.

Um beim Fahren von Kurven das Ineinanderlaufen der beiden Schleppschnüre zu vermeiden, ist es wichtig, zwei unterschiedlich tief laufende Schleppköder einzusetzen. Der flacher laufende Köder befindet sich dabei etwa 30 Meter hinter dem Boot, während der tiefer laufende in nur 20 Metern Entfernung gezogen wird.

SCHLEPPEN MIT POSENMONTAGEN

Neben Wobblern kann man auch Köderfische am System (Stahlvorfach mit zwei Drillingen) sehr gut zum Schleppen verwenden. Dabei kommt eine Posenmontage zum Einsatz, wie man sie auch beim Ansitzangeln verwendet. Um den beständigen Lauf des

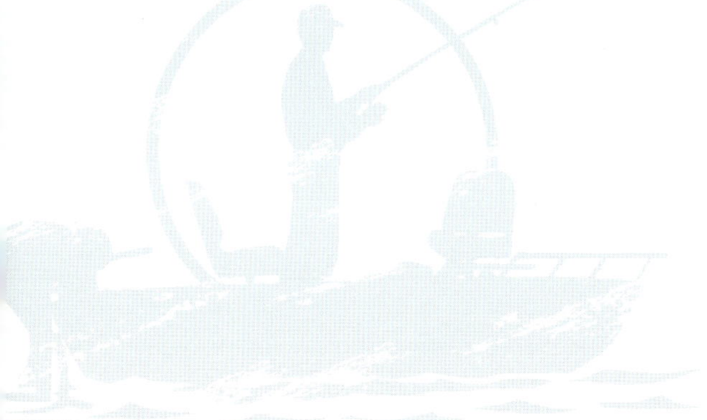

Bootsangler erreichen oft hechtträchtige Stellen, die Uferanglern verschlossen bleiben.

TIPP

Als Bootsangler erkundet man ein unbekanntes Gewässer am besten mit zwei Spinnruten, die man als Schleppruten einsetzt. Bei dieser Form der Angelei kommt man mit vier Wobblern aus. Zwei tieflaufende und zwei sinkende Modelle, von denen jeweils eins in bunt (rot, gelb, leuchtend grün) und das andere in dezentem Design (Fischimitation oder bräunliche bzw. graue Farbe) gehalten ist. Auf diese Art und Weise kann man mit verschiedenen Farben in unterschiedlichen Gewässertiefen experimentieren. Im Sommer sollten Flachläufer geschleppt werden, in der kälteren Jahreszeit Tiefläufer.

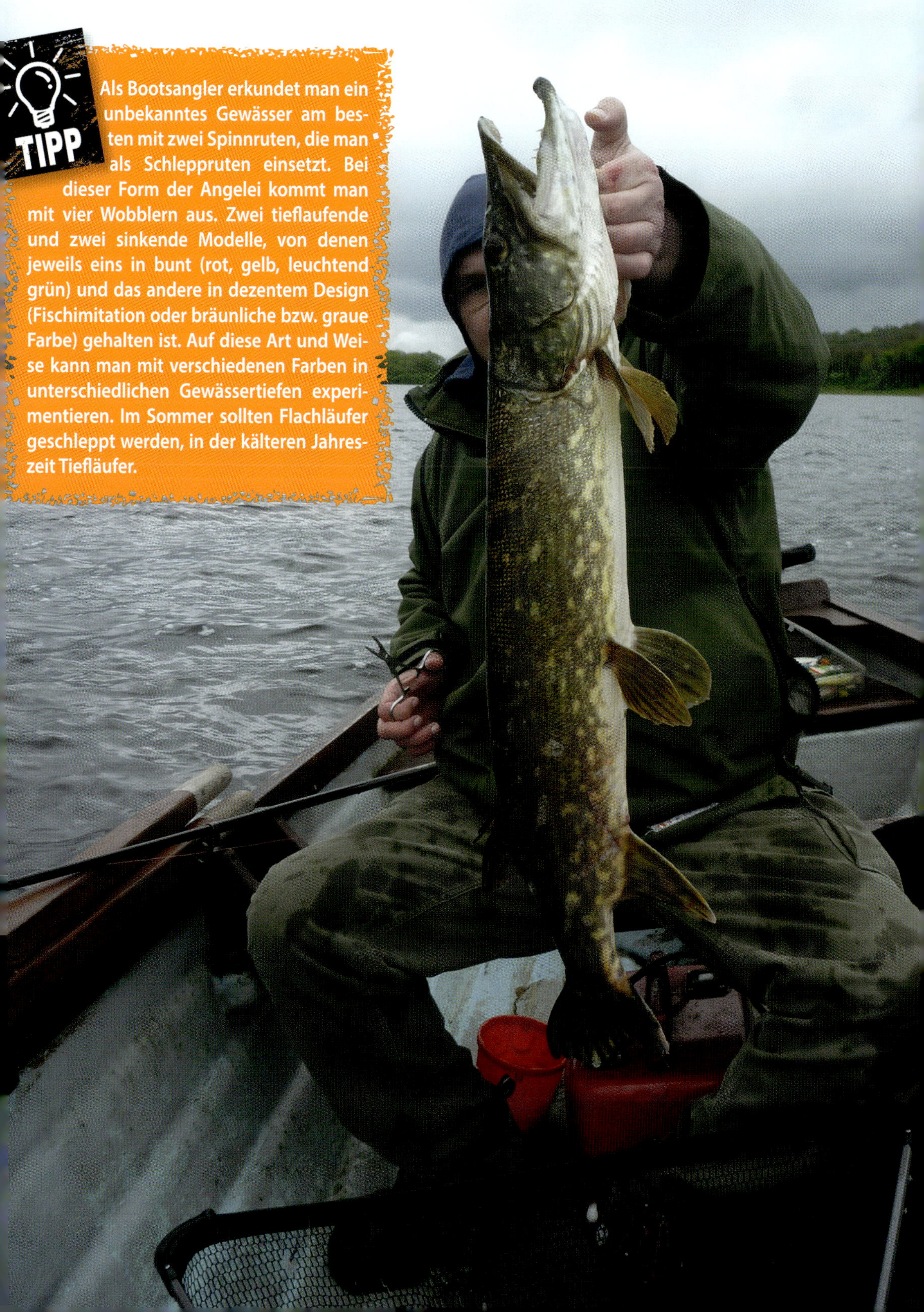

Köderfisches in der vorgesehenen Wassertiefe zu garantieren, bedürfen Laufposen allerdings einer 45-Grad-, statt einer üblichen 90-Grad-Schnurführung. Solche Schwimmer sind im Fachhandel als Schleppschwimmer erhältlich. Nach dem Auslegen wartet man, bis sich die Pose aufgerichtet hat und beginnt erst dann mit dem Schleppfischen. Durch die 45-Grad-Bohrung wird die durch den Schwimmer laufende Schnur „eingeklemmt", was dazu führt, dass der angebotene Köderfisch während der gesamten Schlepptour in der gewünschten Wassertiefe läuft.

TIPP

Viele Angler behaupten, dass sich beißende Fische beim Schleppen selbst anschlagen. Dies ist allerdings nur sehr selten der Fall. Jeder Biss sollte auch beim Schleppen mit einen Anhieb quittiert werden.

AUSRÜSTUNG FÜRS SCHLEPPFISCHEN

Rute: Kräftige Spinnruten mit einem Wurfgewicht von 40 bis 80 Gramm eignen sich hervorragend zum Schleppen, weil man mit ihnen den Anhieb auch auf größere Distanzen durchbringen kann. Für gelegentliches Schleppen tut es auch eine Allroundspinnrute mit einem Wurfgewicht von zehn bis 60 Gramm.

Rolle: Viele Schleppangler benutzen Multirollen, weil diese eine direkte Schnurverlegung haben und über ein hohes Schnurfassungsvermögen verfügen. Für gelegentliches Schleppen sind Stationärrollen aber ebenso gut. Wichtig ist, dass die Rolle mindestens 150 m 30er-Schnur aufnehmen kann.

Schnur: Zum Schleppen kommt nur dehnungsfreie geflochtene Schnur auf die Rolle. Mit einer 25er liegt man selten falsch.

Vorfächer: Zum Einsatz kommen normale Stahlvorfächer, die man auch zum Spinnfischen verwendet. Es empfiehlt sich, für die letzten Meter der Schleppmontage monofile Schnur zu wählen, denn sie weist genügend Dehnungspotential auf, um im Falle einer aggressiven und plötzlichen Flucht eines gehakten Raubfisches das Ausschlitzen des Hakens zu verhindern. Etwa zwei Meter (40er bis 50er) Qualitätsmonofile zwischen Hauptschnur und Stahlvorfach reichen dabei völlig aus.

Köder: Neben Blinkern und Wobblern kommen beim Schleppen auch Köderfische am System zum Einsatz.

Rutenhalter: Rutenhalter müssen sich „felsenfest" an der Bordwand montieren lassen sowie der Rute einen sicheren und wackelfreien Halt geben.

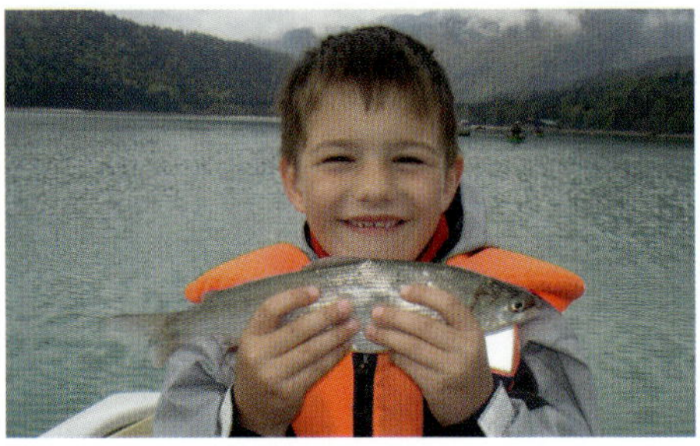

Beim Bootsangeln sollten nicht nur Kinder Schwimmwesten tragen. (Foto: Bernd Taller)

Echolote!

Ob ein Echolot auf der Suche nach einer guten Angelstelle eingesetzt wird, ist eine Frage des persönlichen Geschmacks. Während die eine Hälfte der Angler dieses elektronische Hilfsmittel ablehnt, ist es für die andere ein unersetzlicher Bestandteil ihres Angelbootes, denn es hilft bei der Suche nach markanten Grundstrukturen eines Gewässers. Moderne Echolote können dreierlei: Sie messen die exakte Wassertiefe, zeichnen die Beschaffenheit des Gewässergrundes auf und zeigen an, ob sich Fische in der Nähe des Bootes befinden. Eben diese dritte Funktion als Fischfinder ist es, die Echolote zum Gegenstand kontroverser Diskussionen macht.
Wer ein großes Gewässer erkunden möchte und nichts von technischer Unterstützung hält, kann die Tiefenstrukturen auch mittels Gewässerkarten ermitteln oder an vielversprechenden Stellen zum Senklot greifen.

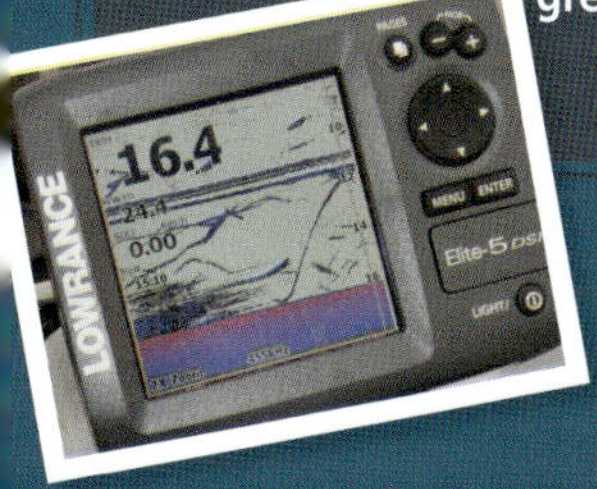

Ob ein Echolot als Fischfinder auf ein Boot gehört, wird in Anglerkreisen heiß diskutiert. (Cezary Felix Rybczynski)

SICHERHEIT IM BOOT

Damit es beim Bootsangeln nicht zu schmerzhaften oder gar lebensgefährlichen Situationen kommt, sollte man (auch auf kleineren Gewässern!) folgende neun Sicherheitsmaßnahmen nie außer Acht lassen.

REGEL 1: Keine Gummistiefel im Boot! Sie laufen im Falle eines Falles rasch voll Wasser und können zu tödlichen Gewichten werden. Dies gilt auch bei angelegter Schwimmweste.

REGEL 2: Auch auf kleineren Gewässern sollten stets eine ohnmachtsichere Schwimmweste getragen werden.

REGEL 3: Vermeiden Sie hektische Bewegungen und fischen Sie nie aufrecht stehend in kleinen Booten.

REGEL 4: Vermeiden Sie Stolperfallen durch auf dem Bootsboden herumliegendes Gerät und vor allem Schnüre.

REGEL 5: Bei schweren Ankern besteht die Gefahr, sich im ablaufenden Seil zu verfangen und über Bord gerissen zu werden. Deshalb muss der Anker sicher mit der zusammengelegten Angelleine im Bug oder Heck des Bootes liegen.

REGEL 6: Versuchen Sie nie einen kapitalen Fisch von Hand über die Bordwand zu heben, denn nicht allein durch Angelhaken und Raubfischzähne droht eine erhebliche Verletzungsgefahr, sondern auch durch ein Verfangen in der Angelschnur.

REGEL 7: Tragen Sie reflektierende Kleidung unter der Schwimmweste, denn so können Sie im Ernstfall von Helfern schneller gefunden werden.

REGEL 8: Auf größeren Gewässern ist das Mitführen von Signalpistolen wichtig.

REGEL 9: Mobiltelefone können Leben retten, daher gehören sie an Bord in wasserdichte und schwimmfähige Boxen.

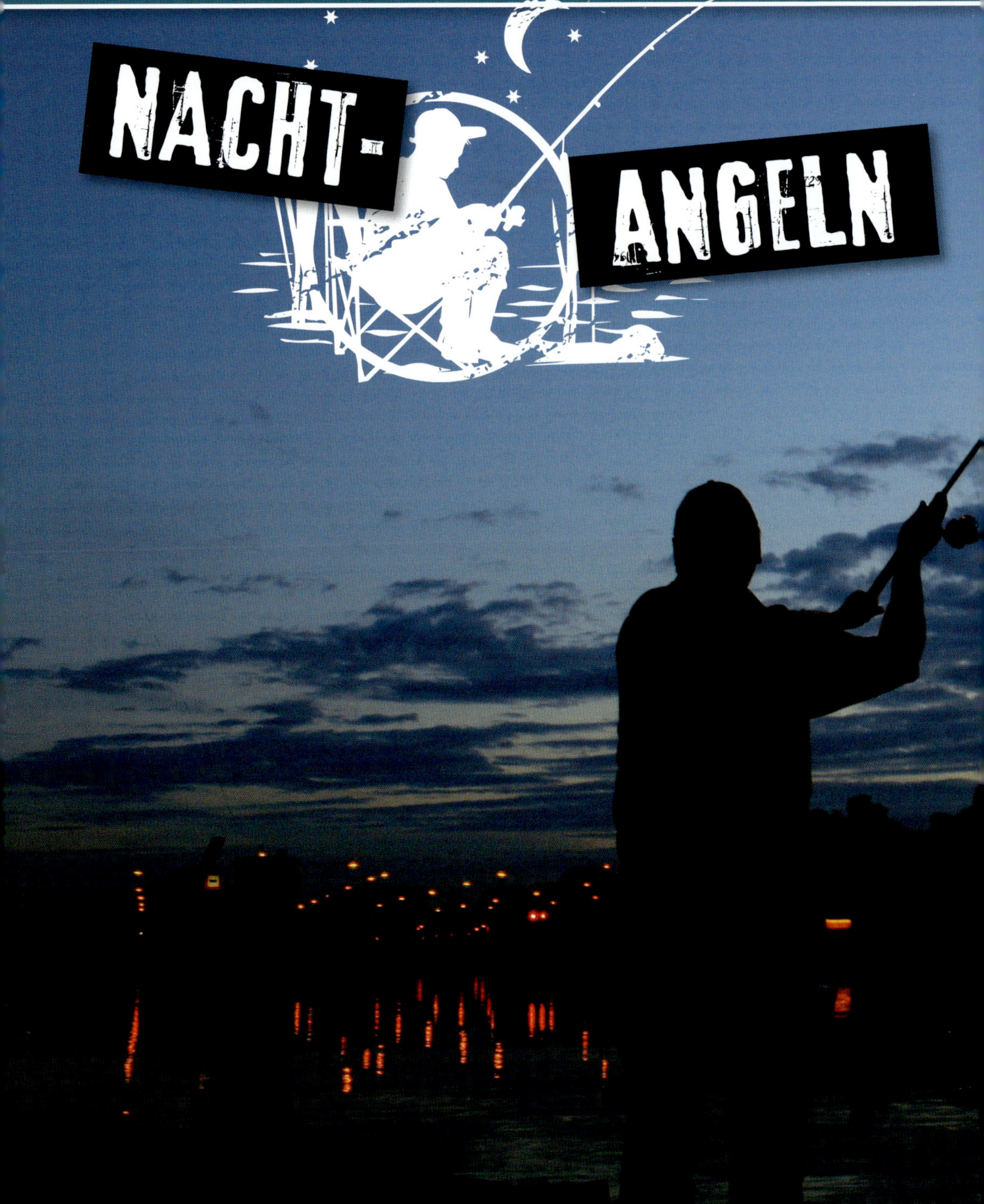

NACHT-ANGELN

Bei Einbruch der Dunkelheit sollten Raubfischangler im Sommer ihr Gerät aus- statt einpacken

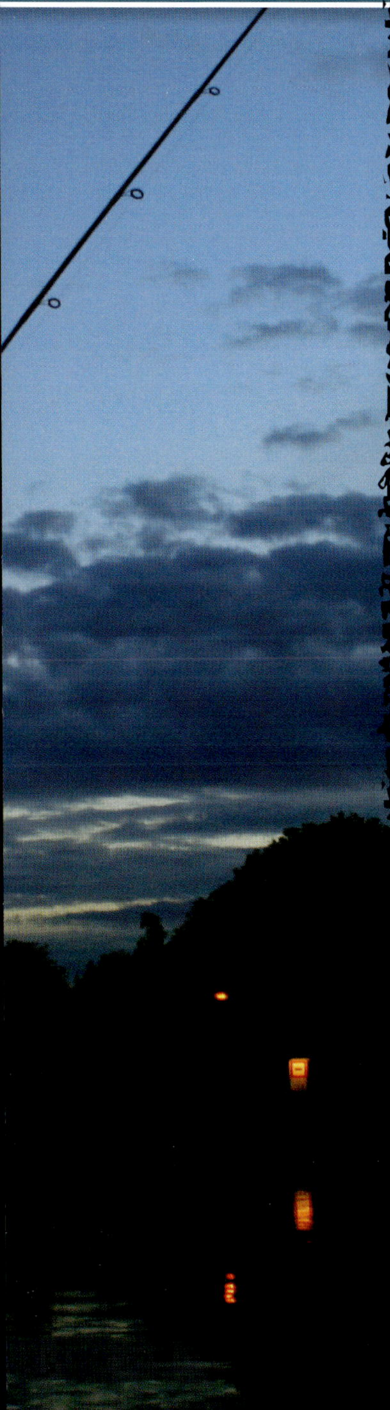

Fischte man früher bei Dunkelheit mit recht primitiven Methoden allein auf Aale, so hat sich das nächtliche Ansitzangeln in den letzten drei Jahrzehnten grundlegend geändert.

Elektronische Bissanzeiger, Freilaufrollen und Knicklichter haben das Nachtangeln revolutioniert. Nach Sonnenuntergang lassen sich Raubfische aber nicht allein mit Köderfischen, Würmern oder Fischfetzen überlisten, sondern beißen auch auf Spinnköder – und dies zuweilen besser als am Tage. Die Vorteile des Nachtangelns liegen auf der Hand: zunächst ist dies die Ruhe am Gewässer, denn abends haben nicht nur Badegäste, Tretbootfahrer sowie Spaziergänger die Gewässer geräumt, sondern auch die Feinde der Fische (Kormorane, Haubentaucher, Reiher) stellen dann ihre Jagd ein. Hinzu kommt, dass (dies gilt vor allem für stehende Gewässer) das Wasser in den Abendstunden sehr sauerstoffreich ist, die Fische dann folglich am „lebendigsten" sind.

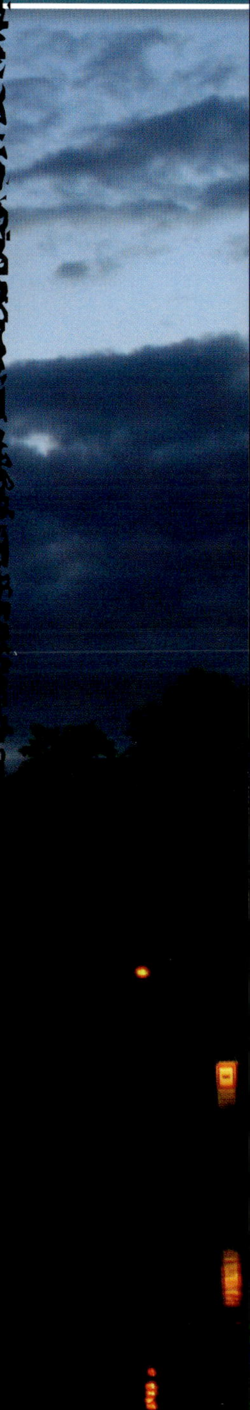

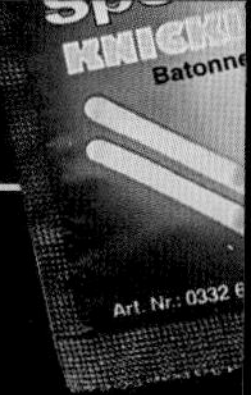

NACHT-ANGELN

NÄCHTLICHES ANSITZANGELN

Die meisten Einsteiger werden ihre ersten Angelnächte als Ansitzangler verbringen und mit Köderfischen, Fetzen und Würmern auf Aale, Waller und Zander fischen. Anders als beim Ansitzangeln während der hellen Tagesstunden, ist beim nächtlichen Angeln etwas Vorbereitung sowie eine Aufstockung der Ausrüstung nötig.

KOPFLEUCHTEN UND STIRNLAMPEN

Sowohl beim nächtlichen Ansitzangeln wie auch beim Spinnfischen gehören Kopfleuchten heute zur Standardausrüstung. Mit einer solchen Leuchte hat man beide Hände frei. Der Fachhandel hält sehr gute und preisgünstige LED-Kopfleuchten bereit, die nicht nur eine exzellente Leuchtkraft haben, sondern auch den unschätzbaren Vorteil bieten, einen vor der Landung angeleuchteten Fisch nicht zu verschrecken und ihn so kurz vor dem Kescher noch einmal zu einer gefährlichen Flucht zu bewegen. Um bei einem Ausfall der Leuchte nicht völlig im Dunkeln zu stehen, ist es ratsam, zusätzlich eine kleine Taschenlampe dabei zu haben.

ELEKTRONISCHE BISSANZEIGER

Elektronische Bissanzeiger sind nicht jedermanns Sache. Ihr Einsatz spaltet die Anglerschaft in begeisterte Anwender und in strikte Gegner. Bei diesen Geräten handelt es sich um gabelförmige Rutenhalter, deren Ablage mit einem Sensor versehen ist, der beim geringsten Abzug der Schnur sowohl ein akustisches wie auch ein optisches Signal von sich gibt. Ein guter elektrischer Bissanzeiger verfügt darüber hinaus auch über eine individuell verstellbare Sensibilität, was beim Einsatz in windigen Nächten sehr wichtig ist. Elektrische Bissanzeiger sind an stehenden Gewässern ideal, weil man sie dort mit einem geöffneten Schnurfangbügel einsetzen

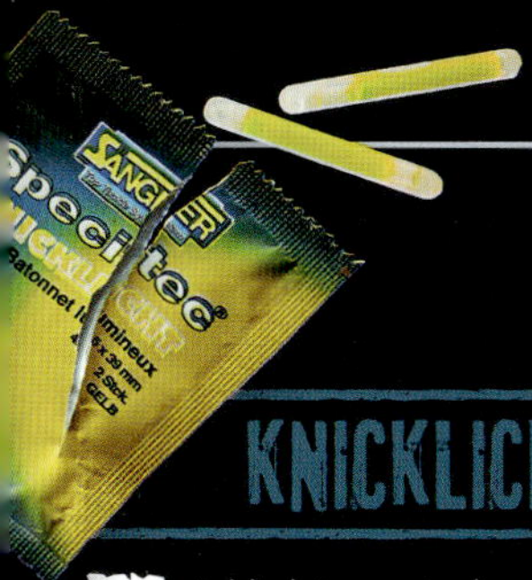

KNICKLICHTER

Knicklichter sind unersetzliche Helfer beim Nachtangeln. Bei diesen kleinen Wunderwerken handelt es sich um durchsichtige Kunststoffröhrchen, die zwei Gläschen mit chemischen Flüssigkeiten ummanteln. Knickt man das Röhrchen, so zerbrechen die Gläser und die Mischung der freigesetzten Flüssigkeiten erzeugt ein (meist sechs bis zehn Stunden andauerndes) kaltes Licht. Knicklichter sind vielseitig einsetzbar. Man kann sie in Leuchtposen stecken, an die Rutenspitze klemmen oder an Bissanzeigern (Kletteraffen) anbringen.

AALGLÖCKCHEN

Aalglöckchen sind mit der Erfindung von Knicklichtern, Kletteraffen und elektronischen Bissanzeigern aus der Mode gekommen. Sie tun unter vielen Bedingungen aber bessere Dienste als alle modernen Bissanzeiger. Beim Grundangeln in fließendem Wasser sind sie noch immer das beste Erkennungsmittel, denn vorsichtige Bisse werden bei Knicklichtern an der Rutenspitze leicht übersehen, während Aalglöckchen (bei geschlossenem Schnurfangbügel) stets einen Ton von sich geben. Aalglöckchen sind mit Klemmen versehen, die in den Verstrebungen des Spitzenringes der (vertikal in einem Rutenhalter aufgestellten) Rute angebracht werden. Im Falle eines Bisses geben sie dann ein verheißungsvolles Klingeln von sich.

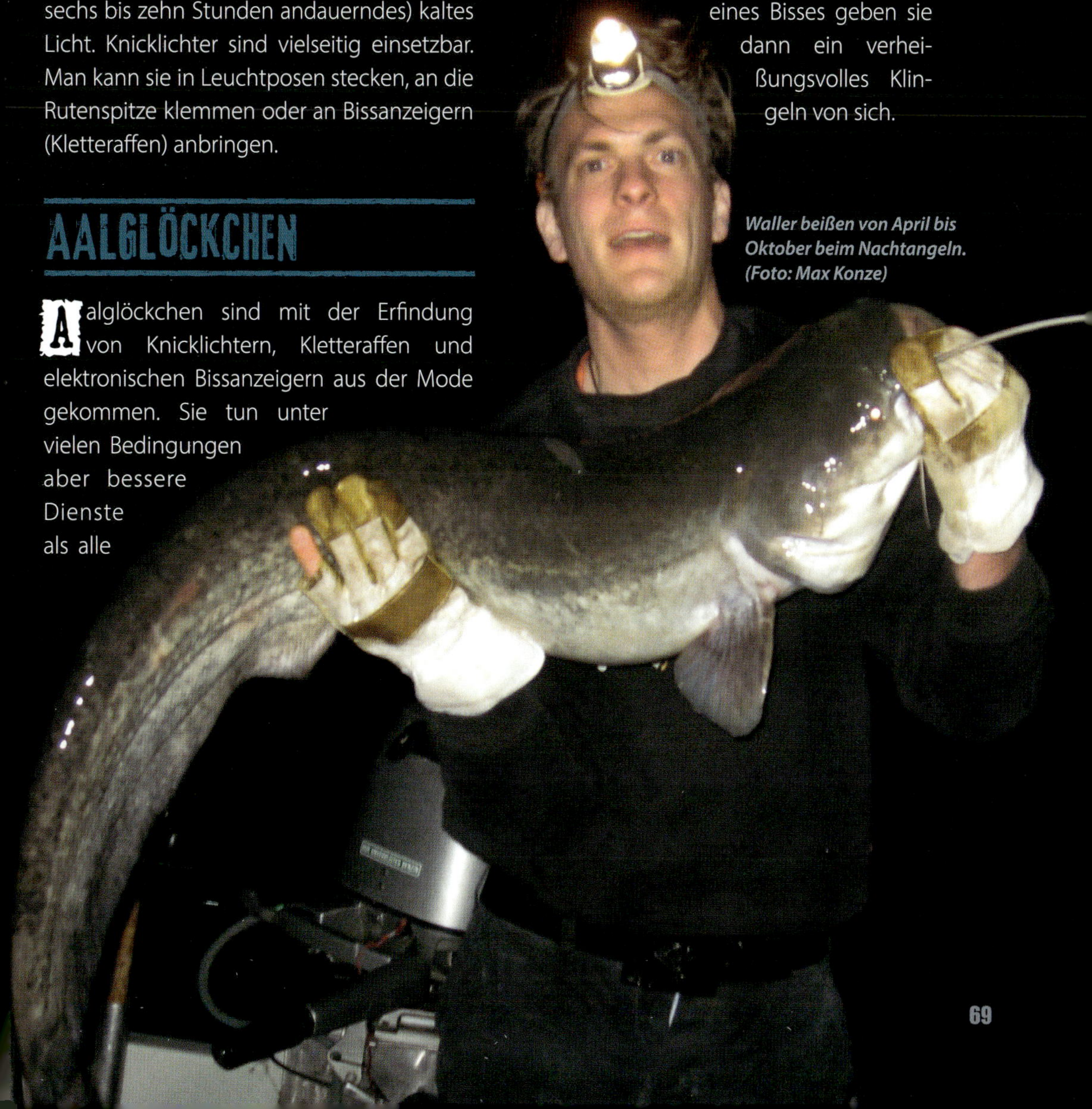

Waller beißen von April bis Oktober beim Nachtangeln. (Foto: Max Konze)

NÄCHTLICHE KLETTERAFFEN

Fürs Nachtangeln benötigt man beleuchtete Kletteraffen. Einen sehr guten Kletteraffen kann man sich leicht aus dem Plastikkörper eines Überraschungseies bauen. Dazu sticht man ein Loch in das obere Ende des Plastikkörpers und steckt ein Stückchen Draht (z.B. von einem Pfeifenreiniger) hinein. Den Draht biegt man zu einem Haken, der dann in die Schnur gehängt wird. So hat man einen wunderbaren und sehr leichten Bissanzeiger, den man mit einem Knicklicht füllen kann und der im Falle eines heftigen Bisses meist von selbst von der Schnur springt.

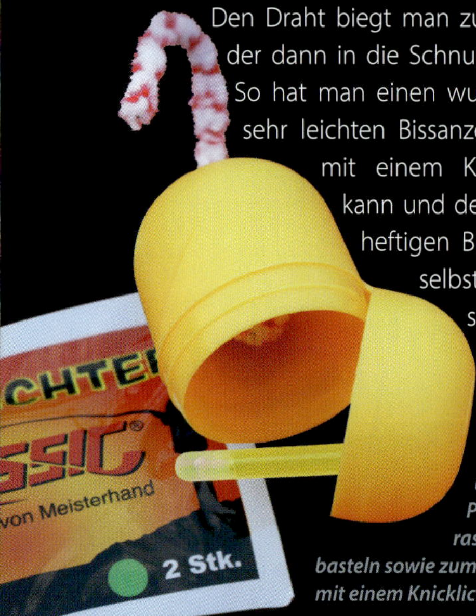

Kletteraffen lassen sich aus einem Ü-Ei und einem Pfeifenreiniger rasch selbst basteln sowie zum Nachtangeln mit einem Knicklicht versehen.

LEUCHTSCHWIMMER

Leuchtposen sind unentbehrliche Hilfsmittel zum nächtlichen Angeln in mittleren und oberflächennahen Wasserschichten. Es gibt sowohl batteriebetriebene elektronische Leuchtschwimmer, als auch solche, die Knicklichter aufnehmen können. Batteriebetriebene Schwimmer taugen recht wenig, weil sie im Vergleich zu Knicklichtposen zu schwer sind, den beißenden Fischen also zu viel Abzugswiederstand entgegenbringen. Am besten greift man daher zu Knicklichtschwimmern. Sie unterscheiden sich von herkömmlichen Posen nur dadurch, dass man sie mit einem (leichten) Knicklicht versehen kann, was ihre Tragkraft nur unwesentlich beeinflusst. Wie beim Angeln bei Tage muss bei der Wahl der passende Pose die Devise „so leicht wie möglich und so schwer wie nötig" lauten.

NÄCHTLICHES SPINNFISCHEN

In der wärmeren Jahreszeit (besonders im Hochsommer) ist nächtliches Spinnfischen eine sehr ergiebige Methode. Im Grunde unterscheidet sich das Spinnfischen bei Dunkelheit von dem bei Tageslicht nur darin, dass man sich bei der Wahl der passenden Köder an den Sinnesorganen der Fische orientieren muss und daher zu solchen Modellen greift, die mittels der Seitenlinienorgane geortet werden können. Dies sind in aller erster Linie Wobbler, Popper und Gummifische.

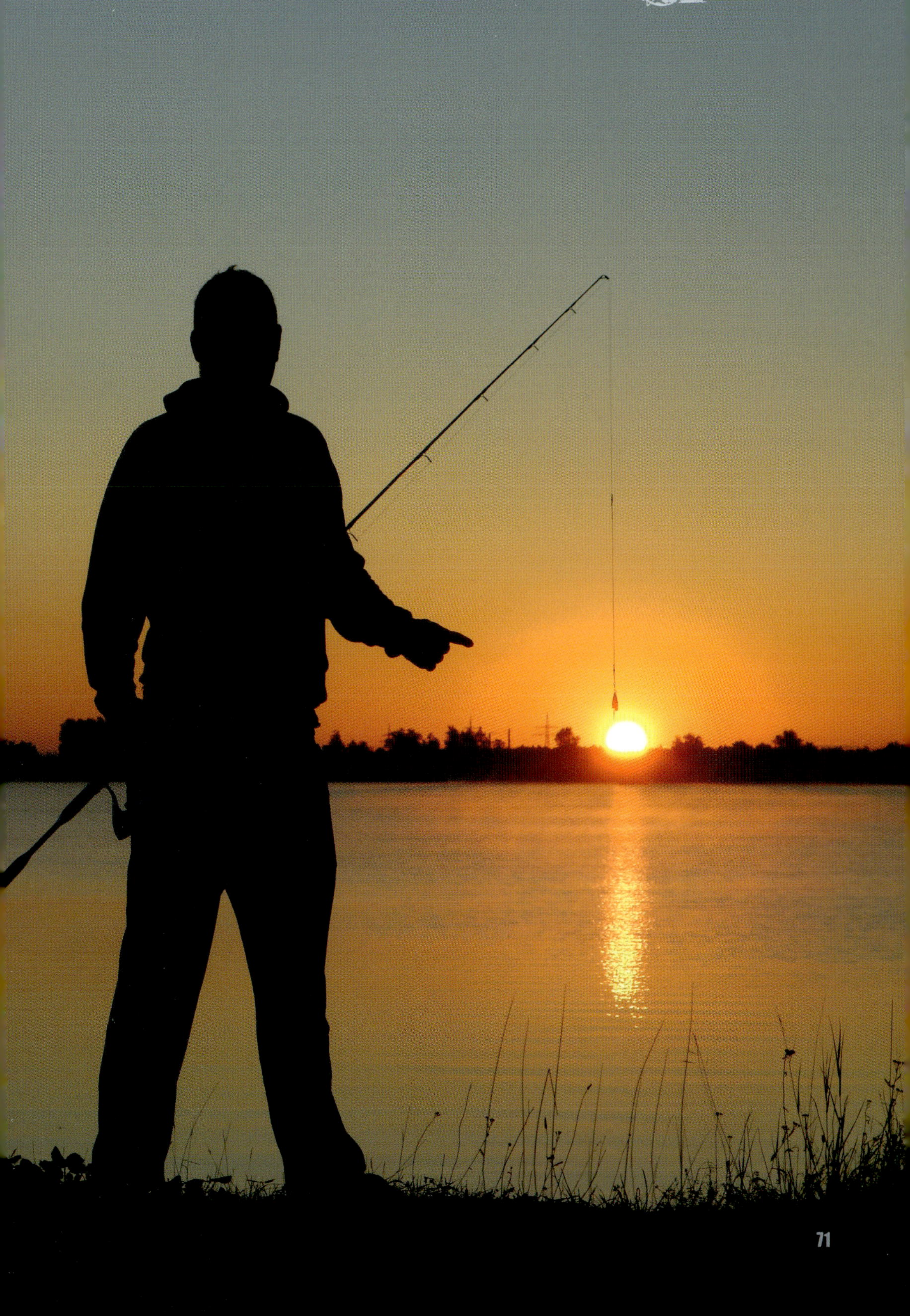

WOBBLER

Für das Spinnfischen in stehenden und sehr langsam fließenden Gewässern sind Kugelwobbler mit Rasseln sehr gut geeignet, denn sie machen Zander, Rafen sowie Waller aggressiv und beißfreudig. Einsteiger sollten bei ihren ersten nächtlichen Spinntouren mit schwimmenden Wobblern fischen, denn ihren Lauf kann man bei Dunkelheit wesentlich besser „ertasten", als den von sinkenden Modellen.

POPPER

Popper sind Wobbler mit integrierter, zumeist runder, Schaufel. Sie lassen sich in Sommernächten bestens zum Befischen flacher Gewässerabschnitte einsetzen und sind hervorragende Köder zum Fang von Zandern und Wallern. Bei ruhiger und langsamer Führung laufen diese Köder im Oberflächenwasser und ziehen einen sanften Schwall nach sich. Führt man sie ruckartig oder unterbrochen von kurzen Stopps, durchbrechen sie die Wasseroberfläche und imitieren so kleine Säugetiere oder Amphibien. Verwenden Sie dunkle Popper, denn diese werden von den in Richtung Wasseroberfläche blickenden Fischen besser gesehen als helle Modelle.
Popper lassen sich auch mit einem vorgeschalteten Blei in tieferen Wasserschichten einsetzen. Diese Methode hat gleich zwei Vorteile: erstens hängen Popper wegen ihrer fehlenden Tauchschaufel sehr

Ordnung am Angelplatz!

Beim nächtlichen Ansitzangeln ist Ordnung sehr wichtig. Bereits bei Tageslicht sollte man sich seine Angelstelle einrichten, um bei Dunkelheit genau zu wissen, was wo liegt. So stolpert man nicht über seine eigenen Dinge und weiß bei einem Biss und bei der Landung eines Fisches, welcher Gegenstand wo liegt. Am besten stellt man Rutenhalter oder Rod-Pods so auf, dass sie in erreichbarer Nähe zum Angelstuhl stehen, aber weit genug entfernt sind, um ungestört aufstehen und sich am Angelplatz bewegen zu können. Auch sollte der Unterfangkescher stets griffbereit neben den Ruten liegen.
Um bei Dunkelheit nicht in Taschen oder Gerätboxen stöbern und suchen zu müssen, breitet man alles nötige Kleinzeug (Ersatzhaken, Posen, Grundbleie, Fischtöter, Messer etc.) auf einer gut sichtbaren Folie (am besten eine weiße Plastikfolie) in der Nähe seines bequemen Angelstuhls aus.

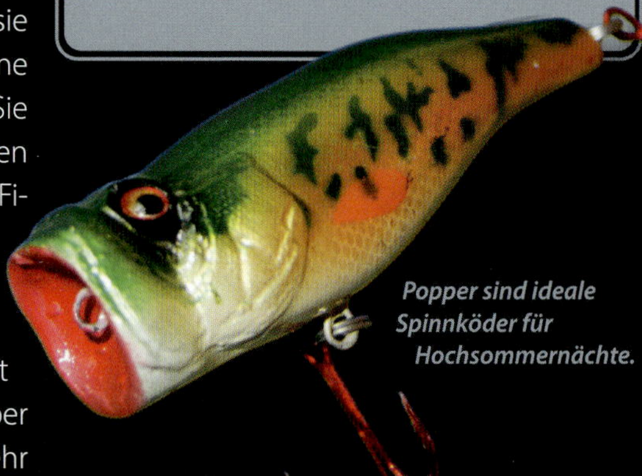

Popper sind ideale Spinnköder für Hochsommernächte.

GUMMIFISCHE

Am besten greift man zu Shads mit einem hammer- bzw. tellerförmigen Schwanz, denn diese Köder schlagen im Wasser ordentlich Radau. Seit einigen Jahren gibt es Gummifische, die das Bleigewicht im Körper tragen und so hervorragend ausbalanciert sind. Diese Köder laufen sehr gut, lassen sich weit werfen und produzieren bedeutend weniger Hänger als herkömmliche Gummifische mit vorgeschaltetem Bleikopf.

Checkliste Spinnfischen

Es versteht sich von selbst, dass man vor dem Angeln die geplante Spinnstrecke schon einmal bei Tageslicht abgelaufen sein sollte. Nur so kann man sich vor unangenehmen Stolperfallen (Wurzeln, Kaninchenlöcher etc.) schützen. Am besten fischt man in der Nacht in Begleitung eines Angelfreundes, der dann auch bei der Landung eines Fisches behilflich sein kann.
Neben einer guten Kopfleuchte sollte man eine Taschenlampe mitführen.
Vorsichtige und bedachte Würfe schützen nachts davor, viele Spinnköder in Bäumen und Sträuchern zu verlieren.
Gummierte Kescher sind bei Dunkelheit ein Segen, denn in ihnen verfangen sich deutlich weniger Haken, als in herkömmlichen Netzen.
Machen Sie bei Dunkelheit nie den Versuch, einen Fisch per Hand zu landen.
Regelmäßige Kontrolle des Gerätes ist wichtig. Nehmen Sie sich die Zeit, die Schnur regelmäßig auf Beschädigungen zu untersuchen und ab und an den Knoten zu erneuern.

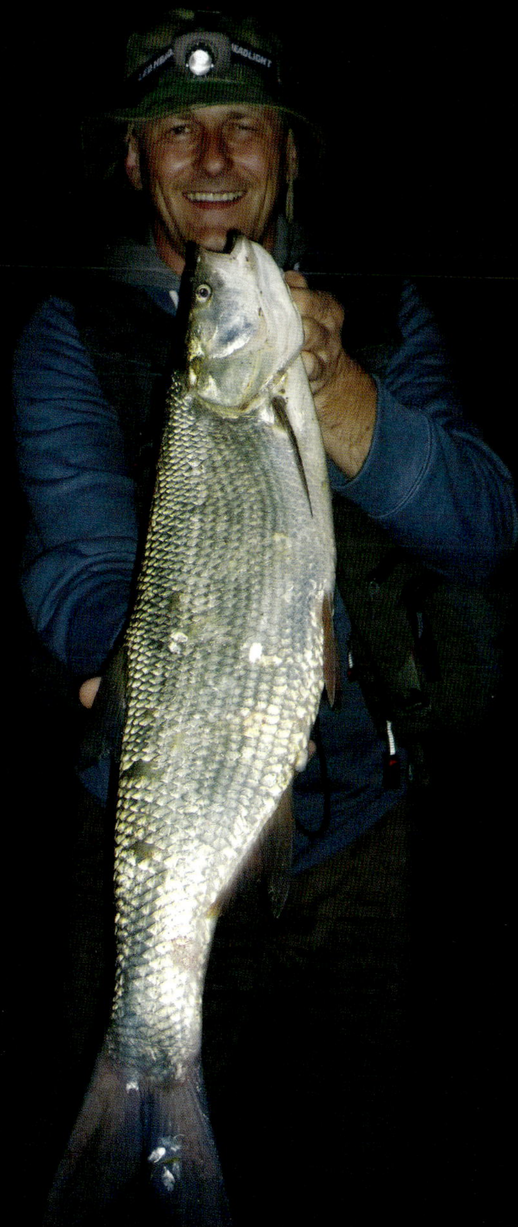

Rapfen sind eine begehrte Beute beim nächtlichen Spinnfischen. (Foto: seftack)

GEZIELT AUF AAL!

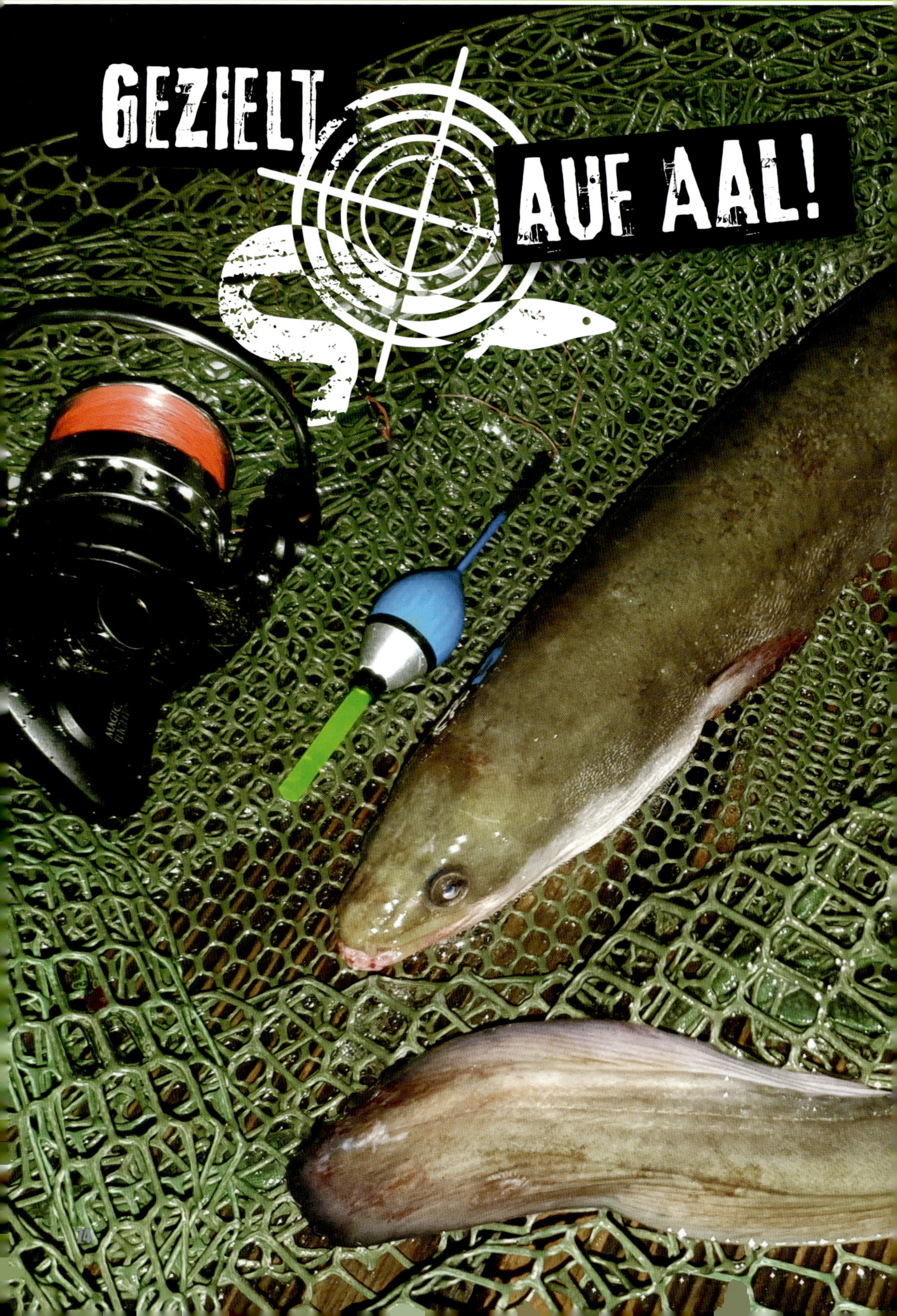

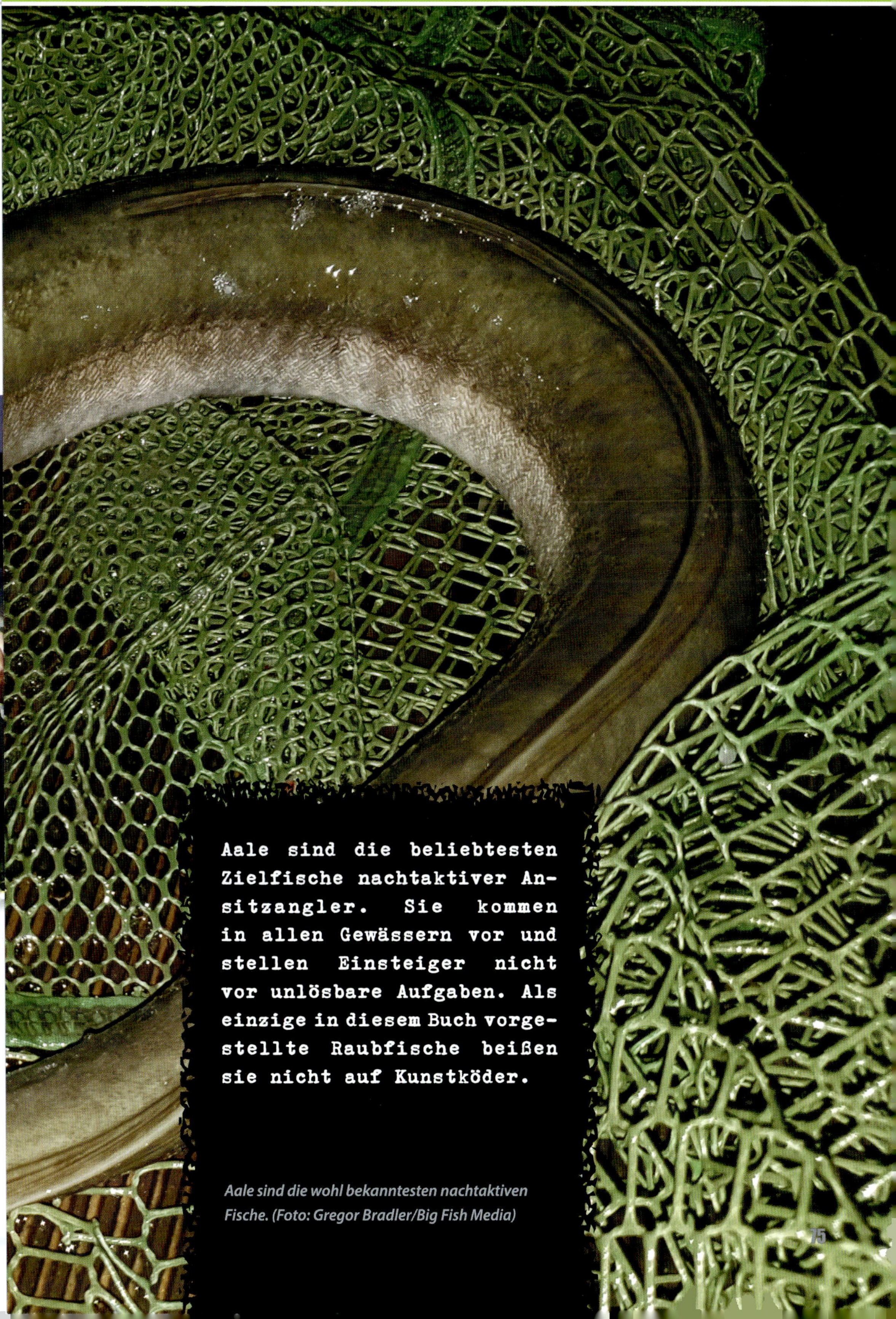

Aale sind die beliebtesten Zielfische nachtaktiver Ansitzangler. Sie kommen in allen Gewässern vor und stellen Einsteiger nicht vor unlösbare Aufgaben. Als einzige in diesem Buch vorgestellte Raubfische beißen sie nicht auf Kunstköder.

Aale sind die wohl bekanntesten nachtaktiven Fische. (Foto: Gregor Bradler/Big Fish Media)

vertreten sind. In Seen mit einem hohen Aufkommen an Barschen stellen diese Fische die bevorzugte Nahrung der Raubaale dar und sind anderen Fischarten (wie z.B. Rotaugen) vorzuziehen. In anderen Gewässern kann diese Auswahl umgekehrt ausfallen. Ideale Köderfische fürs Aalangeln sollten eine Länge von fünf Zentimetern nicht überschreiten und von schlanker Körperform sein. Wichtig ist es, die Fischchen mit der Ködernadel so auf das Vorfach zu ziehen, dass der Hakenbogen im Maulwinkel oder im Kiemenbogen liegt. Um die Lockwirkung des Köderfischchens zu verstärken, kann man es entweder mit dem Messer entlang der Flanke einritzen, oder es mit leichtem Druck zwischen Daumen und Zeigefinger solange pressen, bis die Eingeweide heraustreten.

AUSRÜSTUNG FÜRS AALANGLEN

Rute: Karpfenruten (Boilieruten) sind ideale Aalruten und funktionieren beim Grund- und Posenfischen in stehenden und fließenden Gewässern hervorragend.

Rolle: Freilaufrollen eignen sich bestens zum Aalfischen. Wichtig ist ein großes Schnurfassungsvermögen (mindestens 150 Meter 40er-Monofile).

Schnur: Monofile Qualitätsschnur in der Stärke 0,35 bis 0,45 Millimeter oder geflochtene Schnüre in den Stärken 0,20 bis 0,25 Millimeter.

Köder: Die meisten Angler fangen ihre Aale mit Tauwürmern oder Köderfischen. Daneben gibt es aber noch viele andere Köder, die in manchen Gewässern weitaus besser funktionieren, als die beiden Klassiker. Geruchsintensive Mistwürmer eignen sind beispielsweise im Hochsommer vorzüglich zum Fang von Spitzkopfaalen. Laubwürmer sind ein hervorragender Köder an allen Gewässern, an deren Ufern Laubbäume stehen. Krabben sind prima Köder in küstennahen Gewässern. Hähnchenleber verführt in Bächen oft gute Aale. Der Experimentierfreude sind beim Aalangeln kaum Grenzen gesetzt.

Kleinzeug: Grundbleie, Bleischrote, Tiroler Hölzl sowie Knicklichtschwimmer gehören wie Karabinerwirbel, Vorfachhaken, Aalglöckchen und Kletteraffen in die Gerätebox. Für das Angeln mit Tauwürmern und kleinen Köderfischen werden Einzelhaken der Größe 1 bis 2, beim Angeln mit kleineren Würmern Haken der Größe 4 bis 6 benutzt. Eine Ködernadel zum Aufziehen von Würmern und Köderfischen, eine gute Kopfleute, ein grobes Tuch zum Festhalten der schleimigen Fische sowie ein großer Eimer mit Deckel zum Hältern runden die Ausrüstung ab. Verzichten Sie auch beim Aalangeln nicht auf einen großen und feinmaschigen Unterfangkescher, denn kapitale Exemplare lassen sich im Gegensatz zu kleineren nicht einfach aus dem Wasser heben.

Am Tage werden Aale eher zufällig gefangen. Dieser schöne Schlängler stammt aus einem Kanal.

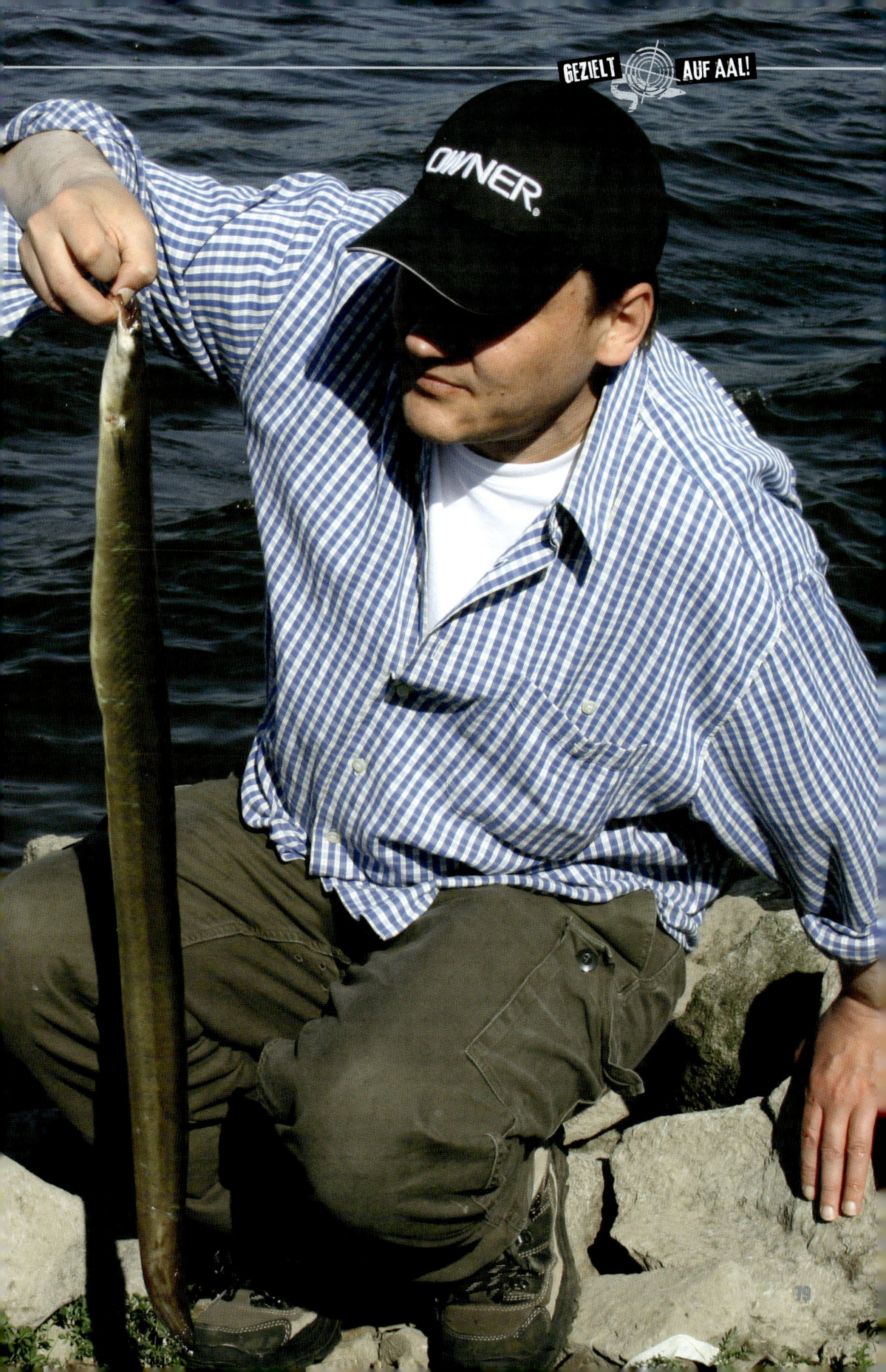
OWNER

GEZIELT AUF BARSCH!

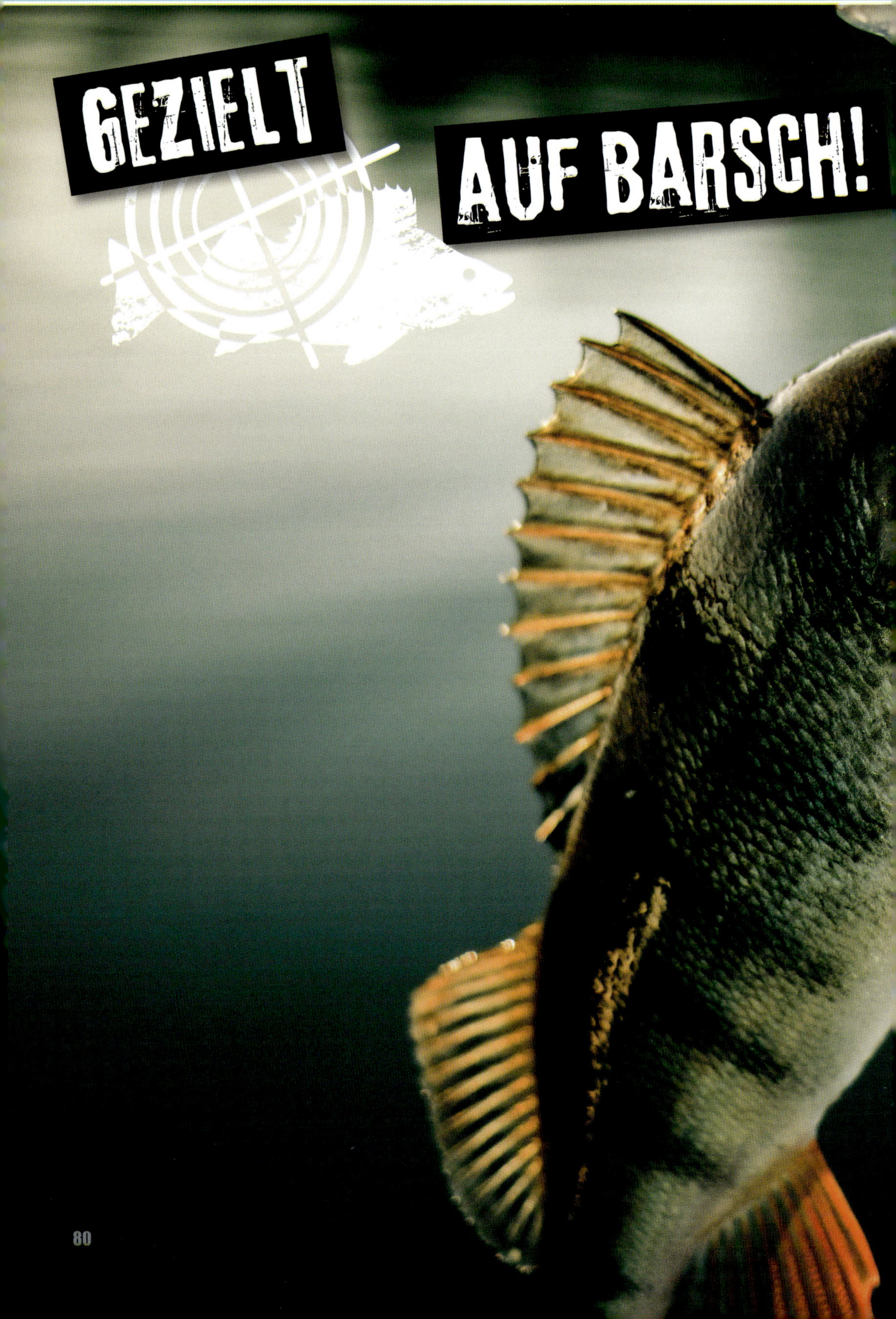

Kleinere und mittlere Barsche sind aus drei Gründen die idealen Zielfische für Einsteiger: Erstens trifft man sie in fast allen Gewässern an, zweitens beißen sie auf fast alle Köder und drittens sind sie sehr gierig. Großbarsche hingegen sind alles andere als eine einfache Beute und stehen auf den Begehrlichkeitslisten erfahrener Angler ganz oben. Barsche werden sowohl mit Spinn- als auch mit Naturködern beangelt.

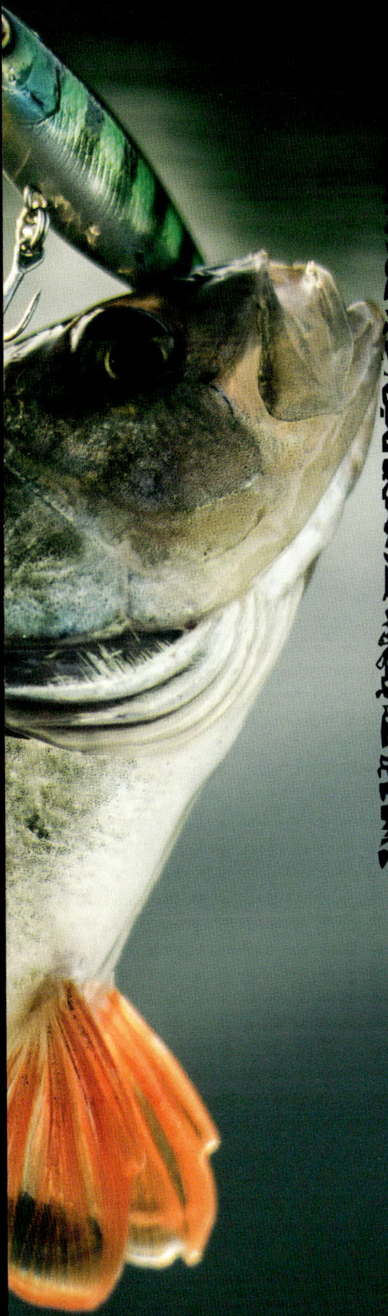

Mit ihrer Farbenpracht zählen Barsche zu den schönsten Fischen in unseren Gewässern.

BARSCH PORTRAIT

Beste Angelzeit:

Barsche beißen das ganze Jahr hindurch. Beste Fangzeit für kapitale Fische ist der Winter.

Besondere Kennzeichen:

Grüne Färbung mit schwarzen Querstreifen. Geteilte Rückenflosse, wobei die vordere mit kräftigen und spitzen Stacheln besetzt ist. Die Bauchflossen sind leuchtend rot. Ihr raues Schuppenkleid hat Barschen auch den Spitznamen Stachelritter eingebracht. Allerdings müssen sie sich diesen mit Zandern, den anderen Kammschuppern in unseren Gewässern, teilen, was beim Gespräch unter Anglern zuweilen zu Missverständnissen führt.

Lebensweise:

Kleinere Exemplare leben in Schwärmen, die sich mit zunehmendem Alter der Individuen solange ausdünnen, bis nur noch ein einziges kapitales Exemplar als misstrauischer Einzelgänger überlebt hat. In der Jugend ernähren sie sich von Kleinlebewesen und Würmern, werden aber sehr schnell zu gierigen Raubfischen, die sich oft an solch großen Beutefischen vergreifen, dass sie daran ersticken.

Laich- & Schonzeit:

März bis Juni je nach Wassertemperatur, die nicht über acht Grad liegen darf. Barsche genießen in Deutschland keine Schonzeit.

Größe & Gewicht:

Im Durchschnitt 15 bis 20 Zentimeter, kapitale Exemplare werden bis 60 Zentimeter lang und drei Kilogramm schwer.

Fangplätze:

Barsche bevölkern alle Gewässertypen. Man findet sie sowohl in kleinen Bächen als auch im Brackwasser der Ostsee. In Seen bevorzugen sie die tiefen Stellen mit sandigem und kiesigem Untergrund, suchen aber auch gern Stege und Bootsanleger auf. In Kanälen sind die Spundwände gute Barschplätze. Gezieltes Barschangeln bedeutet meist, dass man die Fische suchen muss. Daher zählt der Barsch auch zur Hauptbeute der Spinnangler.

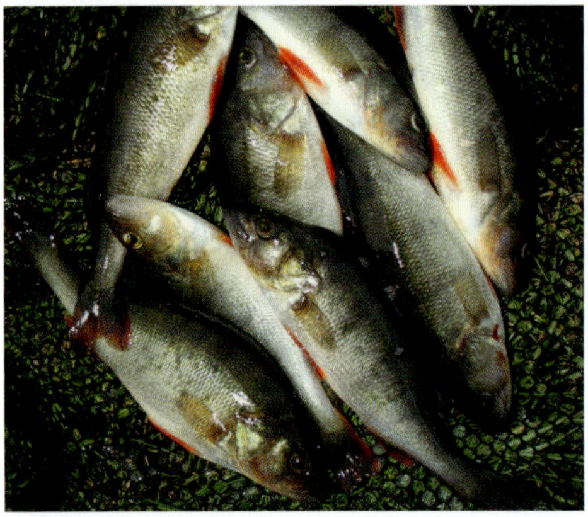

Barsche leben in Schwärmen. Oft lassen sich in kurzer Zeit viele fangen.

SPINNFISCHEN AUF BARSCH

Barsche beißen auf alle kleineren und mittelgroßen Spinnköder. Oft sind sie so gefräßig, dass sie sich sogar an Wobblern oder Blinkern vergreifen, die größer als sie selbst sind. Befischt man nicht gerade tiefe alpine Seen oder Talsperren, so sind Einsteiger gut beraten, ihre ersten Versuche mit Spinnern zu unternehmen, denn diese sind nicht schwer zu führen und stellen zudem Top-Barschköder dar.

SPINNER

Spinner in den Größen 2 bis 4, besonders solche mit einem roten Wollknäuel am Drilling, sind Barschspinner par excellence. Sie eignen sich vorzüglich zum Absuchen großer Wasserflächen und bringen Stachelritter aller Größen an den Haken. Wenn man es jedoch gezielt auf Kapitale abgesehen hat, bedürfen Spinner einer besonderen Führung. Zum Großbarschangeln sollten sie gemächlich eingeholt werden; und zwar so, dass ihr Blatt langsam um die Achse rotiert. Das ideal Tempo ist dann erreicht, wenn man das rotierende Spinnerblatt noch als solches erkennen kann und es nicht etwa wie ein Flugzeugpropeller „unsichtbar" wird. Der Spinner läuft dann in tieferen und somit barschträchtigeren Regionen der Wassersäule, was besonders in der kalten Jahreszeit fangentscheidend ist.

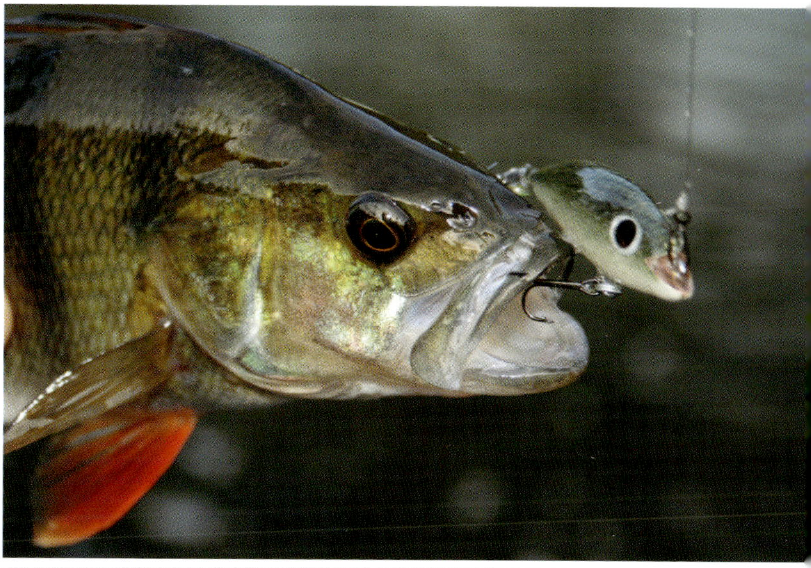

Wobbler in dezenten Farben sind sehr gute Spinnköder für größere Barsche.

TIPP

Verfolgen die Barsche einen Spinnköder unschlüssig, kann oft ein Kombiköder der Schlüssel zum Erfolg sein. Dazu ködert man ein bis zwei Rotwürmer auf den Drilling oder Einzelhaken des Spinnköders. So erzeugt man nicht nur einen zusätzlichen optischen Reiz, sondern verleiht dem Kunstköder auch ein natürliches Aroma.

WOBBLER

Schwimmende und sinkende Wobbler sind sehr gute Spinnköder zum Fang von Großbarschen. Bunte Wobbler reizen jedoch deutlich weniger Fische zum Biss, als Modelle mit dezentem Design. Das Dekor der Wobbler sollte auf die im Gewässer vorkommenden Futterfische abgestimmt sein. Sind dies Rotaugen und Rotfedern, so sind silberne Wobbler sehr gut, stellen Kaulbarsche oder Grundeln das Gros dar, kommen bräunliche Modelle zum Einsatz. Im Sommer, wenn die Barsche im Mittel- und Oberflächenwasser rauben, sind flachlaufende Wobbler bei Barschen angesagt. Im Herbst und Winter müssen sinkende Wobbler oder tieftauchende Schwimmwobbler (sog. Deep-Runner-Modelle) eingesetzt werden. Die idealen Barschwobbler messen zwischen fünf und acht Zentimetern.

TWISTER UND GUMMIFISCHE

Gummiköder haben in den vergangenen Jahrzehnten den klassischen Barschspinnködern aus Blech und Holz den Rang abgelaufen, was wohl nicht allein an ihrer tatsächlichen Fängigkeit, sondern wohl auch an ihrem geringeren Preis liegt. Während Twister und Shads in fließendem Wasser (besonders in großen Flüssen) hervorragende Spinnköder sind, so werden ihre Barsch-Qualitäten (beim Zander sieht es anders aus!) in stehenden Gewässern doch meist überschätzt. Twister und Gummifische eignen sich in Seen sehr gut zum Barschangeln unter Stegen und in sehr hindernisreichem Wasser. In den meisten Seen jedoch sind sie Spinnern hoffnungslos unterlegen.

In Kanälen machen sich Twister vor allem nahe der Spundwände sehr gut als Barschköder. Man führt sie mit langsamem Einkurbeln der Schnur, wobei es wichtig ist, ihnen zusätzlich mittels leichter Hebe- und Senkbewegungen der Ruten „Leben" zu verleihen. Wie bei Wobblern sollte die Twister- und Gummifischgröße den Ausmaßen der Futterfische angepasst sein. Twister und Shads zwischen fünf und acht Zentimetern sind ideal.

ZOCKER, PILKER UND VERTIKALKÖDER

Zocker, Pilker und Vertikalköder werden auch als Tunkköder bezeichnet und sind hervorragende Kunstköder zum grund-

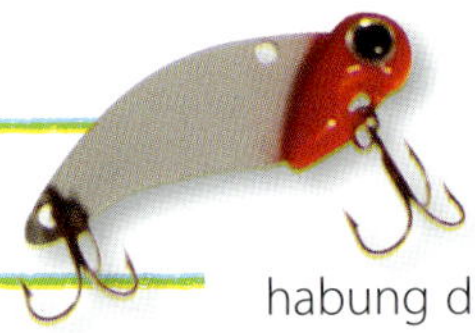

nahen Barschfang von Booten und Steganlagen aus. Die Handhabung dieses Ködertypen ist recht einfach: Man führt sie in Grundnähe durch Hebe- und Senkbewegungen mittels der Rutenspitze. Dabei ist es wichtig, dass der Köder immer wieder auf den Gewässerboden aufschlägt, um durch dieses Aufprallgeräusch die Barsche anzulocken. Vertikalköder sind auch beim Eisangeln sowie beim Bootsangeln an Steilufern und über Barschbergen sehr beliebt. Sie sollten nicht größer als fünf bis sechs Zentimeter sein.

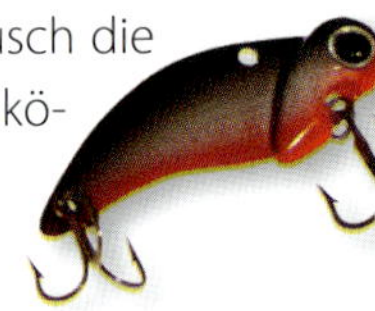

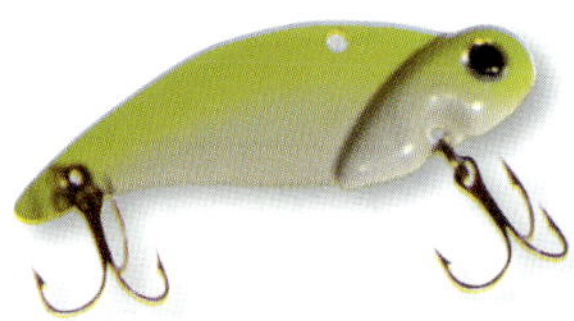

Vertikalköder, hier Blattpilker, sind fürs Barschangeln top.

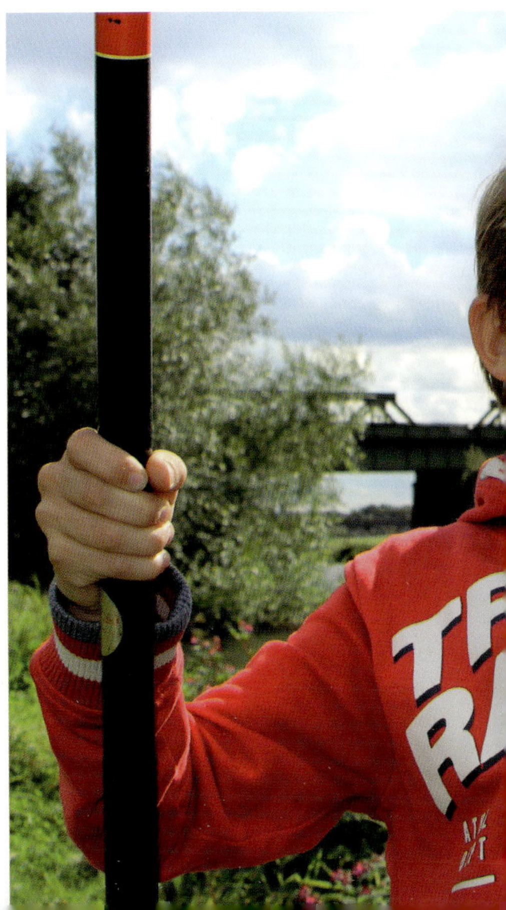

Was sind Barschberge?

Als Barschberge werden Unterwassererhebungen in stehenden Gewässern (Seen, Baggerseen und Staustufen von Flüssen) bezeichnet. Manche dieser Berge reichen bis dicht unter die Wasseroberfläche, andere befinden sich in großer Tiefe. Optisch muss man sie sich als Hügel in der Unterwasserlandschaft vorstellen. Je nach Größe können sie geologisch, und damit auch ökologisch, denselben Charakter wie die Uferregionen des Gewässers aufweisen, sind also „geheime Extraufer" eines Gewässers. War ihre Lage früher ein streng gehütetes Geheimnis, das nur wenige Angler kannten, so sind sie heute von Bootsanglern mittels eines Echolots nicht schwer zu finden. Benannt sind sie nach ihren dort zahlreich vorkommenden Barschen. Tatsächlich sind sie aber auch Anziehungspunkte für Zander und Hechte.

Am besten befischt man sie mit Spinnködern, wobei alle Vertikalköder (Pilker, Dropshotmontagen sowie Twister und Gummifische) hervorragend geeignet sind. Oft ist es notwendig, verschiedene Spinnköder auszuprobieren, um unterschiedliche Tiefen zu erreichen und nach beißfreudigen Fischen abzusuchen.

Kleinere Barsche sind oft kinderleicht zu fangen und daher ideale Einsteigerfische.

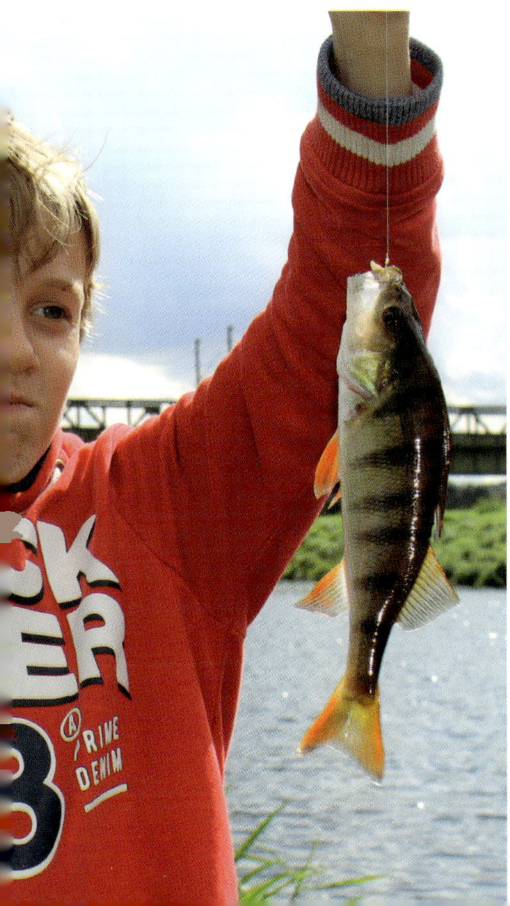

AUSRÜSTUNG FÜRS SPINNFISCHEN

Rute: Leichte Spinnrute mit einem Wurfgewicht von 5 bis 20 Gramm sowie einer parabolischen Aktion. (Also einer Rute, die sich beim Drill eines Fisches fast durchgängig biegt.) Eine parabolische Rutenaktion ist beim Barschangeln wichtig, weil die Fische ein weiches Maul haben, aus dem der Haken bei wenig Federung durch biegsame Ruten und weiche Schnur schnell ausschlitzt. Je nach Gewässer und Angelsituation kann die passende Spinnrute zwischen zwei und 2,7 Meter messen. Kurze Ruten verwendet man überall dort, wo wenig Platz zum Hantieren besteht, z.B. beim Bootsangeln oder beim Fischen von sehr stark bewachsenen Ufern aus. Längere Ruten kommen dort zum Einsatz, wo man ungehindert zum Wurf ausholen kann. Wird mit sehr kleinen Spinnködern geangelt, kommt eine Spinnrute mit einem Wurfgewicht von fünf bis zehn Gramm zum Einsatz.

Rolle: Kleine Stationär- oder Multirollen mit fein justierbarer Bremse und einem Schnurfassungsvermögen von etwa 120 Metern 25er-Schnur. (Die recht große Schnurreserve dient dazu, notfalls einen größere Hecht oder Zander ausdrillen zu können.)

Schnur: Fürs Spinnangeln kommt nur monofile Leine in Betracht, denn eine dehnungsfreie geflochtene Schnur führt häufig zum Ausschlitzen des Hakens. Eine 25er-Qualitätsschnur hält jedem Barsch stand und wird auch mit einem starken Zander oder Hecht fertig.

Köder: Im Sommer beißen Barsche am besten auf mittelgroße Spinner (Größe 2 oder 3) sowie auf kleinere und mittlere Gummifische bzw. Twister. Daneben sind kleine (rund fünf bis sieben Zentimeter lange) Wobbler klasse Spinnköder. Im Herbst und Winter beißen sie eher auf langsam und tief geführte Twister und Gummifische sowie auf Wobbler-Tieflaufmodelle.

Kleinzeug: Wird mit Spinnern geangelt, so ist ein direkt vor den Köder geschalteter Wirbel unerlässlich, denn die quirligen Köder würden einen unangenehmen Drall in die Schnur bringen. Wird mit Wobblern oder Gummiködern gefischt, kann auf einen Wirbel verzichtet werden, dann ist ein Karabiner völlig ausreichend. Weil auch Hechte kleine Kunstköder mögen, sollte ein dünnes Stahlvorfach zum Barschangeln verwendet werden.

DROPSHOT-MONTAGEN

Dropshot-Montagen erfreuen sich bei Barschanglern einer steigenden Beliebtheit und sind aus dem Repertoire jugendlicher Streetfisher nicht mehr wegzudenken. Bei diesen Montagen handelt es sich um Paternostersysteme, die sich sehr gut zum Absuchen des Gewässergrundes und der bodennahen Wasserschichten einsetzen lassen. Die von amerikanischen Anglern zum Fang von Schwarzbarschen entwickelte Angel-Methode lässt sich aber auch hervorragend zum Vertikalangeln vom Boot oder von Steganlagen anwenden.

Anders als beim herkömmlichen Spinnfischen mit klassischen Kunstködern, werden die Dropshotköder (meist Gummifischchen) nicht ans Ende eines Vorfaches gebunden, sondern befinden sich (abstehend in einem 90-Grad-Winkel) direkt auf der Hauptschnur bzw. auf einem Vorfach aus Fluorocarbonschnur, an dessen Ende ein Grundblei (Dropshotblei) angebracht ist. Zum Dropshot-Angeln verwendet man in der Regel z-förmige Haken (Dropshothaken), die einen Schenkelknick aufweisen, der dazu dient, den aufgezogenen Gummiköder fest auf dem Haken zu fixieren. Die Gummiköder müssen dabei keine Eigenaktion aufweisen, sondern ihnen wird mittels der Rutenspitze die nötige Bewegung verliehen. Beim Dropshoten kann man durchaus zwei bis drei beköderte Haken am selben Vorfach einsetzen und so mitunter mehrere Barsche auf einmal fangen. Fischt man mit zwei oder drei Dropshothaken, so sollten diese mindestens 15 Zentimeter voneinander entfernt auf der Schnur befestigt werden.

Dropshot-Montagen bringen nicht nur beim Vertikalangeln von Stegen und Booten aus viele Bisse, sondern man kann sie auch vom Ufer aus als Wurfmontagen einsetzen. Die ausgeworfene Montage wird nach dem Absinken dann in langsamen Zupfbewegungen eingeholt, sodass man die grundnahen Gewässerstrukturen systematisch nach beißlustigen Barschen (mitunter auch Zandern) absuchen kann. Je näher der Dropshothaken am Blei sitzt, umso dichter läuft der Köder über Grund.

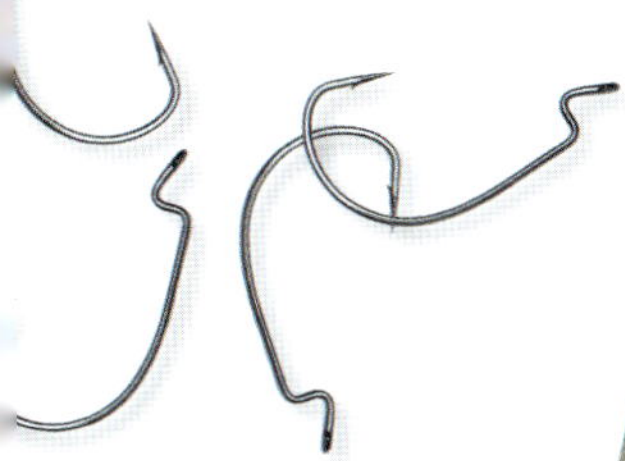

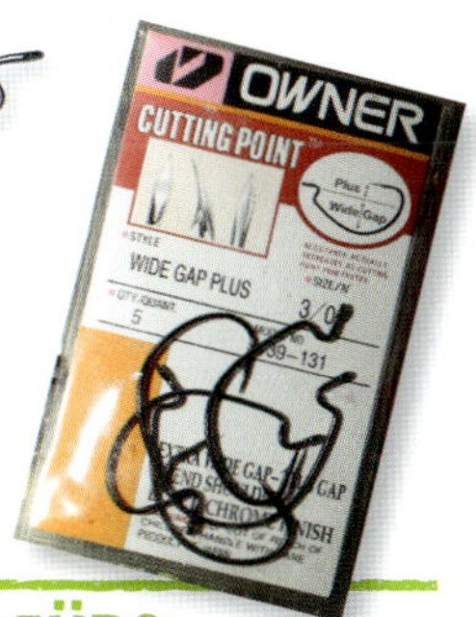

Beim Dropshoten werden die Gummiköder auf spezielle Haken gesteckt.

AUSRÜSTUNG FÜRS DROPSHOTEN

Rute: Weiche Spinnrute mit einem Wurfgewicht von 10 bis 20 Gramm und einer Länge von 2,4 bis 2,7 Metern. (Kürzere Ruten würden eine gute Köderführung erschweren.)

Rolle: Kleinere Stationärrolle mit einem Schnurfassungsvermögen von ca. 150 Metern 20er.

Schnur: Geflochtene 16er-Schnur eignet sich zum Dropshoten vorzüglich, denn sie leitet die oft zaghaften Bisse am besten in die Rute weiter.

Vorfächer: 0,25er Fluorocarbon von etwa 1,5 Metern Länge.

Köder & Kleinzeug: Schlanke Gummifische (im Fachhandel als Dropshotköder erhältlich) an speziellen z-förmigen Dropshothaken (auch Stand-out-Haken genannt) in unterschiedlichen Größen sowie Endbleie (Dropshotbleie) mit Klemmöse. Bei sauberem Grund können auch Birnenbleie verwendet werden.

WANN, WIE UND WO AUF BARSCH?

Beim Barschangeln macht es einen großen Unterschied, ob man in einem stehenden oder fließenden Gewässern fischt. Obwohl man auf dieselbe Fischart angelt, unterscheiden sich die Lebensgewohnheiten der Barsche in Kanälen erheblich von denen in Seen und Flüssen.

KANÄLE UND SCHIFFFAHRTSWEGE

Große Kanäle und Schifffahrtswege (z.B. Nord-Ostsee-Kanal, Dortmund-Ems-Kanal usw.) zählen zu den besten Barschrevieren überhaupt. In den Wasserstraßen mit ihren Spundwänden, Steinpackungsufern und tiefen Fahrrinnen finden Barsche ideale Lebensbedingungen. Sowohl Spinn- wie auch Ansitzangler sollten an diesen Gewässern tagsüber (besonders am Nachmittag) ihr Augenmerk auf die im Schatten liegenden Uferbereiche legen, denn dort lauern die Stachelritter auf Beute. Andere Hotspots sind Brücken (tagsüber suchen Barsche dort Schatten) sowie Slip- und Schleusenanlagen. Sehr gute Spinnköder sind Twister, kleine Wobbler sowie (tagsüber) Spinner. Fischt man mit Dropshot-Montagen, so sind kleine Würmer (Rotwürmer sowie lebhafte Dendrobenas) oft bessere Hakenköder als sämtliche Gummimodelle.

HÄFEN

Auch Sportboot- und Industriehäfen sind sehr gute Barschreviere. Hier stellen sich die Fische gern im Schatten der Boote, Stege und Anlegepfeiler ein. Während man in Sportboothäfen das ganze Jahr über mit Barschen rechnen darf, sind große Industriehäfen (z.B. der Hamburger Hafen oder der Duisburger Binnenhafen) in den Monaten mit „r" Top-Reviere. Dann folgen die Barsche ihren Futterfischen aus den großen Flüssen in die tieferen und wärmeren Hafenbecken, wo man sie mit tief geführten Spinnködern (Twistern, Wobblern, Bleikopfspinnern) sowie mit Wurmködern überlisten kann.

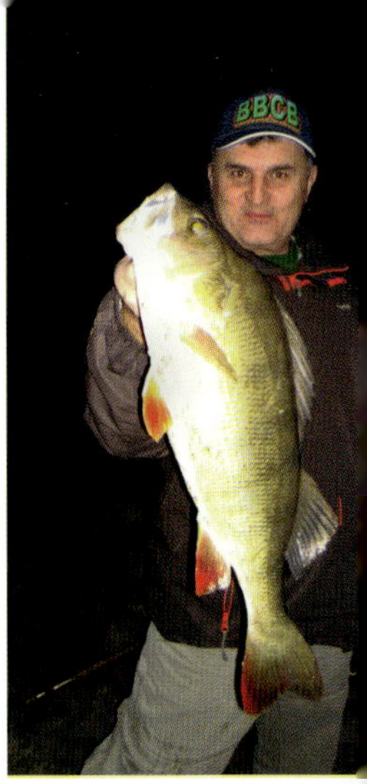

Die Buhnenfelder großer Flüsse sind von Frühjahr bis Herbst sehr gute Barschreviere. (Foto: seftack)

GROSSE FLÜSSE

Schiffbare Ströme (Rhein, Elbe, Main usw.) gelten als Top-Reviere für Zander und seit einigen Jahren auch für Waller. Viele Angler vergessen dabei allerdings die Barsche, die besonders in den Buhnenfeldern solcher Flüsse sehr gute Lebensbedingungen vorfinden und hervorragend abwachsen. Die erste und die letzte Buhne eines Buhnenfeldes sind von Frühjahr bis Herbst gute Barschfangplätze. Besonders in den frühen Morgen- und späten Abendstunden lohnt sich hier ein Ansitz mit Köderfischen oder ein Besuch mit der Spinnrute. Sobald der erste Nachtfrost einsetzt und die Wassertemperaturen in den relativ flachen Buhnen sinken, ziehen die Fische sich ins tiefe Wasser zurück, wo sie recht schwer zu fangen sind. Wer es an großen Flüssen auf Winterbarsche abgesehen hat, muss deshalb zu Twistern oder Gummifischen an recht schweren Bleiköpfen greifen (mitunter 20 Gramm und mehr) und sein Glück in der Hauptströmung versuchen. Dass dazu schweres Gerät (Zanderausrüstung) passt, versteht sich beinahe von allein.

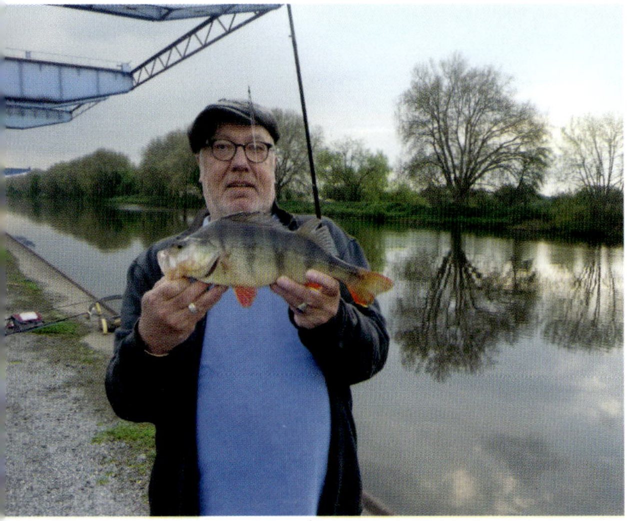

Industriehäfen sind zwar keine romantischen Angelplätze, doch sehr gute Barschreviere.

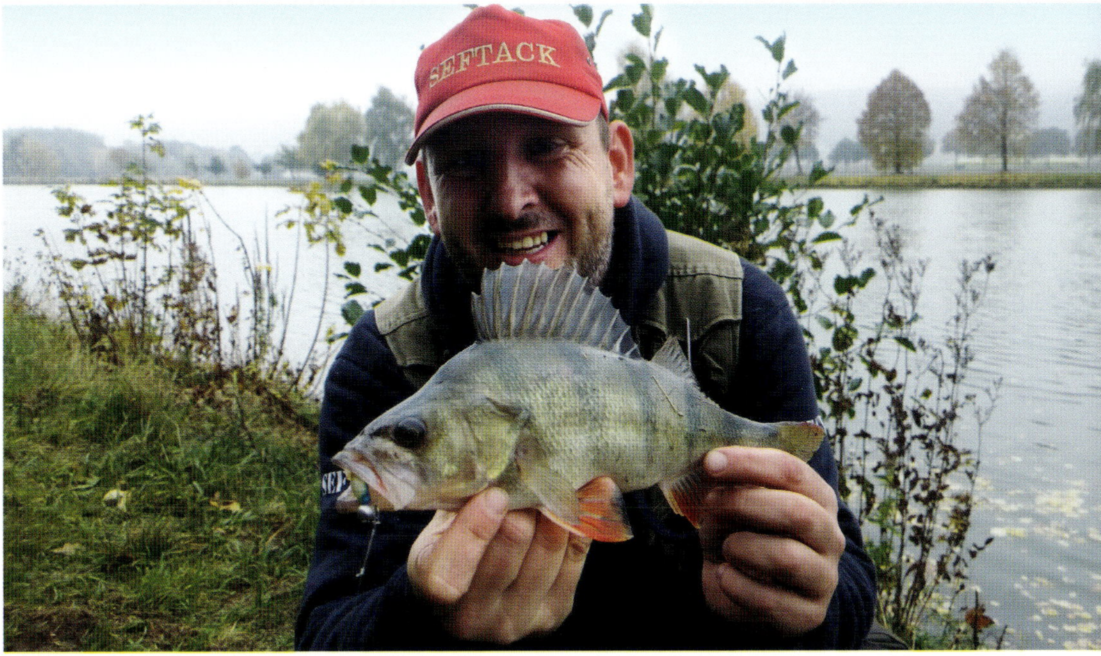

In Seen müssen Barsche oft gesucht werden. Steile Uferabschnitte sind dann häufig ein paar Würfe mehr wert. (Foto: seftack)

KLEINE FLÜSSE

In kleinen Flüssen sind kapitale Barsche meist dämmerungsaktive Jäger, was bedeutet, dass sie ihre Fressphasen auf die Stunden vor Sonnenauf- und -untergang verlegt haben. Während des Tages sind sie hier oft schwer zu fangen. In den frühen Morgen- und Abendstunden sind an solchen Gewässern Wobbler mit einer maximalen Tauchtiefe von 1,5 Metern oder Würmer an einer leichten Posenmontage sehr gute Barschköder.

SEEN

In Seen und Baggerseen gestaltet sich die Suche nach Barschen mitunter als recht schwierig. Vor allem in großen Seen sind Barsche Freiwasserfische, deren Schwärme weit vom Ufer entfernt ihre Bahnen ziehen. Angler, die kein Boot besitzen, sind dann chancenlos. An solchen Gewässern (z.B. am Bodensee) müssen Uferangler die Stachelritter dort suchen, wo man sie auch an anderen Gewässern findet, nämlich an Schiffsanlegern, in Bootshäfen oder an größeren Steganlagen (vorausgesetzt, das Wasser unter den Stegen ist tief genug). Top-Stellen an großen Seen sind vor allem die Anlegestellen der „Ausflugsdampfer".

In kleineren Seen und Baggerseen sind Sandbänke, Seerosenfelder, Steilufer, Bacheinläufe, Jachthäfen und vor allem ins Wasser gestürzte Bäume stets Anlaufstellen für Barsche.

TIPP **Überall, wo im Sommer tagsüber gebadet wurde (Seefreibäder etc.) lohnt sich nach Badeschluss ein Versuch auf Barsche, denn die Schwimmer haben jede Menge Kleinstlebewesen aus dem Grundsediment frei gespült, sodass nach Badeschluss die Tafel für Futterfische und ihre Jäger reich gedeckt ist.**

MIT WÜRMERN UND KÖDERFISCHEN AUF BARSCH

Angesichts des Trends, Barsche gezielt mit ultraleichten Spinnmontagen zu befischen, ist das Naturköderangeln heute beinahe in Vergessenheit geraten. Gerade für Einsteiger ist aber das Ansitzangeln eine empfehlenswerte Form der Fischwaid, denn das gemächliche Fischen mit Naturködern verzeiht mehr Fehler, als das aktive Spinnfischen, bei dem jeder Fisch den kleinsten Fehler bei der Köderführung sowie beim Anhieb „bestraft". Naturköderangler verwandeln weitaus mehr Barschbisse in Fänge als Spinnangel-Einsteiger.

Barsche lassen sich sehr gut mit Würmern und Köderfischen fangen. Bei Auswahl der passenden Köderfische ist es wichtig, sich am Futterfischbestand des jeweiligen Gewässers zu orientieren, denn Barsche fressen am liebsten die Fischarten, die sie kennen sowie als Kannibalen auch sehr gern ihre eigenen Artgenossen. Kommen in einem Gewässer z.B. viele Rotaugen vor, so sind sie auch die besten Köderfische. In den meisten Flüssen und Kanälen stehen seit einigen Jahren die aus Südosteuropa eingeschleppten Grundeln ganz oben auf den Barschspeisekarten.

Am besten befischt man Barsche mit leichten Posenmontagen. Die einfachste Methode ist dabei die, die jeder Petrijünger aus dem Vorbereitungskurs auf die Sportfischerprüfung kennt (Schwimmer, Blei, Wirbel, Vorfach). Mit dieser einfachen Ausstattung kommt man an den meisten Gewässern sehr gut zurecht und fängt von Januar bis Dezember seine Barsche. Zuweilen geschieht es aber auch, dass die Fische ein wenig wählerisch sind und eine gewisse Scheu an den Tag legen. Dies kann dann im Frühjahr und Sommer der Fall sein, wenn für sie der Tisch reich mit Jungfischen gedeckt ist. Dann heißt es, etwas tiefer in die Trickkiste zu

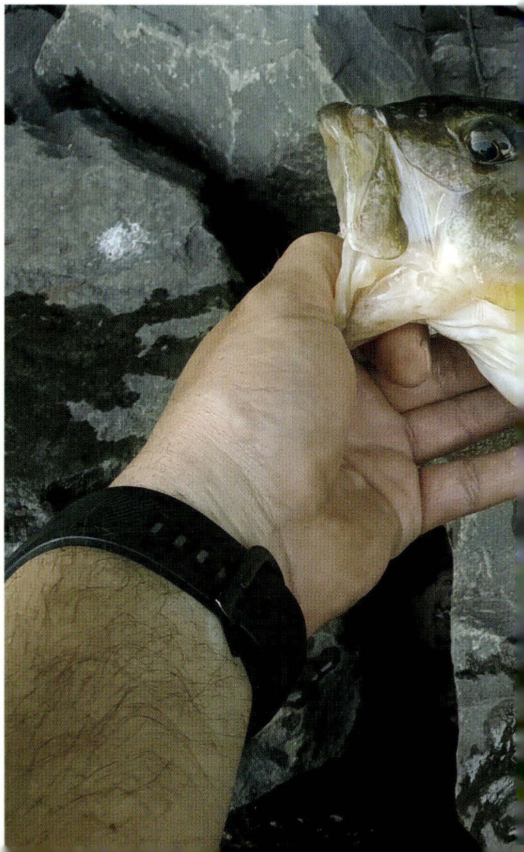

greifen und statt bunte Posen durchsichtige Wasserkugeln zu verwenden. Die je nach Wurfweite unterschiedlich mit Wasser gefüllten Kugeln kommen ohne Bebleiung aus, was die Montage ultraleicht und unauffällig macht. Als Köder kommen Köderfischchen (mit Lippenköderung) oder Würmer in Frage. Nach dem Auswerfen wird die Montage entweder an Ort und Stelle ausgelegt oder mit zupfenden Bewegungen eingeholt. Beim zupfenden Einholen erfolgen die Bisse oft sehr aggressiv, so dass unverzüglich angeschlagen werden muss.

EINFACH AUF GRUND

Neben Posenmontagen können auch Grundbleimontagen zum Barschangeln eingesetzt werden. Auf Grund angebotene Köder (Köderfische oder Würmer) sind überall dort erfolgreich, wo Barsche ihre Nahrung auch im tiefen Wasser suchen (z.B. in Häfen oder dort, wo Grundeln ihre Hauptbeute ausmachen). Die richtige Montage ist dabei keine Hexerei, denn ein einfaches Grundblei (bei weichem Grund auch Stehaufmännchen oder Tiroler Hölzl) auf der Hauptschnur, ein Wirbel sowie ein Einzelhaken am Vorfach reichen völlig aus. Zum Schutz des Knotens kommt eine kleine Kunststoffperle oder ein Stückchen Ventilgummi zwischen Grundblei und Wirbel auf die Hauptschnur. Grundmontagen sollten (wenn die Strömung dies zulässt) stets mit geöffnetem Schnurfangbügel und horizontal zum Gewässer ausgelegter Rute angeboten werden. Als Bissanzeiger dient ein Kletteraffe oder ein Stückchen Silberfolie zwischen Rolle und erstem Rutenring.

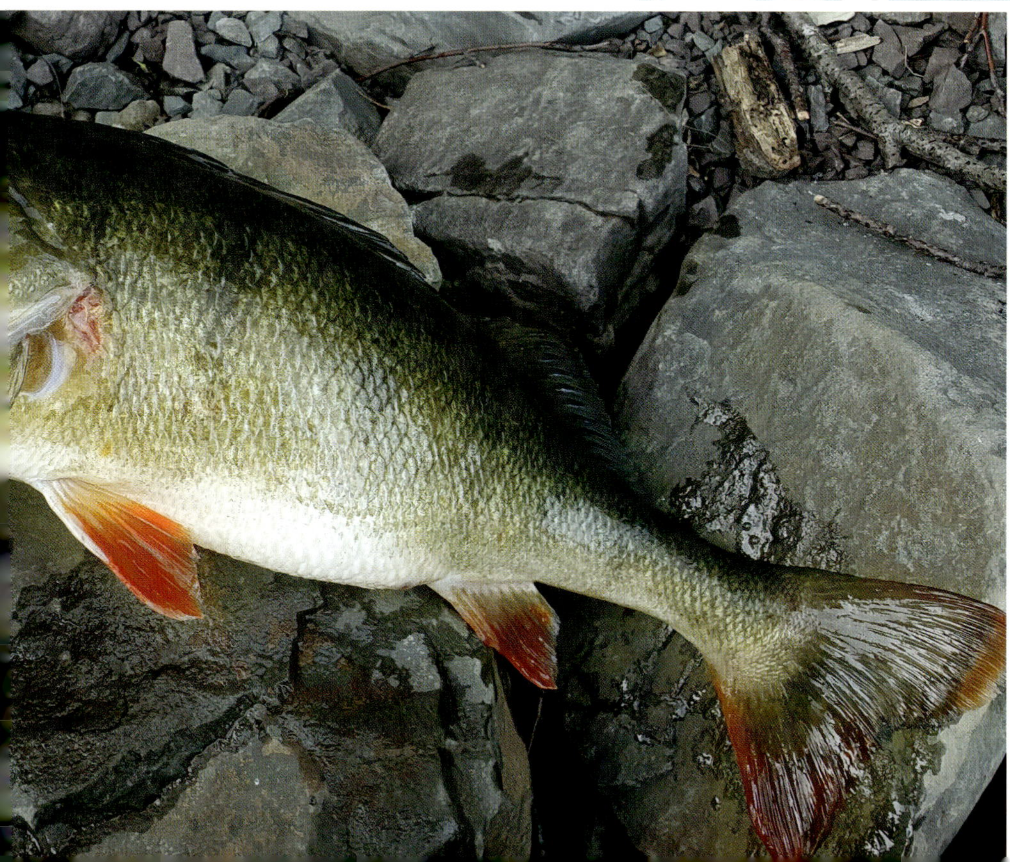

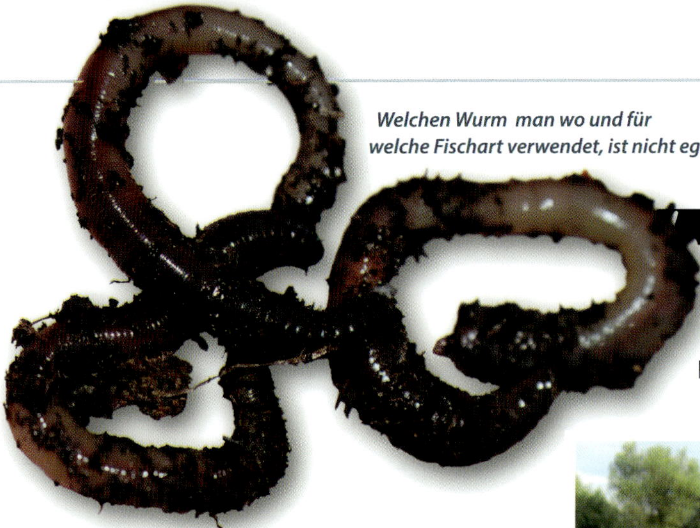

Welchen Wurm man wo und für welche Fischart verwendet, ist nicht egal.

Köder: Tau-, Mist- und Rotwürmer sowie kleine Köderfische (Artgenossen, Lauben, Rotaugen, in vielen Flüssen und Kanälen auch Grundeln).

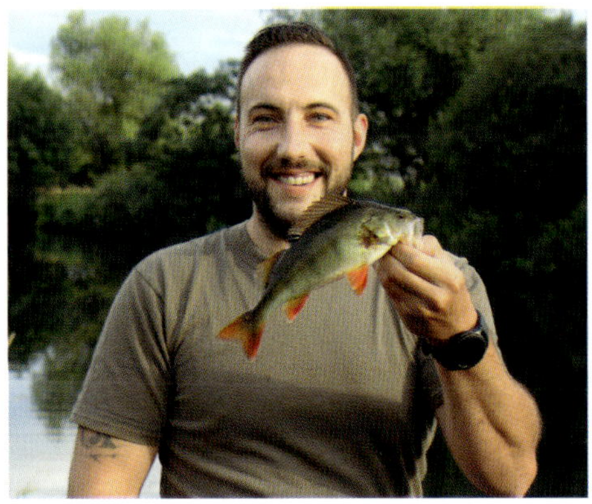

Es müssen nicht immer kapitale Barsche sein. Auch kleine Stachelritter können einen Angeltag versüßen.

AUSRÜSTUNG FÜRS NATURKÖDERANGELN AUF BARSCH

Rute: Für das Barschangeln mit Würmern und Köderfischen kann man dieselbe Rute verwenden, die man auch beim Spinnfischen einsetzt, nämlich eine leichte Spinnrute mit weicher Aktion und einem Wurfgewicht von fünf bis zehn Gramm, sie sollte je nach Situation und Gewässer zwischen zwei und drei Metern lang sein. Wird ausschließlich vom Boot aus geangelt, muss eine kürzere Rute (zwei Meter) gewählt werden.

Rolle: Kleine Stationärrollen mit fein justierbarer Bremse und einem Schnurfassungsvermögen von etwa 120 Metern 25er-Schnur sind ideal.

Schnur: Eine 20er-Monofilschnur reicht bei Verwendung einer parabolischen Rute vollkommen aus.

Kleinzeug: Grundbleie, Posen und Wasserkugeln in verschiedenen Größen und Gewichten. Da relativ leicht geangelt wird, sollten Posen von rund vier Gramm Tragkraft (bei sehr windigem Wetter und hohen Wellen auch Antennenposen bis maximal sieben Gramm) gewählt werden. Fürs Wurmangeln (selbst)gebundene 6er- und 8er-Haken, fürs Angeln mit Köderfischen Vorfachhaken der Größen 4 bis 6. Wird mit Grundbleimontagen gefischt, gehört pro Rute noch jeweils ein Kletteraffe in die Gerätebox. Wichtig sind zwei gabelförmige Rutenhalter pro Rute. Nur so kann die Angel mit geöffnetem Rollenbügel horizontal zum Gewässer angelegt werden, was einen reibungslosen Schnurabzug beim Biss gewährleistet.

Kleine Wurmkunde

Zwar kann man Würmer noch immer selber suchen bzw. ausgraben, doch kaufen die meisten Angler sie im Angelgeräteladen. Dort werden vier Wurmarten angeboten, die sich alle zum gezielten Angeln auf Barsche eignen, jedoch ihre jeweiligen Vorzüge und Nachteile aufweisen. Ein wesentlicher Nachteil aller Würmer besteht für Zielfischangler darin, dass sie (besonders im Sommer) vielen Fischarten schmecken und oft von Rotaugen, Brassen, Kaulbarschen, Grundeln etc. weggefressen werden, bevor ein Barsch sie erspähen konnte. Im Spätherbst und Winter, wenn die Weißfische, Karpfen, Aale und Schleien ihren Appetit gezügelt haben, sind Würmer hingegen ein sehr guter Barschköder.

Der beliebteste „Angelwurm" ist der Tauwurm. Er ist der größte der einheimischen Würmer und kann bis zu 20 Zentimeter lang werden. Man kann ihn entweder direkt auf den Haken stecken oder mit einer Wurmnadel aufziehen. Für das Angeln auf Barsche reicht es in der Regel, Tauwürmer mittig auf einen passenden Haken (Größe 4 bis 6) zwei - bis dreimal aufzustecken. Dabei ist darauf zu achten, dass sich der Wurm am Haken verführerisch kringeln kann.

Eine andere gute „Barschwurmart" sind Dendrobenas. Sie sind etwas kleiner als Tauwürmer, dafür aber wesentlich lebhafter, weshalb sie an kommerziellen Forellenseen zu den Top-Ködern gerechnet werden. Dendrobenas unterscheiden sich von Tauwürmern durch ihre gelbliche Unterseite und ihre gelbe Körperflüssigkeit, die beim Aufstecken auf den Haken austritt. Fischt man mit einem einzelnen Wurm, so genügt ein Haken der Größe 8. Möchte man den Barschen zwei Dendrobenas servieren, muss ein Haken der Größe 6 gewählt werden.

Ein ganz vorzüglicher Köder fürs winterliche Barschangeln sind kleine Bündel von Rotwürmern. Diese quirligen Würmchen steckt man in Gruppen von drei bis fünf Exemplaren auf einen mittelgroßen Haken (Größe 6 bis 8), auf dem sie sich als sogenanntes Wurmbündel verlockend winden. Ihr beim Aufstecken auf den Haken freigesetztes „Aroma" tut ein Übriges, um Barsche in Rage zu versetzen.

Die vierte im Handel erhältliche Wurmart sind Laubwürmer, die sich zwar auch als Barschköder eignen, allerdings den Nachteil mit sich bringen, dass sie nicht in jedem Gewässer gleich fängig sind. Zu Laubwürmern sollte man nur greifen, wenn die anderen drei Arten nicht zu beschaffen sind.

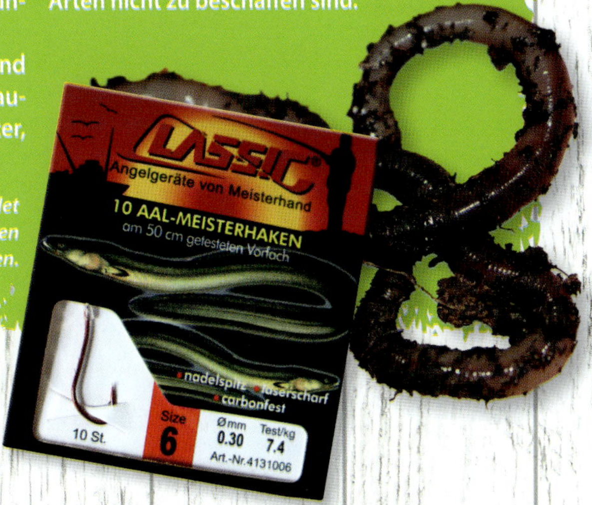

Zum Anködern von Würmern verwendet man sog. Wurmhaken, die von vielen Herstellern als Aalhaken angeboten werden.

GEZIELT AUF DÖBEL!

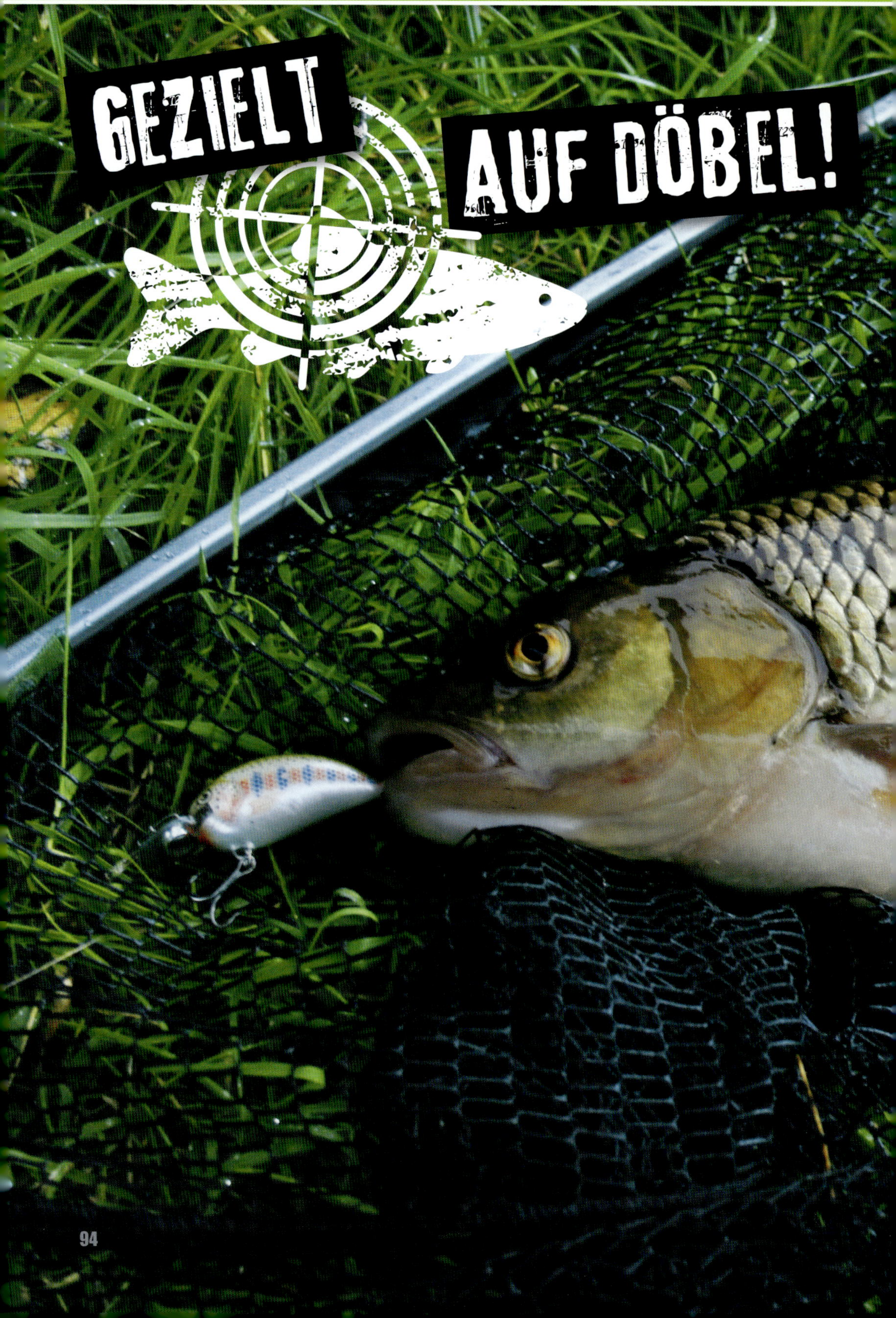

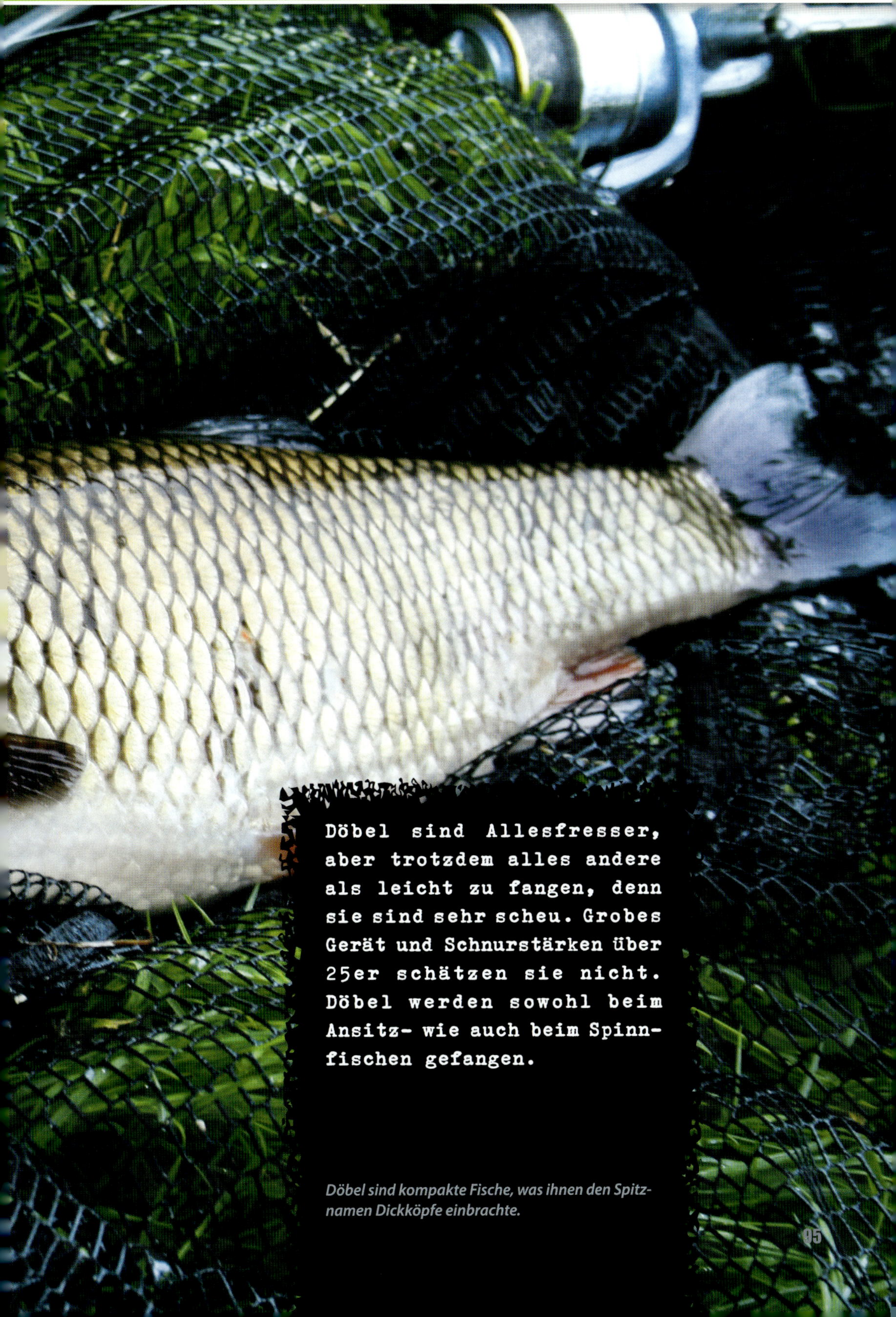

Döbel sind Allesfresser, aber trotzdem alles andere als leicht zu fangen, denn sie sind sehr scheu. Grobes Gerät und Schnurstärken über 25er schätzen sie nicht. Döbel werden sowohl beim Ansitz- wie auch beim Spinnfischen gefangen.

Döbel sind kompakte Fische, was ihnen den Spitznamen Dickköpfe einbrachte.

DÖBEL PORTRAIT

Besondere Kennzeichen:

Massiger, drehrunder Körper mit silbernem Schuppenkleid und bräunlich gefärbtem Rücken, dicker Kopf (daher der Beiname Dickkopf).

Laich- & Schonzeit:

April bis Juni. Döbel genießen keine Schonzeiten.

Größe & Gewicht:

Im Durchschnitt 25 bis 35 Zentimeter, kapitale Exemplare werden bis 70 Zentimeter lang und fünf Kilo schwer.

Beste Angelzeit:

Döbel beißen das ganze Jahr hindurch. Beste Fangzeit für kapitale Fische ist der Sommer. In einigen Flüssen geht die Beißzeit für kapitale Döbel aber auch bis tief in den Winter hinein. Zwar nehmen sie zu jeder Tages- und Nachtzeit Nahrung zu sich, doch sind die Phasen der Dämmerung die beste Angelzeit.

Lebensweise:

Kleine Döbel leben in Gruppen von fünf bis zehn Exemplaren. Größere sind scheue Einzelgänger. Sie bevorzugen fließende Gewässer und bevölkern viele Bäche und kleine Flüsse. Döbel haben scharfe Augen und beobachten Bewegung am Ufer argwöhnisch. Umsichtige Döbelangler vermeiden es daher, Schatten aufs Wasser zu werfen oder sich hektisch zu bewegen.

Fangplätze:

Gute Stellen finden sich unterhalb von Wehren, an Brückenpfeilern und unter überhängenden Ästen. Zwar mögen Döbel fließendes, sauerstoffreiches Wasser, doch stecken sie meist in den ruhigeren Abschnitten in unmittelbarer Nähe der Hauptströmung.

SPINNFISCHEN AUF DÖBEL

In klaren Bächen und Flüsschen sind größere Döbel sehr schwer zu fangen. Dies gilt besonders fürs Spinnfischen, denn die argwöhnischen Fische reagieren auf zu schnell geführte und vor allem bunte Spinnköder mit absoluter Verachtung. Aus der Flut der im Fachhandel angebotenen Spinnköder ist es nicht leicht, die richtigen Köder auszuwählen, denn sie müssen zum Gewässer und den dort vorkommenden Futterfischen passen, was den Einsatz von willkürlich gewählten Fantasieködern von vornherein ausschließt. Schaufellose Wobbler in Größen von

Döbel bevölkern bevorzugt kleinere Flüsse und Bäche, wo sie divenhaftes Verhalten an den Tag legen.

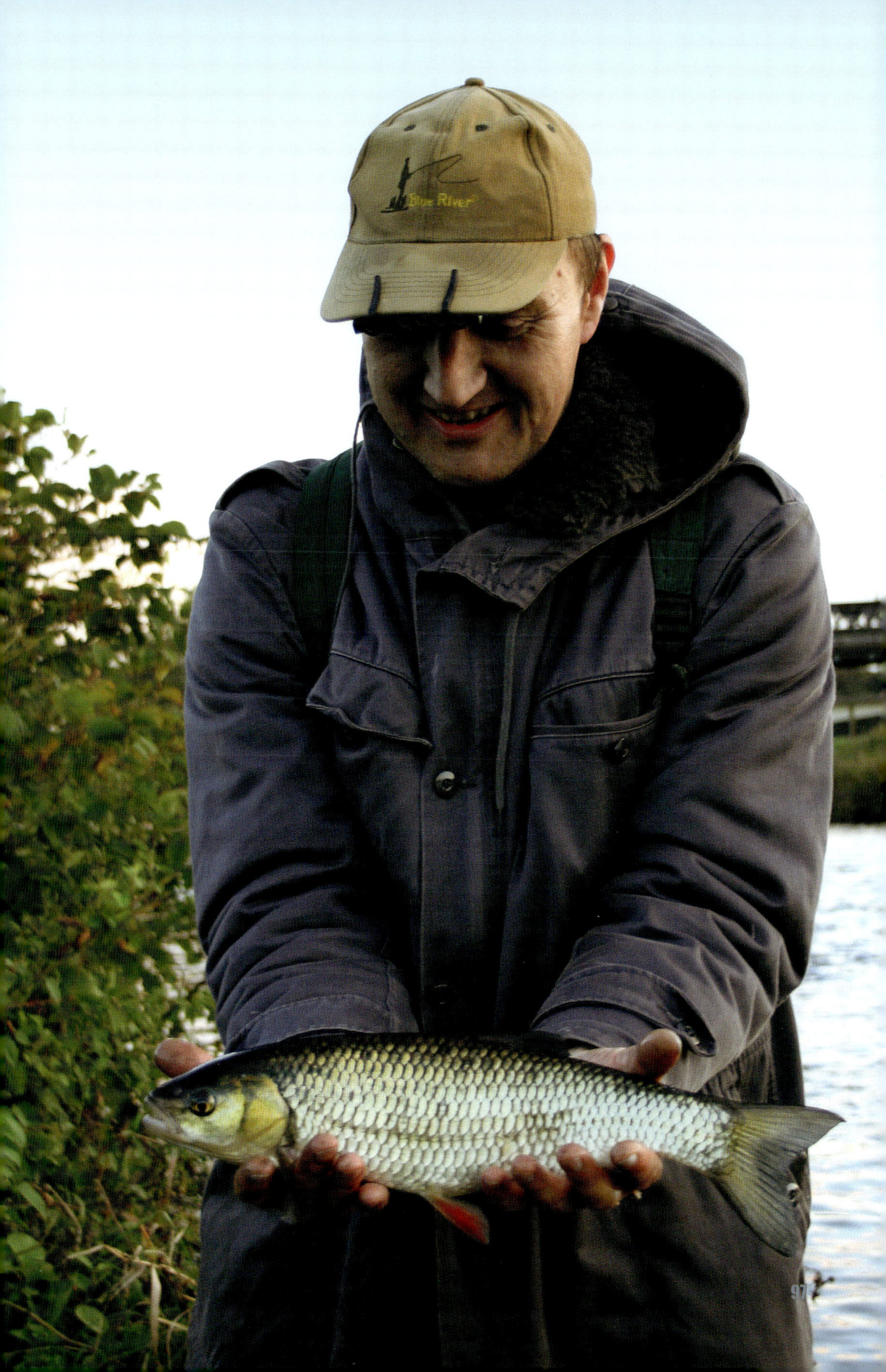
Blue River

rund fünf Zentimetern haben sich hervorragend bewährt. Da in den meisten Bächen Gründlinge die Hauptnahrung der Döbel ausmachen, sollten die Wobbler bräunlichgrau sein. Um einen möglichst natürlichen Lauf zu gewährleisten, ist es unabdingbar, auf einen Wirbel zu verzichten. Wobbler laufen am besten, wenn man sie direkt an die Hauptschnur knotet und mit ihnen in stromaufwärtige Richtung fischt, denn nur so erreichen sie fangträchtige Tiefen und werden von der Strömung nicht an die Oberfläche gedrückt. Im Hochsommer müssen es aber nicht immer fischförmige Wobbler sein. Besonders gut funktionieren dann nämlich kleine Kugelwobbler, die Käfer oder Hummeln imitieren.

Rolle: Kleine Stationärrollen mit fein justierbarer Bremse und einem Schnurfassungsvermögen von etwa 100 Metern 20er-Schnur reichen völlig aus.

Schnur: Fürs Döbelangeln kommt nur monofile Leine in Betracht, denn eine dehnungsfreie geflochtene Schnur führt häufig zum Ausschlitzen des Hakens. Eine 20er-Qualitätsschnur hält jedem Döbel stand.

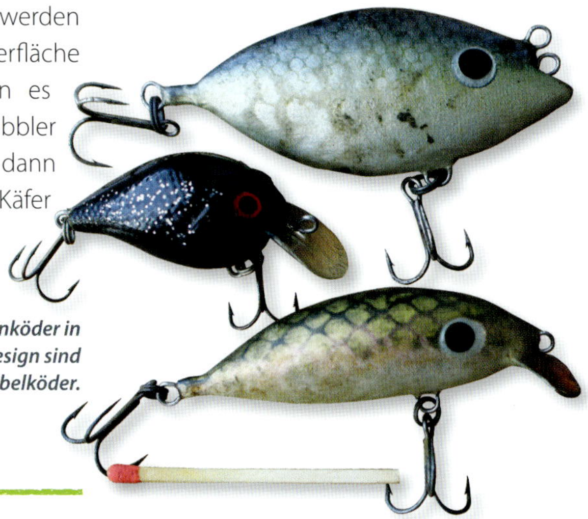

Kleine Spinnköder in natürlichem Design sind die besten Döbelköder.

AUSRÜSTUNG FÜRS SPINNFISCHEN AUF DÖBEL

Rute: Leichte Spinnrute mit einem Wurfgewicht von fünf bis 20 Gramm, die je nach Uferbewuchs des Gewässers unterschiedlich lang gewählt werden muss. Wer einen Bach oder kleinen Fluss als Hausgewässer hat, ist gut beraten, Döbel dort mit noch leichteren Spinnruten (Wurfgewicht bis zehn Gramm) zu befischen.

Köder: Kleine Wobbler in natürlichem Design. Weil Döbel nicht zu den schmackhaften Fischen zählen, sollte man die Widerhaken der Drillinge mittels einer Zange andrücken. So verhindert man ein Verangeln der Fische und kann sie nach Fang schonend zurücksetzen.

Kleinzeug: Außer Spinnködern benötigt man zum gezielten Döbelfang nicht viel Kleinzeug. Watstiefel oder eine Wathose helfen an kleineren Flüssen und Bächen, gute Stellen zu erreichen.

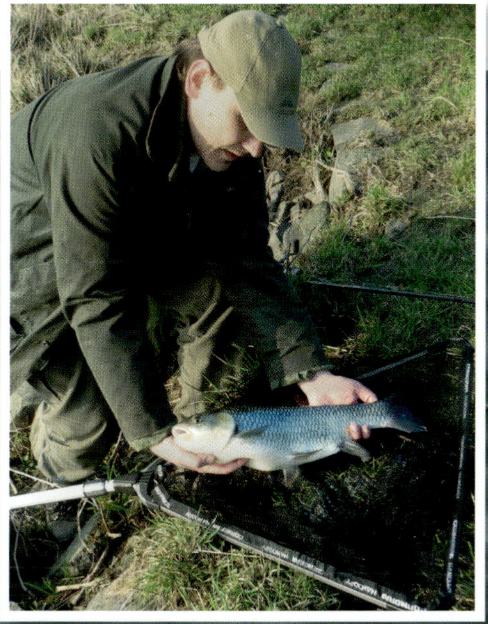

Mitunter schnappen sich Döbel auch größere Wobbler und sind dann ein willkommener Beifang beim Hecht- oder Zanderangeln.

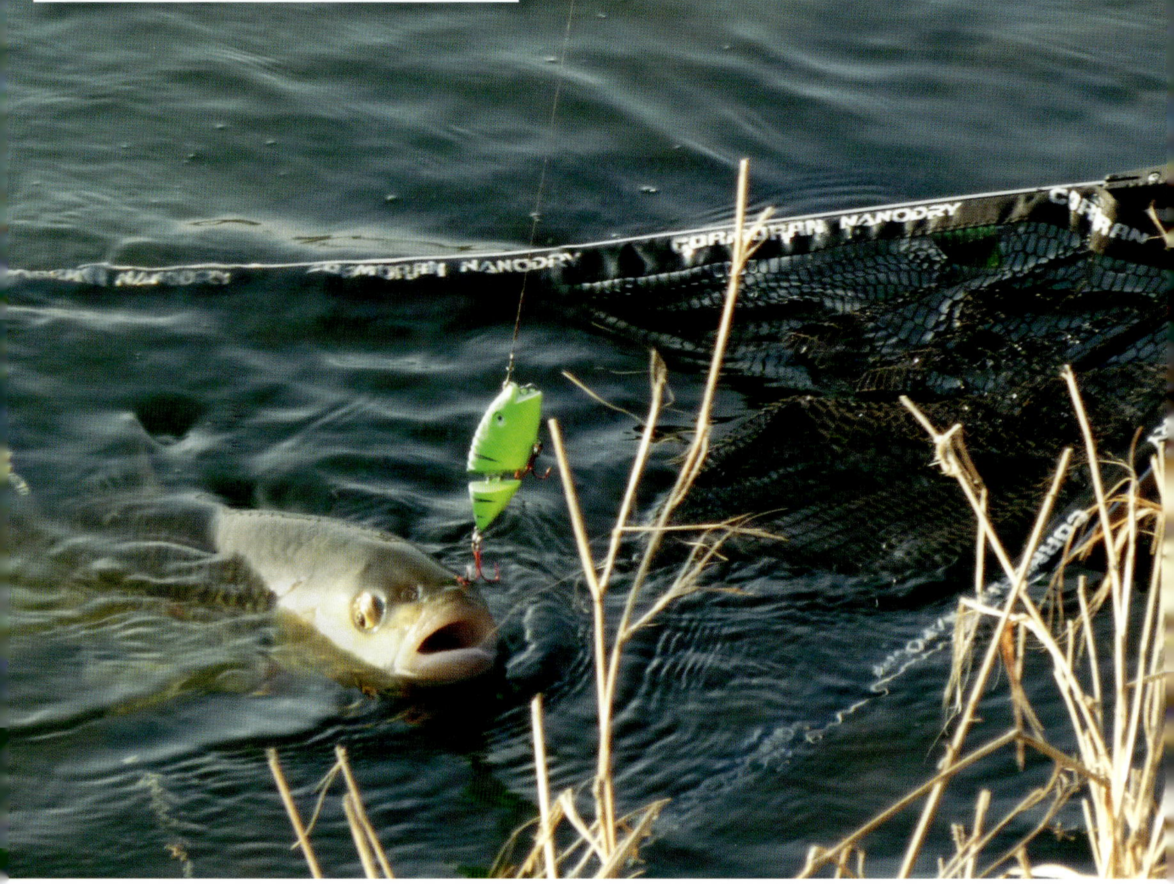

GEZIELT AUF HECHT!

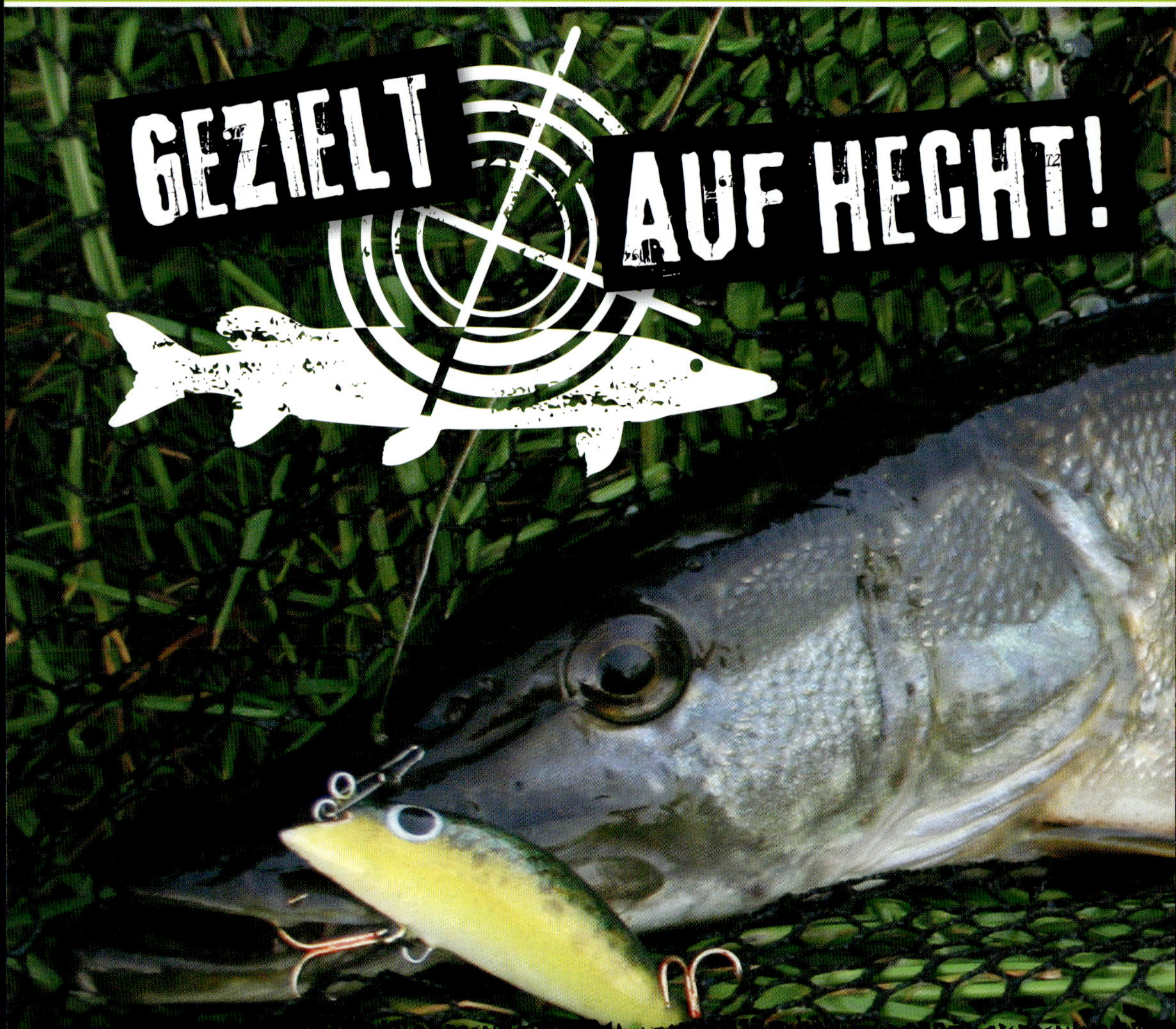

Hechte zählen zu den beliebtesten Zielfischen und der erste Esox stellt einen unvergesslichen Meilenstein in jeder Anglerkarriere dar. Für viele Petrijünger lässt aber dieser erste Biss oft lange auf sich warten und sie fragen sich, warum es ausgerechnet bei ihnen nicht klappen will, denn Hechte sind wahrlich keine seltenen Fische und werden von erfahrenen Spinn- und Ansitzanglern in reicher Zahl gefangen. Statt beim Hechtangeln zu verzweifeln, gilt es ein paar alte und leider sehr tiefverwurzelte Missverständnisse aus dem Weg zu räumen: Die beste Hechtangelzeit ist nicht die Periode des strengen Frostes, wie man es in der älteren Angelliteratur lesen kann und an den Stammtischen der Angelvereine noch heute regelmäßig zu hören

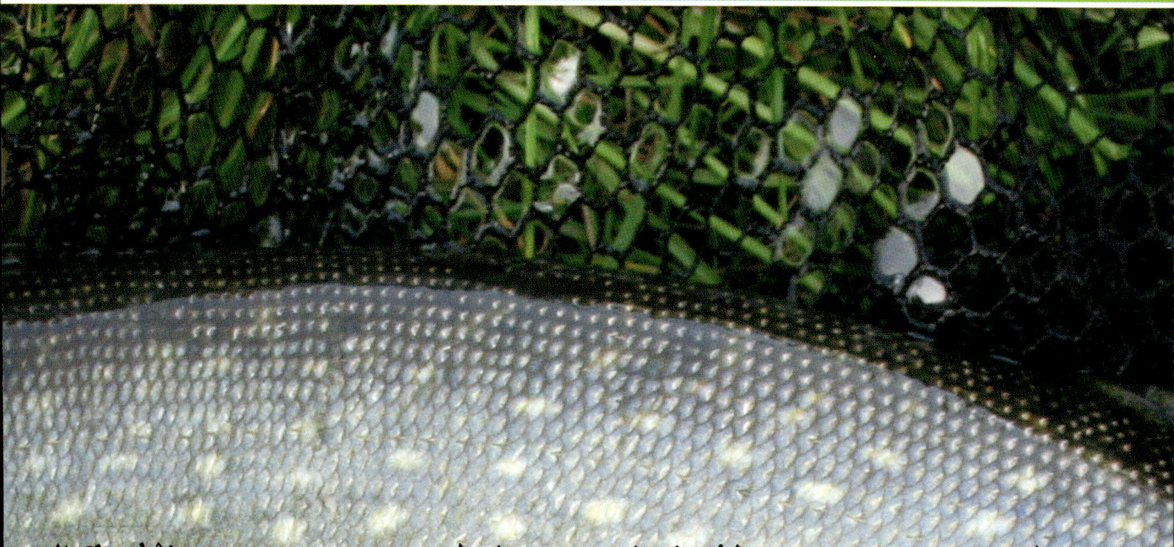

bekommt. Zwar wurden früher die meisten Hechte im Winter gefangen, was aber in erster Linie daran lag, dass man bis weit in die 1980er-Jahre hinein fast nur in den Monaten mit „r" auf sie fischte, während das Frühjahr und der Sommer die klassische Zeit zum Fang von Friedfischen war. Die meisten Allroundangler stellten Hechten also erst dann nach, als Karpfen, Schleien, Brassen und Co. in die sogenannte Winterruhe gingen. Es darf in diesem Zusammenhang nicht vergessen werden, dass man damals in der Regel für den Kochtopf angelte, viele gestippte Rotaugen folglich eine wesentlich willkommenere Beute darstellten als ein – mitunter vergeblicher – Ansitz auf einen einzelnen Hecht. Hinzu kommt, dass die Winter früher meist wesentlich kälter waren als heute, die Angler aus damaliger Sicht also alles richtig machten, denn tatsächlich zählen Hechte, Barsche und Zander zu den Zielfischen, auf die es sich auch im kalten Wasser zu angeln lohnt. Und nicht zuletzt muss bei der Überlieferung dieser älteren Angelweisheiten bedacht werden, dass das Gerät unserer Großväter nicht gerade darauf ausgelegt war, viele Hechte zu erbeuten. Dies galt sowohl für die schweren und klobigen Spinnausrüstungen wie auch für die zum Ansitzangeln mit lebenden Köderfischen verwendeten Ruten, Rollen, Schnüre und Gliederkettchen, welche man bis in die 1970er-Jahre alternativ zu sehr dicken Stahlvorfächern verwendet hat.

HECHT PORTRAIT

Besondere Kennzeichen:

Großer Kopf mit langer, entenschnabelförmiger Schnauze, die mit äußerst scharfen Zähnen besetzt ist. Lang gestreckter, schlanker Körper mit weit nach hinten verlagerter Rückenflosse. Die Färbung der Hechte schwankt zwischen leuchtend grün und grün-braun, je nach Jahreszeit, Aufenthaltsort und Wasserfärbung.

Laich- & Schonzeit:

Die Hechtlaichzeit fällt in die Monate Februar bis April bei niedrigen Wassertemperaturen. In den meisten Bundesländern genießen Hechte von Mitte Februar bis 1. Mai eine Schonzeit und dürfen dann nicht gezielt beangelt werden.

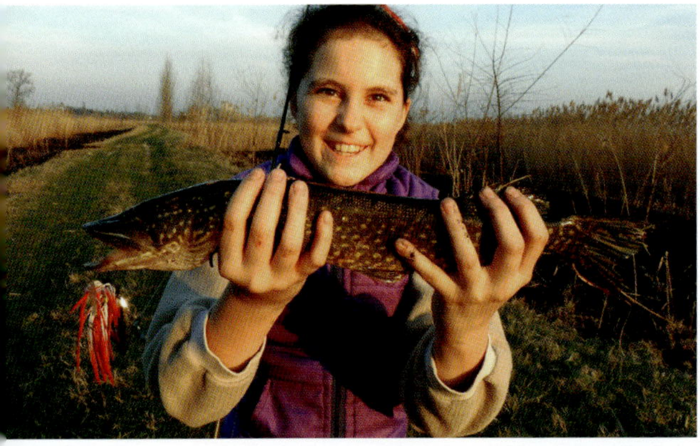

Egal wie groß oder klein der erste Hecht ausfällt, für jeden Angler und jede Anglerin ist er ein Meilenstein. (Foto: seftack)

Größe & Gewicht:

Im Durchschnitt 50 bis 65 Zentimeter. Hechte können bei idealen Bedingungen bis 150 Zentimeter lang und über zwanzig Kilogramm schwer werden.

Beste Angelzeit:

Hechte lassen sich das ganze Jahr hindurch fangen. Im Frühjahr und Sommer ist der frühe Abend die beste Angelzeit, im Winter gehen sie eher in den Mittagsstunden an den Haken. Beste Wetterbedingungen herrschen bei leichtem Wind aus südlichen und westlichen Richtungen, bewölktem Himmel und Nieselregen.

Lebensweise:

Je nach Laune können sich Hechte an manchen Tagen auf fast jeden angebotenen Spinnköder stürzen, nur um an anderen Tagen als fast unfangbare Phantome den Anglern Rätsel aufzugeben. In der Regel lassen sie sich aber nicht lange bitten und gehen Spinn- und Ansitzanglern regelmäßig an den Haken.

Fangplätze:

Kleinere Hechte halten sich meist in der Uferregion auf. Größere Exemplare sind Freiwasserfische und werden in Seen oft weit entfernt vom Ufer gefangen. Hechte bevölkern alle Wasserschichten. Im Frühjahr und Sommer bevorzugen sie die wärmeren Wasserschichten in etwa zwei Metern Tiefe, im Winter werden sie auch unterhalb von fünf Metern gefangen (in sehr tiefen Seen auch unterhalb von 15 Metern). In Flüssen mögen sie die Bereiche von Wehren, beziehen unter Brücken ihre Einstände oder lauern in den Buhnenfeldern auf Beute.

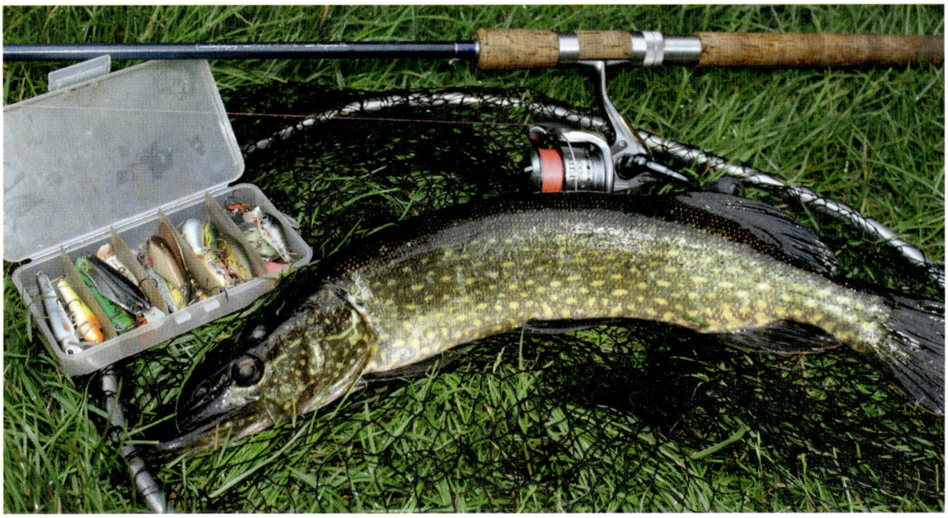

Vor allem bei Spinnfischern stehen Hechte hoch im Kurs.

SPINNFISCHEN AUF HECHT

Spinnfischer sollten sich stets vor Augen führen, dass Hechte sehr schnelle, aber keineswegs ausdauernde Jäger sind. Sie neigen also nicht dazu, einen Spinnköder über längere Strecken zu verfolgen, sondern lauern ihrer Beute aus sicherer Deckung heraus auf und stoßen dann blitzschnell zu. Wer mit Blinkern, Wobblern, Gummiködern oder Spinnern auf Hechte fischt, ist also gut beraten, an solchen Stellen zu fischen, an denen Hechte einen Unterstand vorfinden. An Brücken, Bootsstegen und ins Wasser gestürzten Bäumen, lohnt es sich, ein paar Würfe mehr zu machen, denn oft beißen Hechte erst dann zu, wenn sie sich von einem Spinnköder belästigt fühlen.

Bei zu poppig-bunten Spinnködern werden größere Hechte mitunter misstrauisch, daher ist es besser, sich bei der Wahl seiner Köder (Wobbler oder Gummifische) in Form, Farbe und Größe an den im Gewässer vorkommenden Futterfischen zu orientieren.

GUTE HECHTWOBBLER

Aus der schier unüberschaubaren Masse an Wobblern, die sich auf dem Kunstködermarkt befinden, den für sein Gewässer passenden Wobbler zu finden, kann gerade für Einsteiger zu einer Sisyphusarbeit werden. Anfänger orientieren sich daher am besten an den seit vielen Jahren bewährten Klassikern, bevor sie sich daran machen, ihren ganz persönlichen Liebling auszuwählen, was übrigens erst dann geschehen kann, wenn einem ein Wobbler durch seine Fangresultate ans Herz wächst.

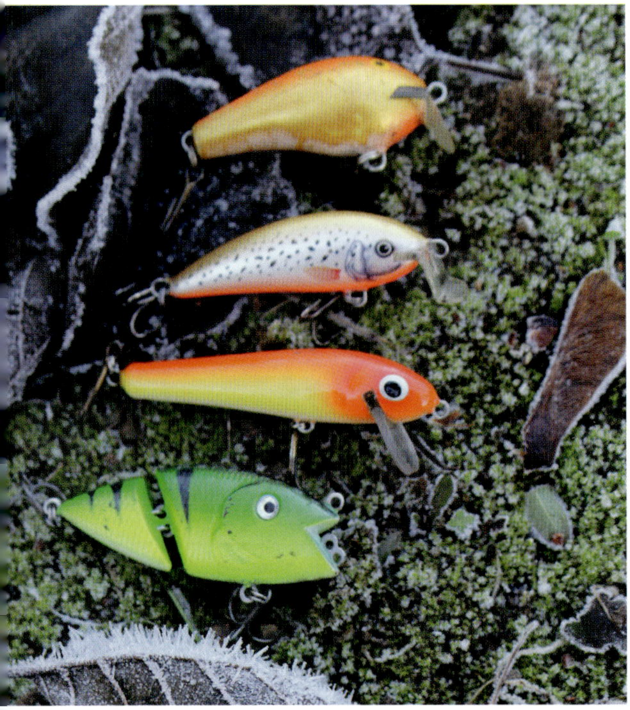

Für den Einstieg reichen ein paar Wobbler in unterschiedlichen Tauchtiefen.

Hechtwobbler gibt es in schwimmenden und sinkenden Ausführungen. Schwimmende Wobbler sind sehr gute Köder für die wärmeren Jahreszeiten. Sie dürfen jedoch nicht, wie Spinner, stur eingekurbelt werden, sondern verlangen nach einer kreativen Führung. Nach dem Wurf beginnt man mit dem Einholen des Köders und unterbricht seinen Lauf immer wieder durch kurze Pausen, in denen er durchaus bis an die Wasseroberfläche gelangen darf. Nicht selten packen die Hechte gerade in dem Augenblick zu, in dem man dem Köder wieder Tempo verleiht.

Sinkende Wobbler sind bestens zum Fang tiefstehender Hechte geeignet. Zum Einsatz kommen sie daher zumeist im Winter. Auch sie führt man mit variablem Tempo. Bei den Einkurbelpausen (sog. Spinnstopps) sinken diese Typen langsam oder verharren in ihrer Position (sog. Suspender-Wobbler).

Angelt man in Flüssen mit Wobblern, so sollte stets stromaufwärts geworfen werden. Zum einen erreicht man so tiefere Wasserschichten und zum anderen schwindet das Misstrauen der Hechte, denen auch ihre natürliche Nahrung meist mit der Strömung „zugetragen" wird.

Zum Hechtfischen in „normalen" Seen und Flüssen ist man mit folgendem Wobblerset gut ausgerüstet: Kugelwobbler (mit und ohne Rasseln) in Größen von sieben bis zehn Zentimetern, Schlanke, einteilige Modelle (Typ Rapala Original) in Längen von acht bis zwölf Zentimetern sowie zweiteilige Ausführungen (Typ Rapala Jointed).

TIPP

Wobbler können schnell zwölf Euro und (viel) mehr kosten. Einsteiger verlieren durch Hänger und Würfe in Bäume und Büsche relativ viele Wobbler auf Nimmerwiedersehen. Kaufen Sie zu Beginn Ihrer Karriere also möglichst preisgünstige Modelle, jedoch keineswegs Billigware. Wobbler unter fünf Euro taugen in der Regel nicht viel.

BLINKER

Wer auf Hechte blinkern möchte, greift am besten zum FZ-Blinkern. Die in unterschiedlichen Farben erhältlichen Klassiker werden gemächlich im tiefen Wasser geführt

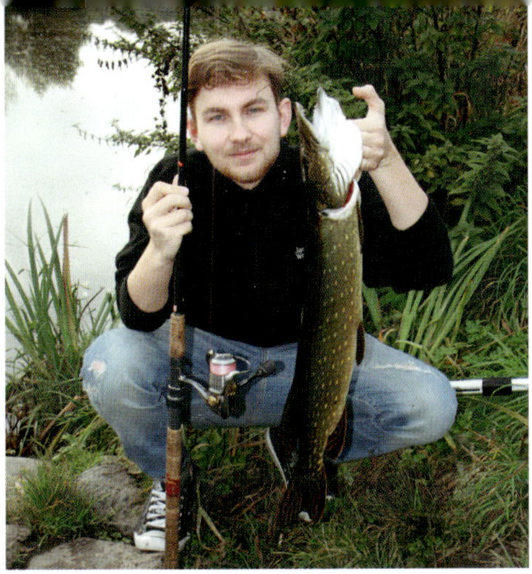

Beim Spinnfischen auf Hechte benötigt man wenig Material und gelangt als Uferangler schnell von einem Hot-Spot zum anderen.

oder zum Schleppen hinter dem Boot eingesetzt. Mit ihnen kann man von Januar bis Dezember erfolgreich fischen. Ob ein silberner, goldener oder kupferfarbener FZ am jeweiligen Gewässer besser fängt, muss herausgefunden werden, denn nicht immer stimmt die Regel, nach der helle Köder ins trübe Gewässer passen und dunkle ins klare.

SPINNER

In stehenden Gewässern sind Spinner mit breitem Blatt (z. B. Mepps-Aglia Größe 4 oder 5) exzellente Hechtspinnköder und haben sich in den vergangenen Jahrzehnten besonders im Frühjahr und Sommer sehr gut bewährt. Neben 4er- und 5er - Spinnern gibt es seit einigen Jahren auch

TIPP

Hechte verfolgen einen Spinnköder oft in dichtem Abstand, ohne zu beißen. Solche Hechte nennt man Nachläufer. Verringern Sie das Einzugstempo dann keinesfalls, sondern beschleunigen es. Nur so täuscht man einen flüchtenden Futterfisch vor.

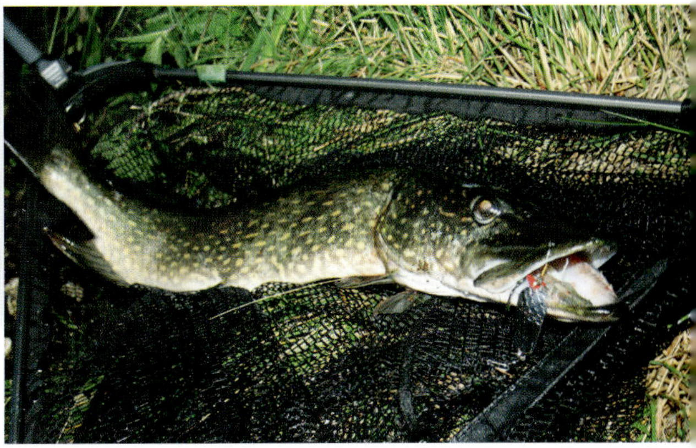

Blinker, hier ein FZ, zählen zu den klassischen Spinnködern und dürfen in keiner Gerätebox fehlen.

Riesenspinner (sog. Musky-Killer). Diese Modelle bedürfen jedoch einer äußerst kräftigen Ausrüstung und kommen daher nur beim gezielten Fischen auf Großhechte zum Einsatz.
In fließenden Gewässern scheinen Spinner Hechte nicht sonderlich zu überzeugen. Zwar lassen sie sich in den ruhigen Bereichen von Buhnenfeldern und oberhalb von Wehren gelegentlich damit fangen, doch ist man in Flüssen besser beraten, wenn man Blinker oder Wobbler montiert.

GUMMIFISCHE

Gummifische haben klassischen Hechtspinnködern in den letzten zwei Jahrzehnten fast den Rang abgelaufen. Besonders im Herbst und Winter, wenn die Hechte und ihre Futterfische tief stehen, schlägt ihre Stunde, denn mit Bleikopf-Gummiködern kann man tiefe Bereiche langsam absuchen und verführt so auch winterträge Hechte, die einen Wobbler oder Blinker nicht verfolgen würden.

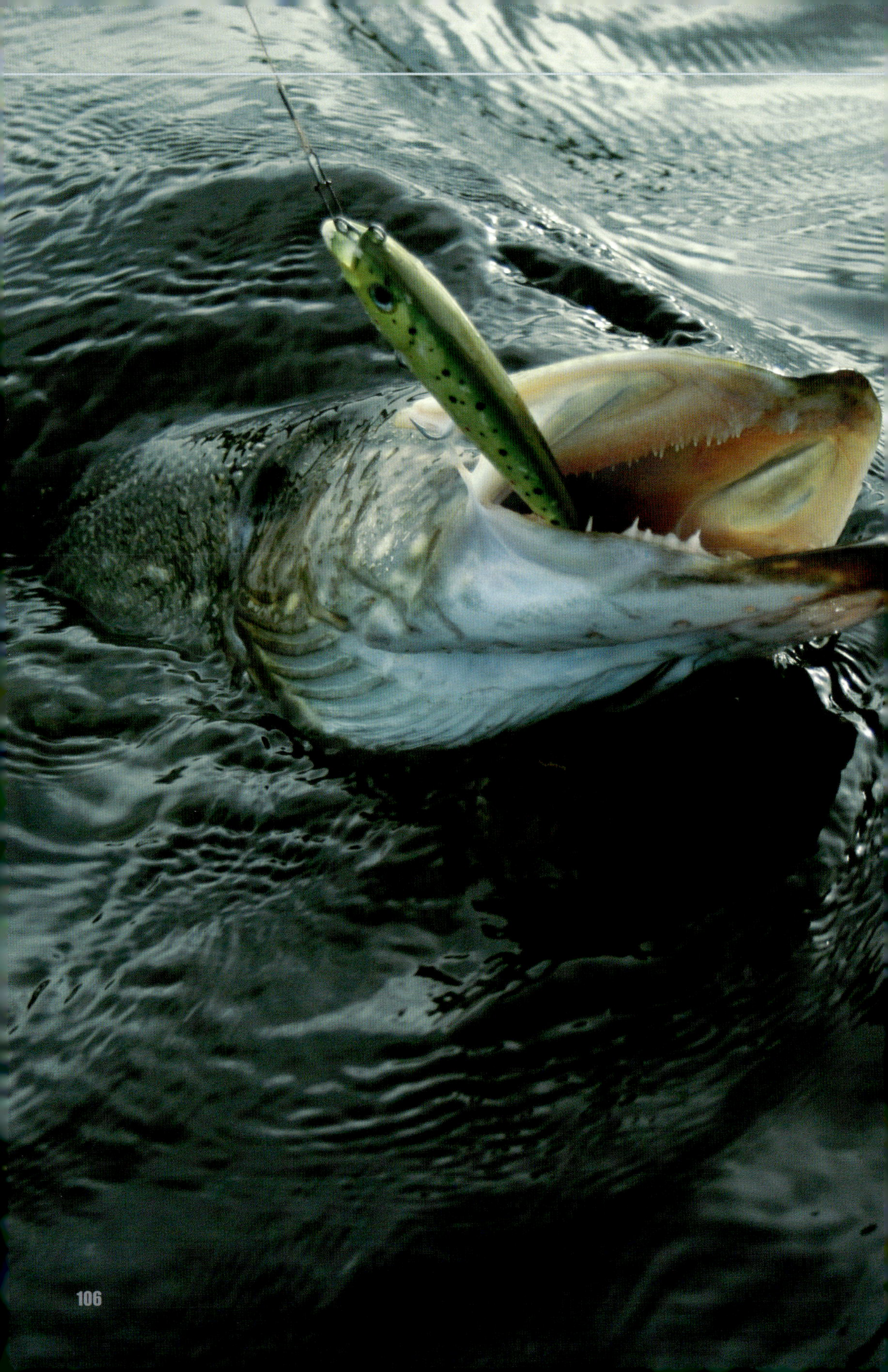

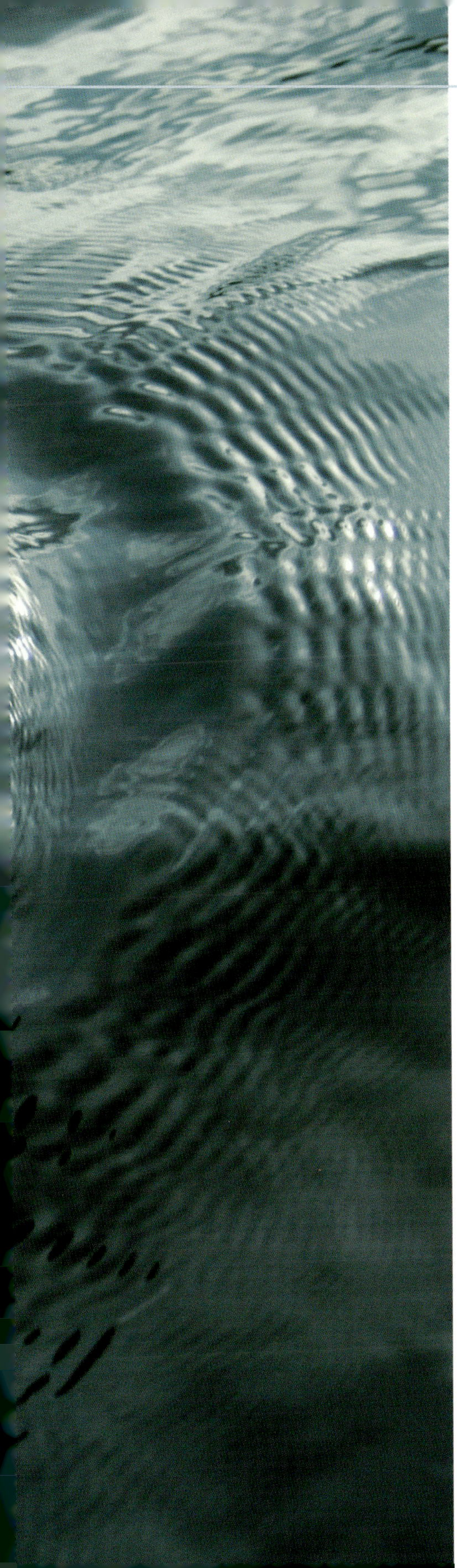

AUSRÜSTUNG FÜRS SPINNFISCHEN AUF HECHT

Rute: Auf der einen Seite muss eine Spinnrute genügend Rückgrat besitzen, um schwere Blinker und Spinner weit hinaus zu befördern, auf der anderen ist es wichtig, dass sie sensibel genug ist, um auch den vorsichtigen Biss zu signalisieren und den Anhieb auf weite Distanzen durchzubringen. Am frühen Morgen und in den Abendstunden, wenn Hechte im Flachwasser rauben, muss die Rute auch leichte Spinnköder transportieren und deren Spiel bis ins Handgelenk spürbar machen. Die ideale Rute für ermüdungsfreies Spinnfischen ist zwischen 2,4 und 2,7 Metern lang, hat ein Wurfgewicht von 20 bis 60 Gramm und verfügt über eine Spitzenaktion.

Rolle: Fischt man vom Ufer aus, so ist es wichtig, so viel Wasserfläche wie möglich abfischen zu können. Die Rolle fürs Spinnfischen muss also weite Würfe ermöglichen, soll möglichst leicht sowie leichtgängig sein und über eine exakt justierbare Bremse verfügen. Um auch lange Fluchten im Drill parieren zu können, muss sie zudem ein recht hohes Schnurfassungsvermögen (mindestens 150 Meter 30er) haben. Ob man sich dabei für eine Stationär- oder eine Multirolle entscheidet, ist eine reine Geschmacksfrage. Einsteiger sind mit einer Stationärrolle (300er Größe) bestens ausgerüstet.

Vorsicht beim Hakenlösen: Hechte verfügen über spitze scharfe Zähne, die schmerzhafte und ergiebig blutende Wunden verursachen können.

Schnur: Wer auf weite Distanzen fischt, der benötigt eine dehnungsarme Schnur. Der weiteste Wurf nützt nichts, wenn durch zu weiche Schnur der Haken nicht ins harte Hechtmaul eindringen kann. Beim gezielten Spinnfischen auf Hechte ist deshalb eine geflochtene (und somit dehnungsfreie) Schnur die eindeutig bessere Alternative zu einer monofilen Leine. Da in der warmen Jahreszeit die Stunden der Morgen- und Abenddämmerung die besten Zeiten zum Spinnfischen sind, empfiehlt es sich, eine gut sichtbare Schnur zu benutzen. Gelbe oder rote Schnur ist dann ideal. Da geflochtene Schnüre über eine extrem hohe Tragkraft verfügen, können zum Hechtangeln durchaus dünne Kaliber (15er bis 20er) eingesetzt werden. Um auch scheue Fische nicht zu vergrämen, sollte ein Meter (50er) Monofilschnur zwischen Stahlvorfach und Hauptschnur geschaltet werden, dieses „Zwischenvorfach" weist zudem den Vorteil auf, dass es über eine gewisse Dehnung verfügt, was besonders dann entscheidend ist, wenn ein kapitaler Hecht kurz vor der Landung noch einmal eine Flucht startet.

Köder: Löffelblinker sind in fast allen stehenden Gewässern die besten Hechtköder. Spinner in 4er- und 5er-Größen sind ebenfalls sehr gut. Daneben kommen Wobbler mit unterschiedlichen Tauchtiefen und große Gummifische (Shads) zum Einsatz.

Kleinzeug: Die stärkste Schnur taugt nichts, wenn am Wirbel gespart wird. Am besten ist es, Hauptschnur und Stahlvorfach mit einem Qualitätswirbel (mit Tragkraftgarantie) zu verbinden. Diese Kraftzwerge schonen die Schnur und erhalten deren Tragkraft zu 100 Prozent.

Wo beim Raubfischfang (auch beim eigentlichen Fischen auf Barsche und Zander) Hechte zu erwarten sind, ist ein Stahlvorfach ein „Muss", denn es ist die einzige bissfeste Verbindung zwischen Fisch und Angler. Hervorragende Sahlvorfächer sind geschmeidige Vorfächer mit einer Tragkraft von 8 bis 10 Kilogramm (Seven-Strand-Wire-Qualität). Zwar werden seit einigen Jahren Hardmono- und Kevlarvorfächer zum Hechtfang empfohlen, doch sind diese Materialien keine Alternativen.

Zum Hakenlösen eignet sich eine lange Lösezange vorzüglich. Wer sie nicht dabei hat, holt sich beim erfolgreichen Hechtangeln schnell blutige Finger. Ein geräumiger Unterfangkescher rundet die Ausrüstung ab.

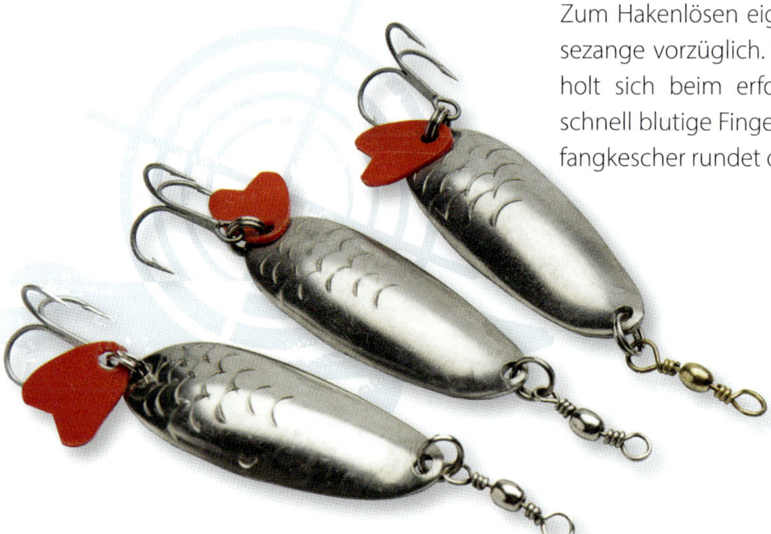

TIPP

Auch als Ansitzangler sollte man ein neues Gewässer zunächst mit der Spinnrute erkunden, denn für das Ansitzangeln auf Hecht bedarf es einer guten Gewässerkenntnis. Sobald man als Spinnfischer einen hechtträchtigen Seewinkel oder Flussabschnitt gefunden hat, lohnt es sich, dort seine Köderfische auszulegen.

ANSITZANGELN AUF HECHT

Seit drei Jahrzehnten ist das barbarische Angeln mit lebenden Köderfischen in der Bundesrepublik verboten. Seitdem führt das Ansitzangeln auf Hecht ein recht stiefmütterliches Dasein. Obwohl gerade große Hechte sich sehr gut mit natürlichen Ködern fangen lassen, gehen viele Angler noch immer davon aus, dass Hechte keine Aasfresser seien, was aber falsch ist, denn kapitale (und somit schwerfällige) Hechte sammeln weitaus lieber tote Fische vom Grund, als sich auf die mühevolle Jagd auf lebende Beute zu begeben.

In den meisten Gewässern fangen heimische Köderfische (d.h. im Gewässer vorkommende Arten) besser als Exoten. Die in Angelläden feilgebotenen (tiefgefrorenen) Karauschen, Silberorfen und Grundlinge taugen in Gewässern, in denen sie natürlich nicht vorkommen, in der Regel nicht viel und bringen entsprechend wenig Bisse. Auch sind im Angelfachhandel gekaufte Köderfische fürs gezielte Hechtangeln fast immer zu klein, sodass es besser ist, sich seine Köder selbst zu fangen. Am besten fängt man mit Fischarten, die im jeweiligen Gewässer häufig vorkommen, denn Hechte fressen am liebsten, was sie kennen. Meist sind dies Weißfische (Rotaugen, Brassen etc.) oder Barsche. Überwiegen in einem See beispielsweise Rotaugen, so sollten diese auch als Hechtköder verwendet werden. Kommen im Nachbarsee mehr Barsche vor, so sind diese dort die besten Hechtköderfische.

KÖDERFISCHMONTAGEN

Fangentscheidend ist die richtige Präsentation von Köderfischen. Um den Köder besser sichtbar zu machen, kommen für das Angeln mit Köderfischen Posenmontagen zum Einsatz. Bis weit in die 1980er-Jahre fischte man mit feststehenden dicken Korkschwimmern oder nutzte viel zu große Kunststoffposen. Statt solchen klobigen „Bojen“ werden heute schlanke Schwimmer eingesetzt, die dem beißenden Hecht wenig Auftriebswiderstand entgegensetzen. Überall dort, wo das Wasser tiefer als zwei Meter ist, kommen nur Laufschwimmer in Frage, denn zum einen kann man mit ihnen die Angeltiefe schnell variieren und zum anderen behindern sie nicht die Landung eines Fisches, da sie beim Herankurbeln der letzten Schnurmeter bis auf den Vorfachwirbel zurückgleiten.

Die Köderfische werden beim Angeln mit Schwimmern so angeboten, dass sie im Wasser in ihrer natürlichen Schwimmhaltung stehen. Bei kleineren Köderfischen genügt es, sie mittels eines unter der Rückenflosse eingestochenen Drillings anzubieten. Bei größeren Fischen (große Rotaugen oder Brassen) ist es nötig, eine Montage aus zwei Drillingen zu verwenden. Die Vorfächer sollten mindesten 70 Zentimeter lang sein, denn kürzere könnten von Großhechten verschluckt werden.

Um als Uferangler große Wasserflächen mit Posenmontagen nach Hechten absuchen zu können, greift man am besten zu Segelposen. Bei ihnen handelt es sich um Schwimmer, die statt einer herkömmlichen Antenne über Segel aus Kunststoff verfügen, die den Wind „fangen"

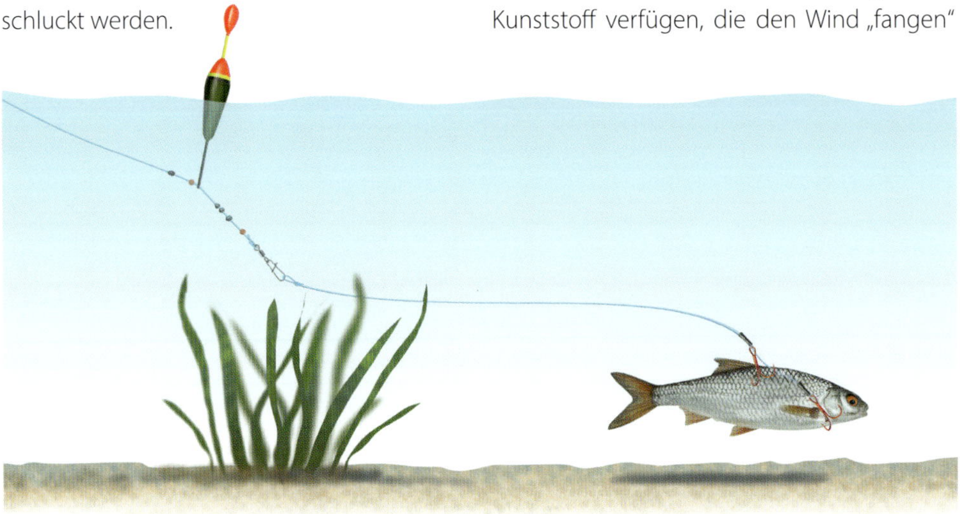

Köderfischmontage mit zwei Drillingen. (Zeichnung: H. Dänekas)

Auf Hecht muss mit einem Stahlvorfach geangelt werden. Jedes andere Vorfachmaterial ist unwaidmännisch. Die Hakenmontagen an den Vorfächern müssen so gestaltet sein, dass sie einen unverzüglichen Anschlag erlauben. Zur Herstellung dieser Sofortanschlagsysteme eignen sich moderne Stahldrähte, die es im Fachhandel als Meterware gibt, vorzüglich. Mit Quetschhülsen lassen sich aus ihnen auf die Größe der verwendeten Köderfische abgestimmte Systeme – bestehend aus zwei Drillingshaken – fertigen. Den hinteren Drilling befestigt man unterhalb der Rückenflosse des Köderfisches, der vordere wird in die Flanke gestochen. Die Haken sollten so angebracht sein, dass der Fisch in natürlicher Schwimmhaltung im Wasser steht.

und so als Köderfisch-Transporteure dienen. Bei entsprechenden Windverhältnissen kann man mit Segelposen weite Wasserflächen nach Hechten absuchen. Ihre Montage unterscheidet sich nicht von der herkömmlichen Laufpose (Stopper, Perle, Pose, Blei, Perle, Wirbel, Stahlvorfach mit Drilling bzw. Sofortanschlagsystem).

TIPP

Hechte öffnen nach der Landung fast nie ihr Maul. Jeder Hechtangler sollte deshalb eine Rachensperre dabeihaben. Wenn man diese vergessen hat, tut es auch ein volles Döschen Zündhölzer, das man im Maulwinkel verkeilt. Nur so schützt man sich vor blutigen Fingern beim Hakenlösen.

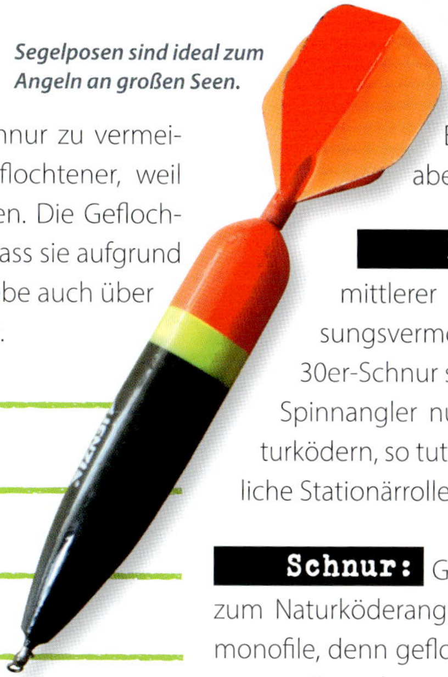
Segelposen sind ideal zum Angeln an großen Seen.

Um ein Absinken der Schnur zu vermeiden, sollte man zu geflochtener, weil schwimmfähiger Leine greifen. Die Geflochtene hat weiter den Vorteil, dass sie aufgrund ihrer Dehnungsfreiheit Anhiebe auch über große Distanzen durchbringt.

GERÄT ZUM ANSITZANGELN AUF HECHT

Rute: Lange Stellfischrute mit einer Länge von drei bis vier Metern und einem Wurfgewicht von 60 bis 80 Gramm; eine Boilie-Karpfenrute tut es aber ebenso gut.

Rolle: Freilaufrollen mittlerer Größe und einem Fassungsvermögen von 200 Metern 30er-Schnur sind ideal. Fischt man als Spinnangler nur gelegentlich mit Naturködern, so tut es auch eine herkömmliche Stationärrolle.

Schnur: Geflochtene Schnüre sind zum Naturköderangeln besser geeignet als monofile, denn geflochtene Leinen schwimmen, während monofile nach einiger Zeit versinken und sich dann lästige Schnurbäuche unter der Wasseroberfläche bilden. Eine 20er-Geflochtene ist ideal.

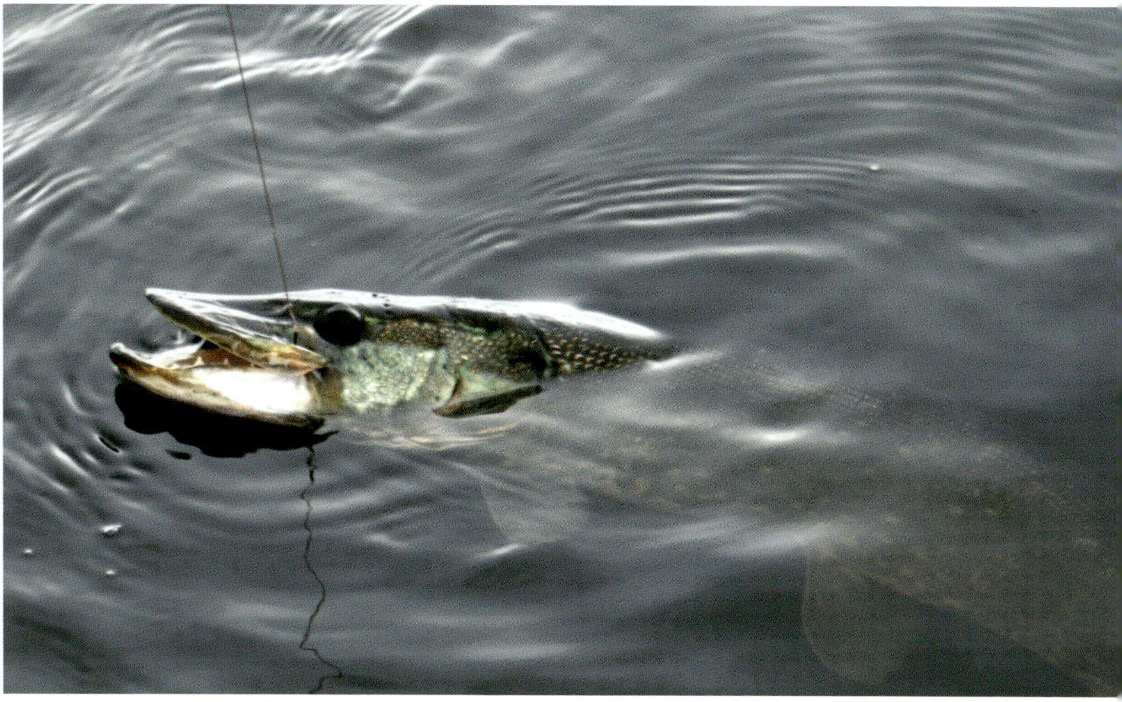

Stahlvorfächer sollten beim Ansitzangeln mindestens 70 Zentimeter lang sein.

Köder: Als Köderfische verwenden die meisten Ansitzangler Weißfische (Rotaugen, Rotfeder, Brassen). Wer auf größere Distanzen fischt, sollte lieber Köderfische mit fester Haut (z.B. Barsche) verwenden, denn diese halten bei weiten Würfen besser am Haken.

Kleinzeug: Neben Hechtschwimmern (ggf. auch Segelposen), Bleien und Qualitätswirbeln, komplettieren Stahlvorfächer und Drillinge die Ausrüstung. Stahlvorfächer stellt man am besten selbst her, denn gekaufte sind oft zu kurz. Sehr gutes und strapazierfähiges Material sind die sog. Seven-Strand-Wire-Stränge. Aus ihnen lassen sich alle gewünschten Vorfächer unkompliziert und in bester Qualität herstellen. Zum Hakenlösen sind eine Maulsperre sowie eine Lösezange (Hechtzange) wichtige Utensilien, die in keiner Gerätebox fehlen dürfen.

HECHTLANDUNG

In vielen Internetvideos und Fachzeitschriften wird die Handlandung von Hechten propagiert. Gerade Anfänger sollten dies auf keinen Fall versuchen, denn sowohl Hechtzähne als auch freie Haken von Drillingen sind sehr gefährlich. Die sicherste, schnellste und zuverlässigste Landung von Hechten geschieht mittels eines Unterfangkeschers. Beim Ansitzfischen kommen hauptsächlich große Karpfenkescher in Frage. Soll der Fisch zurückgesetzt werden, ist es wichtig, ein knotenloses Netz zu benutzen. Wird in stark strömenden Gewässern gefischt, ist es von Vorteil, einen Kescher mit möglichst großen Maschen zu wählen, dessen Netz der Strömung wenig Widerstand entgegensetzt. Beim Spinnfischen sind gummierte Keschernetze sehr gut, denn in ihnen können sich die Drillinge der Spinnköder nicht hoffnungslos verfangen. Da Hechte, wie alle anderen Fische, mit dem Kopf voran gekeschert werden müssen, sollte man nur völlig ausgedrillte Exemplare über das Netz führen. Hat man beim Hechtkeschern zu wenig Geduld, bezahlt man dies oft mit dem Verlust des Fisches.

Hechte werden am besten mit Unterfangkeschern gelandet. (Foto: seftack)

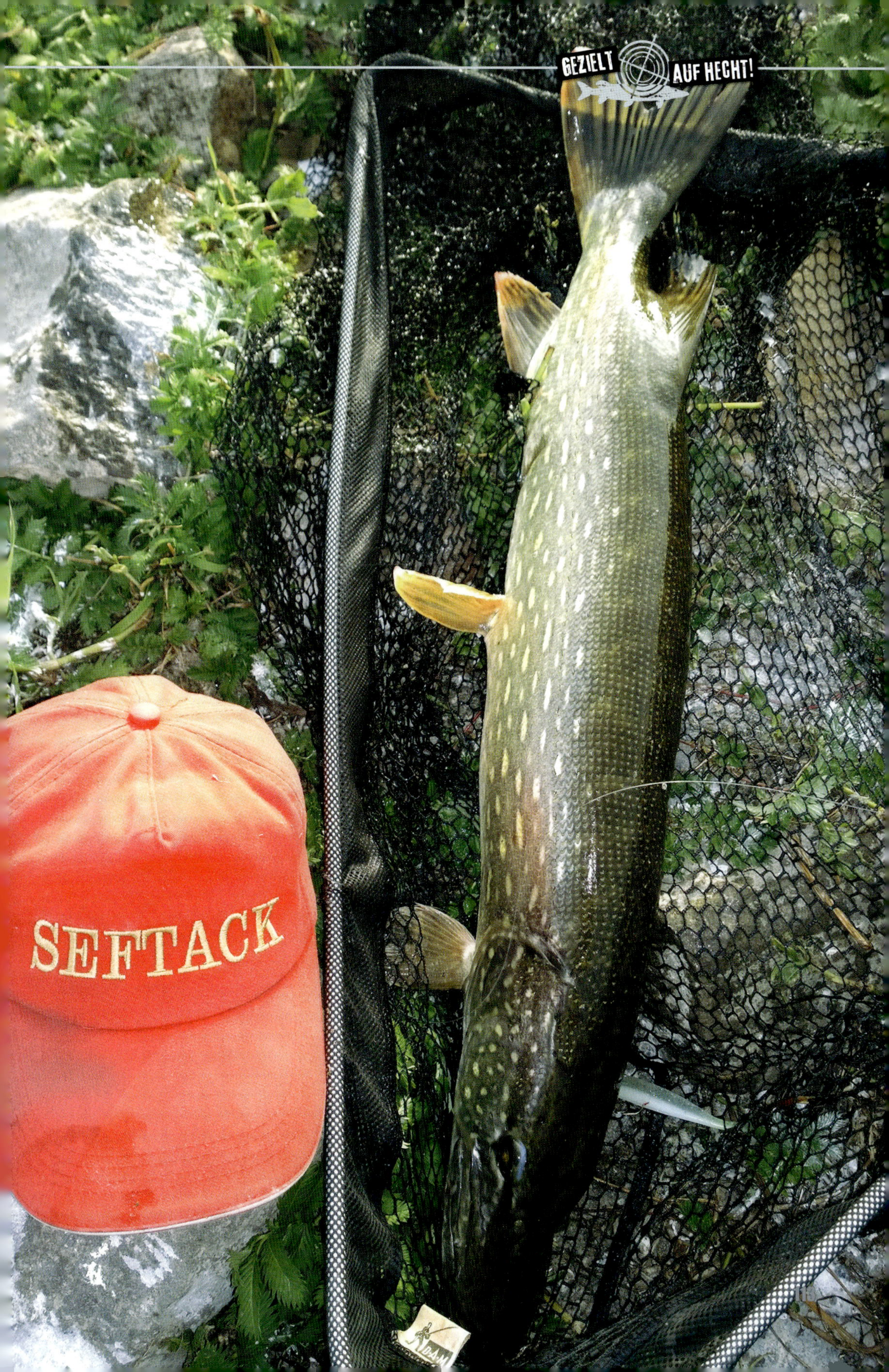
SEFTACK

GEZIELT AUF RAPFEN!

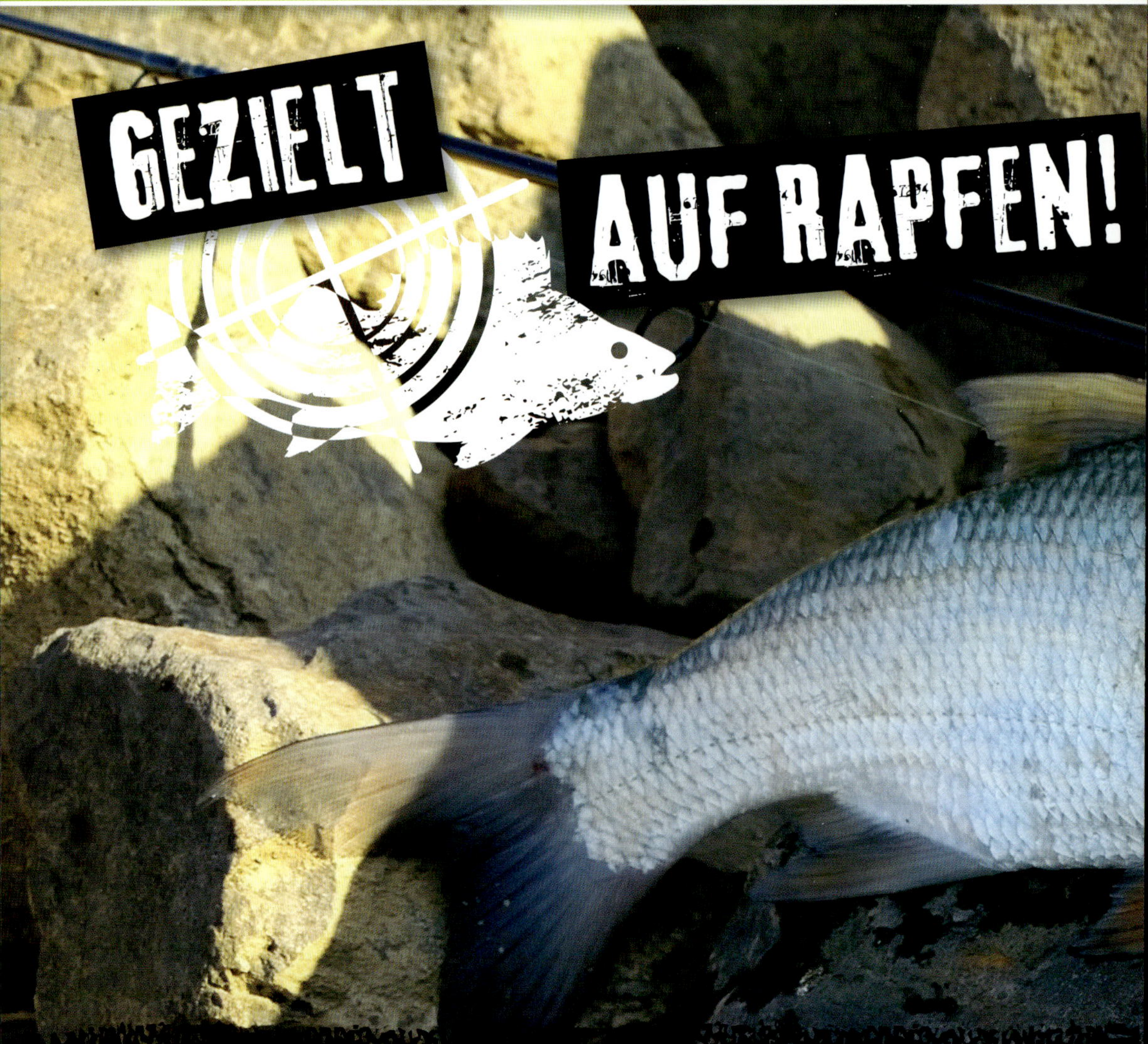

Die früher nur im Einzugsgebiet der Donau beheimateten Rapfen haben sich in den vergangenen drei Jahrzehnten in fast allen deutschen Flüssen explosionsartig verbreitet und werden heute sogar in der Elbe gefangen. Im Zuge ihrer Ausbreitung haben sie auch viele Kanäle und Schifffahrtswege erobert. Die enorm kampfstarken Fische zählen zu den beliebtesten Zielfischen der Spinnangler und lassen sich mit Naturködern nur sehr selten überlisten. Während kleinere Exemplare relativ einfach zu fangen sind und auf schnell geführte Spinner, Blinker, Wobbler und Gummiköder beißen, muss man zum gezielten Fang von Großrapfen schon etwas tiefer in die Trickkiste greifen.

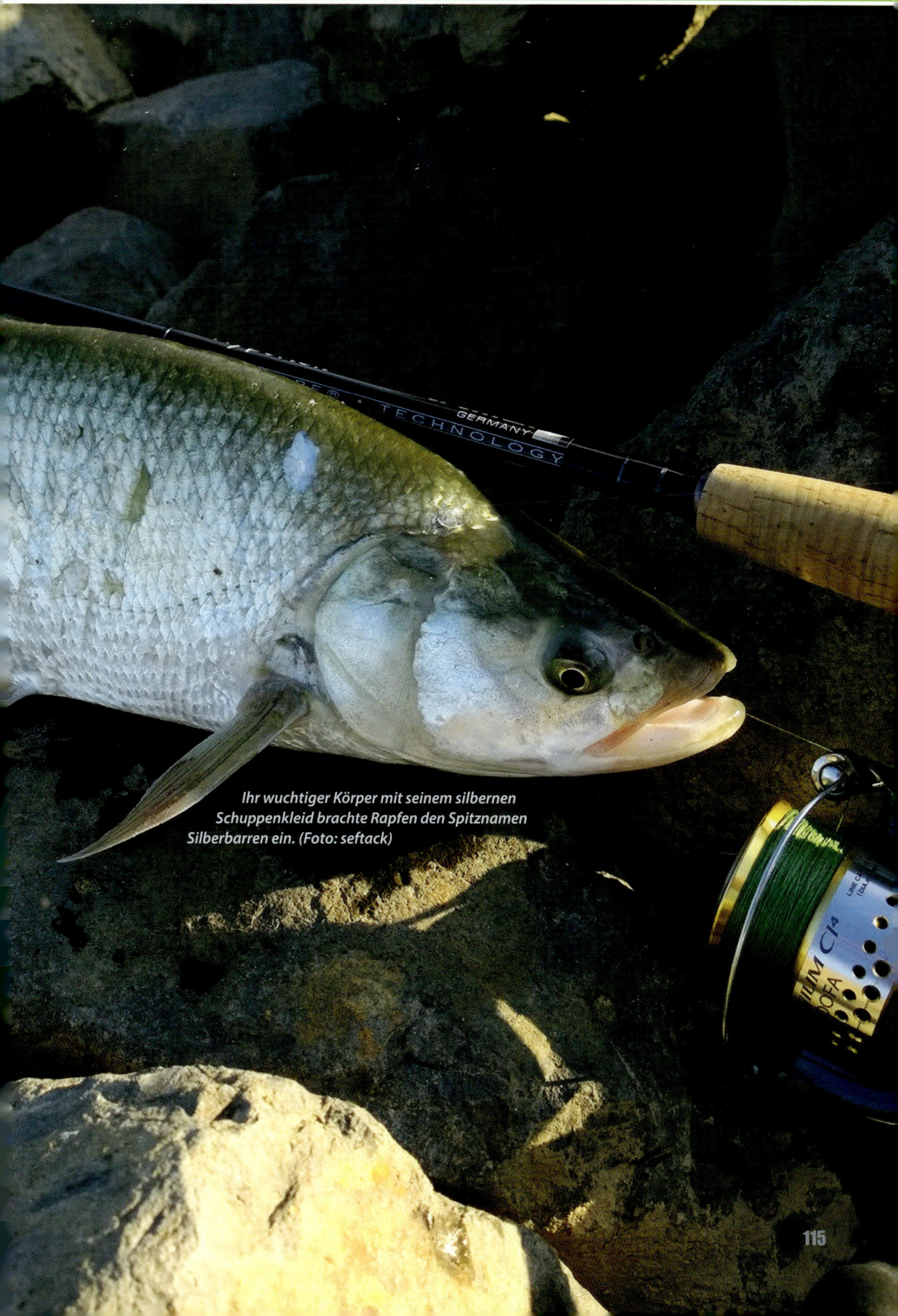

Ihr wuchtiger Körper mit seinem silbernen Schuppenkleid brachte Rapfen den Spitznamen Silberbarren ein. (Foto: seftack)

RAPFEN PORTRAIT

Besondere Kennzeichen:

Langgestreckter, seitlich leicht abgeflachter Körper, silberne Schuppen, tiefe, oberständige Maulspalte. Ihr muskulöser Körper brachte ihnen den Spitznamen Silberbarren ein.

Laich- & Schonzeit:

April bis Juni. In den meisten Bundesländern genießen Rapfen keine Schonzeit.

Größe & Gewicht:

Im Durchschnitt 45 bis 50 cm. Kapitale Exemplare werden bis 90 cm lang und zehn Kilo schwer.

Beste Angelzeit:

Rapfen beißen das ganze Jahr hindurch, sind im Winter allerdings Zielfische für Spezialisten. Beste Fangzeit für kapitale Fische ist der Sommer.

Lebensweise:

Große Rapfen sind alles andere als leicht zu fangen. Dies wird schnell klar, wenn man sie beobachtet, denn oft zeigen sie sich im Oberflächenwasser, schenken aber keinem Köder Beachtung.

Fangplätze:

Rapfen lieben schnell strömendes Wasser und sind folglich in der Hauptströmung von Flüssen zu finden. Hot-Spots fürs Spinnfischen sind Brückenpfeiler, Buhnenköpfe sowie das Oberflächenwasser der Hauptströmung großer und mittelgroßer Flüsse.

In den Sommermonaten verraten sich auf Raubzug befindliche Rapfen, wenn sie mit lautem Platschen in Kleinfischschwärme stoßen und sie an die Oberfläche drücken, bis das Wasser vor herausspringenden Kleinfischen zu kochen scheint. In diesen Momenten sollte man schlanke Blinker oder Wobbler in den Pulk der flüchtenden Kleinfische werfen und sie zügig einkurbeln. Meist ist es nötig, viele unterschiedliche Spinnköder auszuprobieren, denn raubende Rapfen sind sehr wählerisch.

MIT WOBBLER AUF RAPFEN

Da Rapfen pfeilschnelle Jäger sind, die ihre Beute gern hetzen, müssen Rapfenwobbler ihren Futterfischen ähneln und sich sehr schnell führen lassen. Sehr gute Wobbler sind alle schwimmenden Modelle mit einer kleinen Schaufel sowie solche, die ganz ohne Schaufel auskommen. Die Wobbler sollten zudem in natürlichem Design gehalten sein. Nur dort, wo das Wasser trübe ist, lohnt es sich, Modelle in grellen Farben (rot, orange, gelb) zu verwenden. Geführt werden alle Wobbler in sehr zügigem Tempo, wobei sie dann und wann bis dicht unter die Wasseroberfläche kommen dürfen. Rapfenbisse erfolgen mit solcher Wucht, dass Einsteiger erschreckt sein können.

Da Rapfen nicht gerade schmackhaft sind, sollten sie nach dem Erinnerungsfoto zurückgesetzt werden.

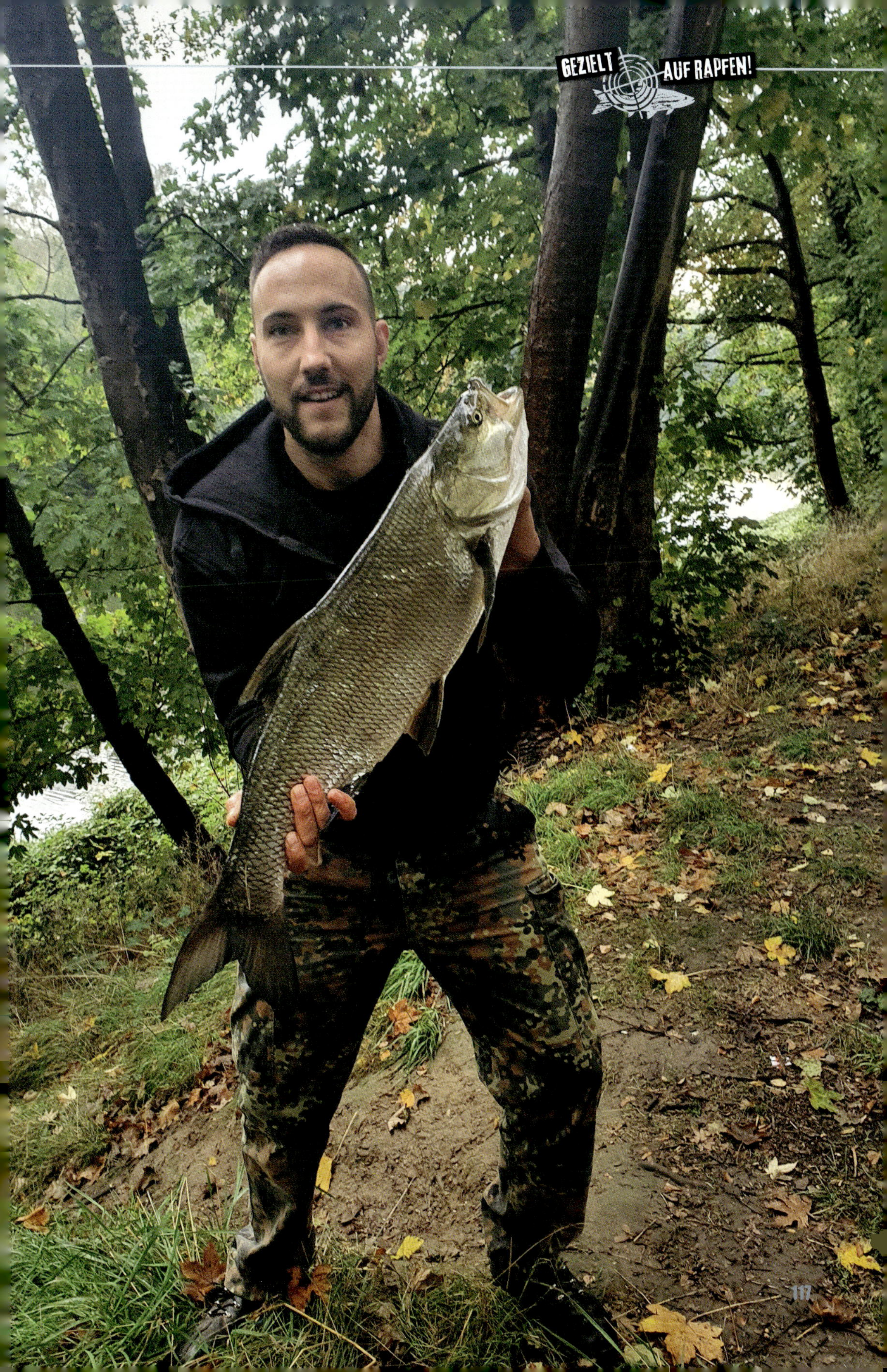

MIT BLINKERN UND SHADS

Neben Wobblern haben sich auch Blinker und Gummifische einen guten Namen als Rapfenköder erworben. Sehr gute Blinker sind alle schmalen Modelle (sog. Meerforellenblinker). Während man mit Blinkern (ähnlich wie mit Wobblern) in der Strömung von Flüssen auf Rapfen fischen kann, kommen Gummifische meist unterhalb von Wehren zum Einsatz. Am besten verwendet man vorgebleite Shads, also Köder, die das Bleigewicht im Innern tragen und nicht etwa klassische mit Bleiköpfen. Anders als beim Gummifischangeln auf andere Raubfische, kann man die Köder beim Rapfenangeln flott führen (einfach durchs Wasser ziehen).

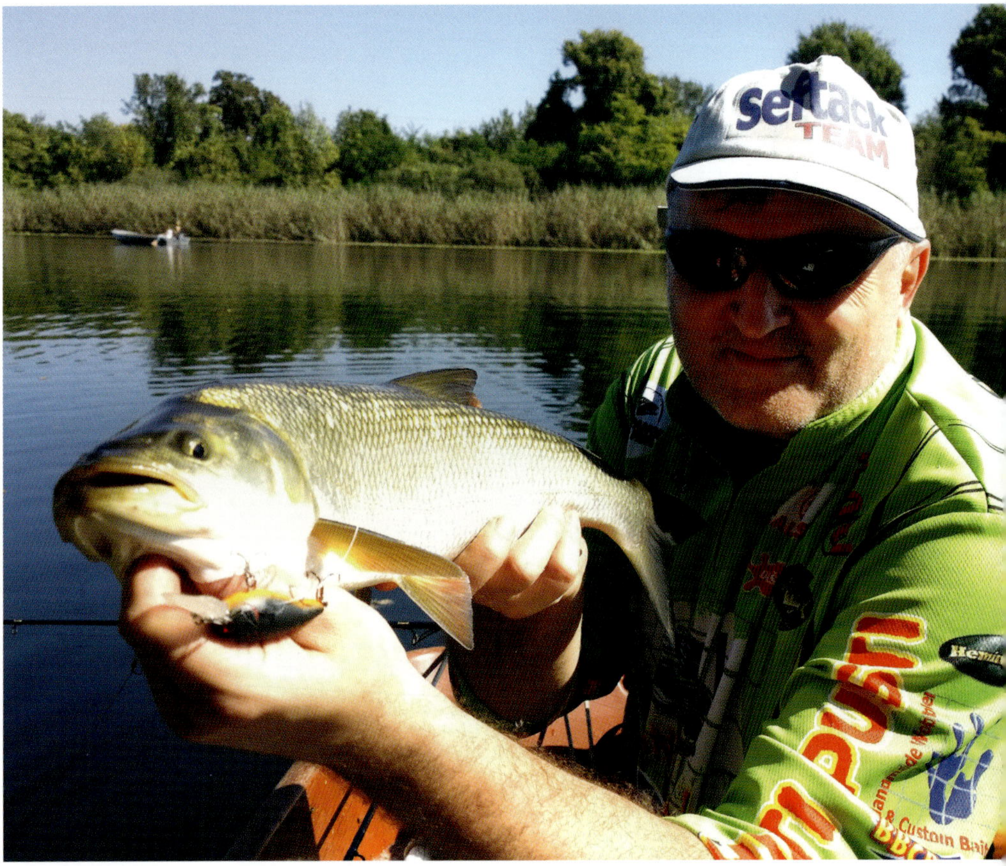

Dieser Rapfen schnappte sich einen schnell geführten Wobbler. (Foto: seftack)

AUSRÜSTUNG FÜRS SPINNFISCHEN AUF RAPFEN

Rute: Spinnruten mit einem Wurfgewicht von 20 bis 60 Gramm und einer Länge von 2,4 bis 2,7 Metern sind für das Angeln von den Buhnen größerer Flüsse ideal. Fischt man an kleineren Gewässern mit Uferbewuchs, müssen die Ruten kürzer sein. Für weite Würfe und präzise Anhiebe sind Spinnruten mit einer Spitzenaktion sehr gut, denn sie haben das nötige Rückgrat für den Drill kapitaler Silberbarren.

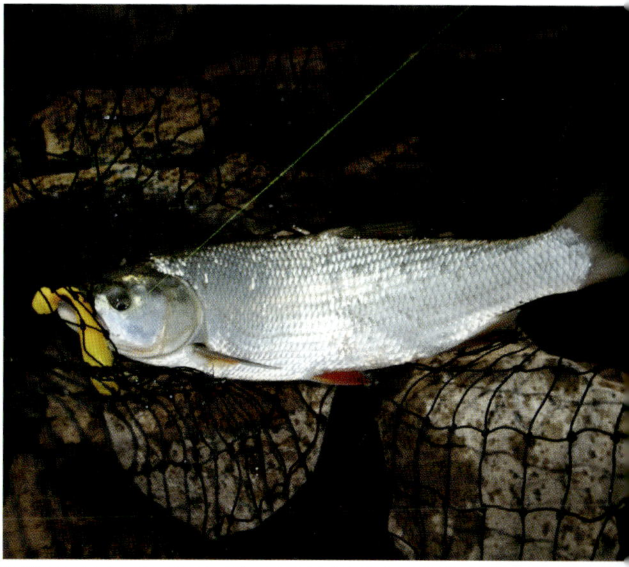

Zuweilen mögen Rapfen auch poppig-bunte Spinnköder, wie diesen Gummifisch.

Rolle: Da die Spinnköder schnell geführt werden müssen, erleichtert eine hohe Übersetzung (5:1 oder gar 6:0) das Fischen. Mit einem Modell der Größe 2500 bis 3000 liegt man auch beim gezielten Angeln auf Großrapfen richtig.

Schnur: Eine geflochtene 20er-Schnur ist perfekt. Mit ihr kann man weit werfen und sie hat genügend Tragkraft, um auch kapitale Fische ausdrillen zu können

Köder: Schwere, schlanke Blinker, flach laufende Wobbler und Gummifische.

Kleinzeug: Wirbel und Vorfächer (Stahlvorfächer, wenn Hechte zu erwarten sind) müssen von guter Qualität und Stabilität sein, denn mit billigen Ausführungen machen die kampfstarken Fische kurzen Prozess.

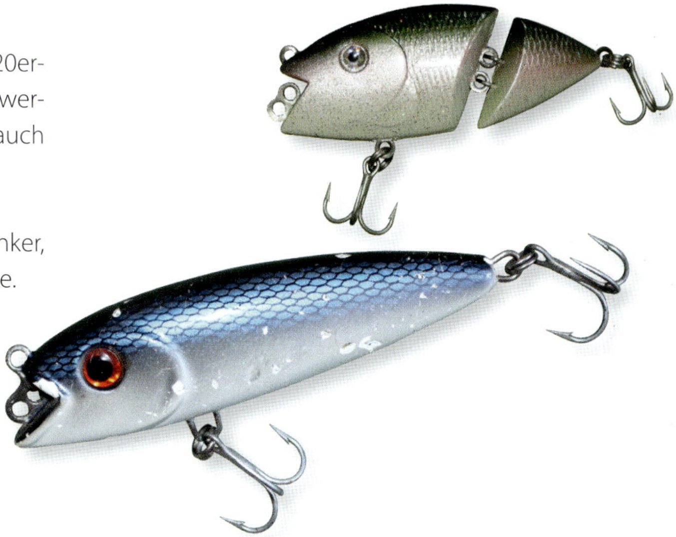

GEZIELT AUF WALLER!

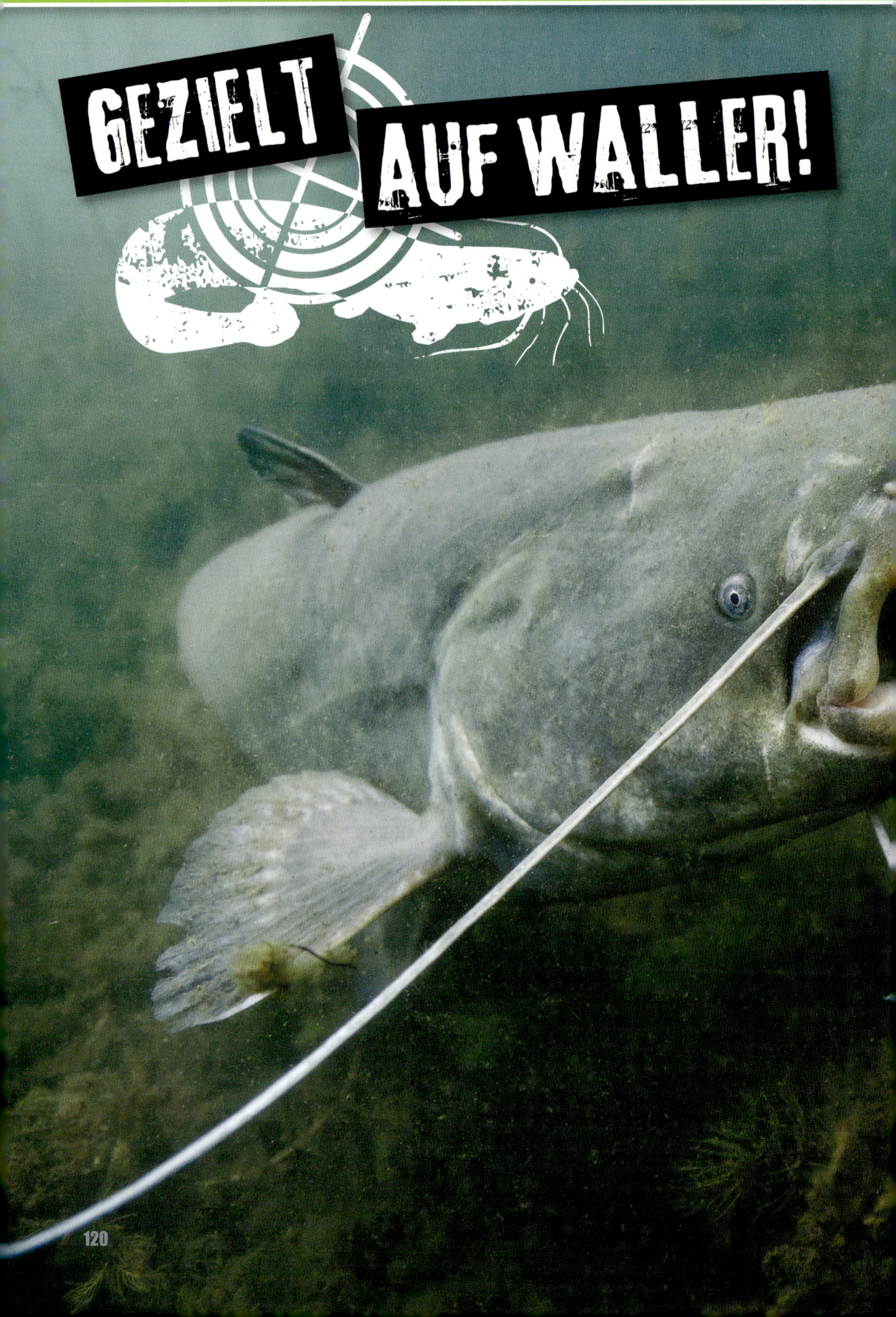

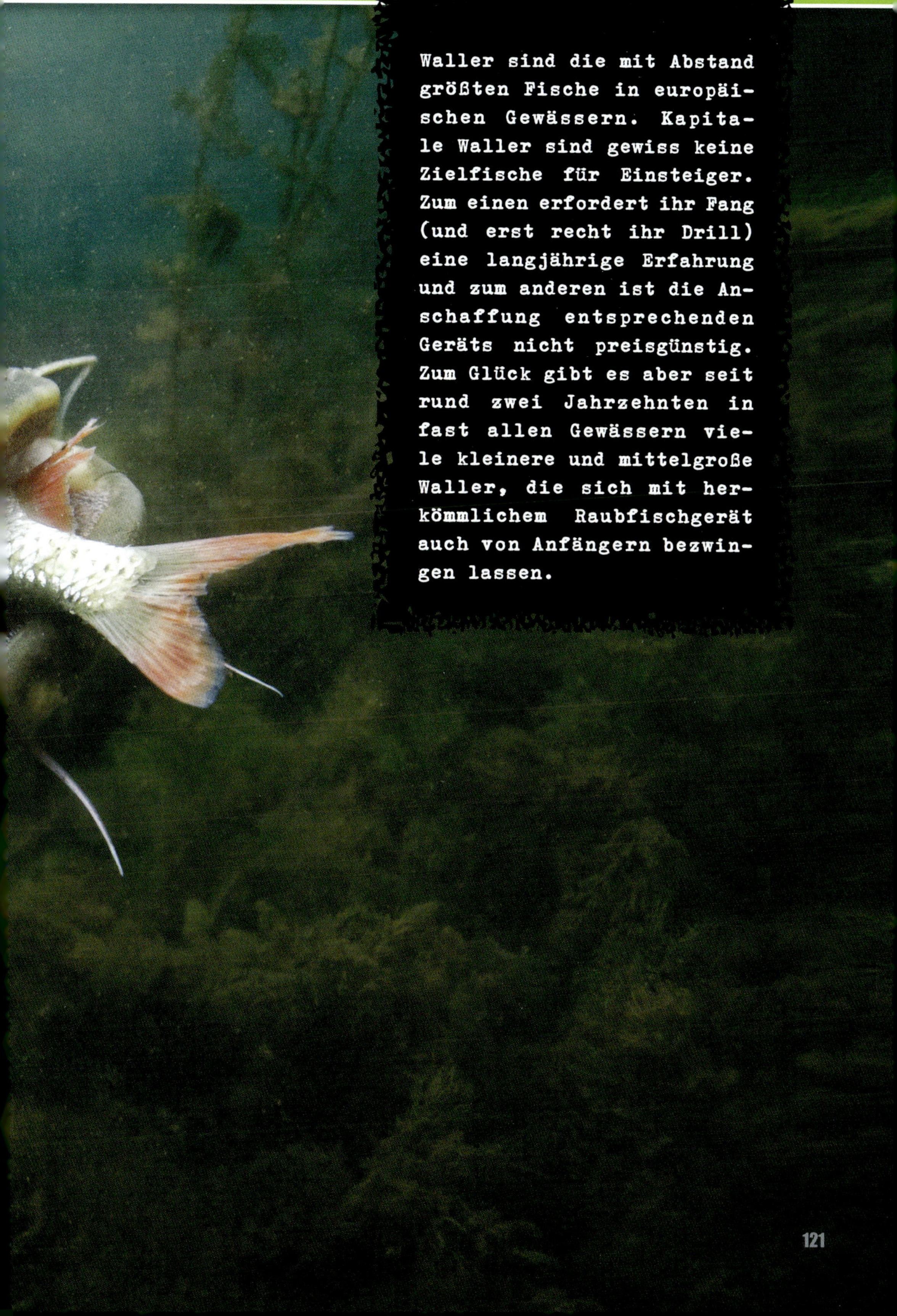

Waller sind die mit Abstand größten Fische in europäischen Gewässern. Kapitale Waller sind gewiss keine Zielfische für Einsteiger. Zum einen erfordert ihr Fang (und erst recht ihr Drill) eine langjährige Erfahrung und zum anderen ist die Anschaffung entsprechenden Geräts nicht preisgünstig. Zum Glück gibt es aber seit rund zwei Jahrzehnten in fast allen Gewässern viele kleinere und mittelgroße Waller, die sich mit herkömmlichem Raubfischgerät auch von Anfängern bezwingen lassen.

WALLER PORTRAIT

Besondere Kennzeichen:

Langer, schlanker Körper, Rücken schwarz, Seiten marmoriert, zwei sehr lange Barteln am Oberkiefer, vier kürzere am Unterkiefer.

Laich- und Schonzeit:

Mai bis Juni bei Wassertemperaturen von mindestens 18 Grad. In den meisten Bundesländern genießen Waller keine Schonzeit.

Größe & Gewicht:

Im Durchschnitt 80 bis 90 Zentimeter. Kapitale Exemplare können bis zu drei Metern Länge heranwachsen und ein Gewicht von 150 Kilogramm erreichen.

Beste Angelzeit:

Waller sind nachtaktive „Sommerfische". Tagsüber lohnt sich gezieltes Fischen auf sie nur selten und allenfalls bei gewitterschwüler Luft, leichtem Nieselregen und stark bewölktem Himmel. Die beste Fangzeit ist von Juni bis September.

Lebensweise:

Waller sind mit feinsten Sinnesorganen ausgestattet, die jede ihnen fremde Bewegung am Ufer registrieren, was sie zu äußerst scheuen und mimosenhaften Fischen macht. Von Frühjahr bis Herbst haben sie einen gehörigen Appetit, lassen sich aber nicht leicht fangen.

Fangplätze:

Während des Tages halten sie sich in ihren Unterständen (unter Brücken, in tiefen Ausspülungen etc.) auf. Mit Einbruch der Dunkelheit begeben sie sich auf die Jagd nach Futterfischen und durchstreifen dabei alle Wasserschichten.

Waller sind nachtaktive Raubfische. Ihr Fang ist nichts für Ungeduldige. (Foto: Max Konze)

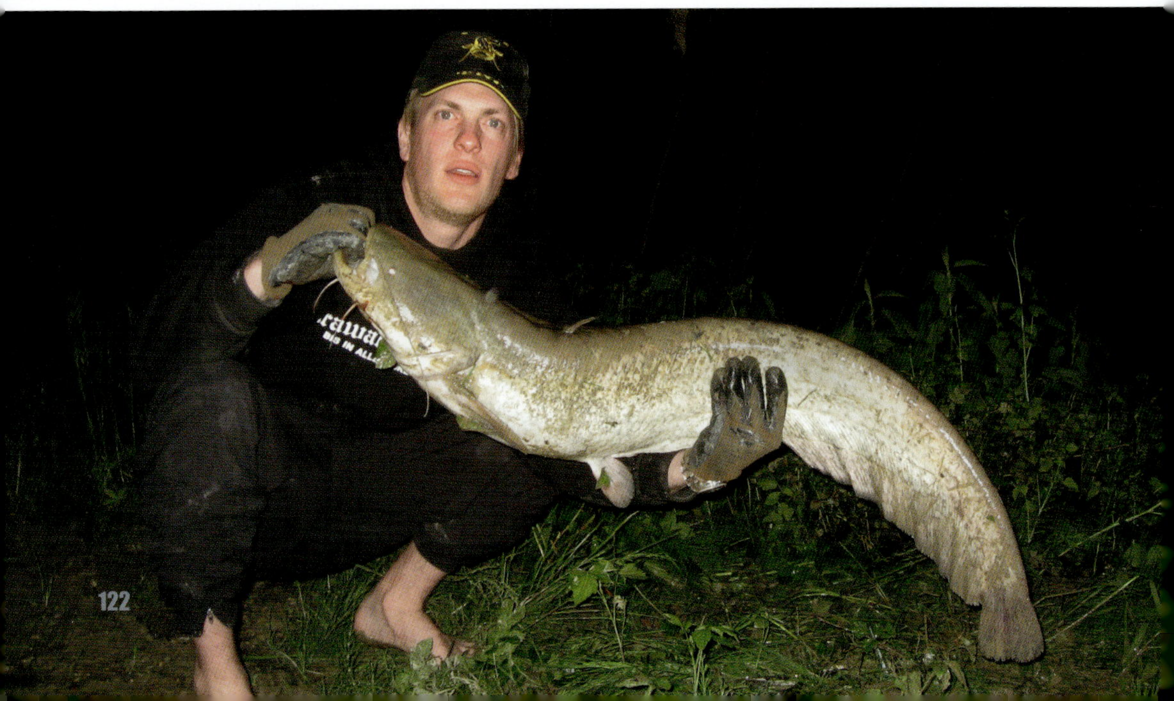

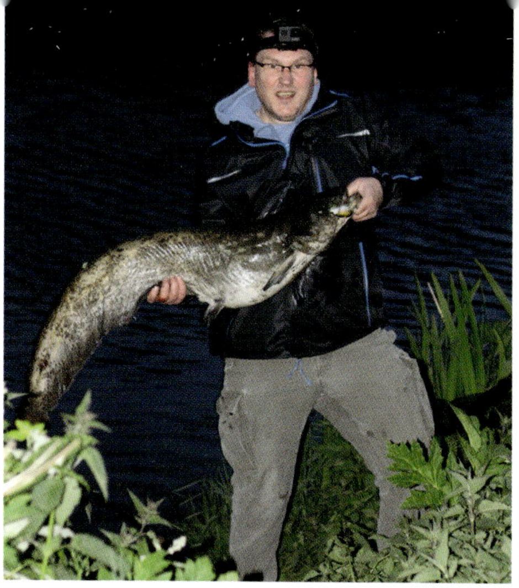

Dieser mittelprächtige Waller schnappte sich einen schnell geführten Kugelwobbler.

EINFACHE U-POSENMONTAGE

Bis vor rund 30 Jahren betrachtete man Waller als reine Grundfische und beangelte sie fast ausschließlich mit Bodenbleimontagen. Heute verwenden viele Wallerangler jedoch verstärkt Methoden, bei denen sog. Unterwasserposen (U-Posen) eine fangentscheidende Rolle spielen. Bei U-Posen handelt es sich um Auftriebskörper, die mit innen liegenden Rasseln ausgestattet sind und so in strömendem Wasser Signale an die Seitenlinien der Fische abgeben. Aufgezogen werden U-Posen wie herkömmliche Laufschwimmer. Allerdings stehen sie nicht an der Wasseroberfläche, sondern liegen in horizontaler Stellung als Schwimmkörper unter Wasser, sind also im Gegensatz zu „echten" Posen nahe am Haken. Zweck der U-Posen ist es, den angebotenen Wallerköder über Grund schweben zu lassen.

Das Internet ist voll von Videos, in denen U-Posentechniken in den unterschiedlichsten Facetten vorgestellt werden. All diese von Profis entwickelten Montagen sind für Einsteiger jedoch viel zu aufwändig, sodass man bei seinen ersten Wallerfangversuchen besser beraten ist, auf eine einfache Techniken zu setzen, die man sowohl vom Ufer als auch vom Boot aus einsetzen kann. Die für Einsteiger beste Methode ist im Handumdrehen gebunden, jeder herkömmlichen Grundbleimontage weit überlegen und sieht wie folgt aus: Statt eines Laufbleis montiert man ein festsitzendes Birnenblei (bzw. ein Blei am Seitenarm) und hängt in den Karabinerwirbel ein rund 1,2 Meter langes Vorfach, auf dem man die U-Pose mittig (mittels zweier Posenstopper) fixiert. Als Hakenköder verwendet man Tauwurmbündel (sechs bis zehn Würmer auf einem Haken der Größe 2/0), Köderfische oder Tintenfischringe.

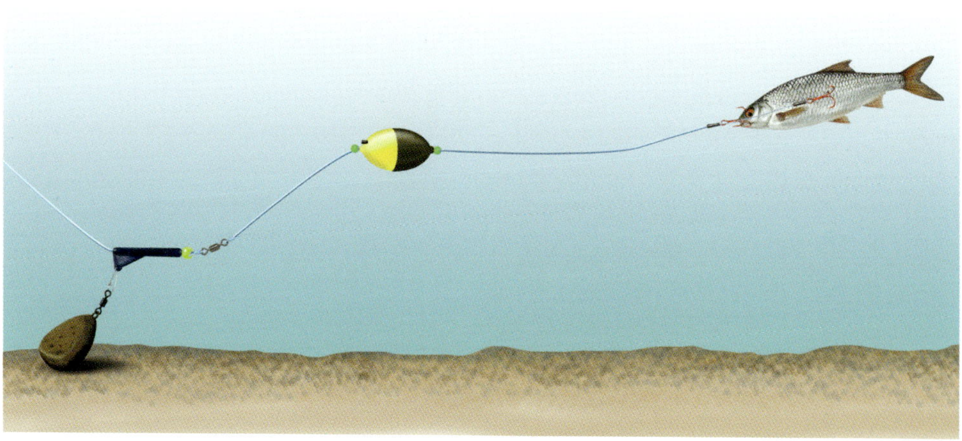

Einfache U-Posen-Montagen sind schnell gemacht und eignen sich auch zum Angeln vom Ufer. (Zeichnung: H. Dänekas)

AUSRÜSTUNG FÜRS NATURKÖDERANGELN AUF WALLER

Rute: Die meisten Waller lassen sich mit Karpfenruten (Boilieruten) bezwingen. Befischt man Gewässer mit Großwallern muss eine besondere Wallerrute benutzt werden. Diese Ruten sind zwei bis drei Meter lang und haben ein Wurfgewicht von 150 bis 400 Gramm.

Rolle: Eine 4000er-Rolle mit einem Fassungsvermögen von 150 Metern 30er (geflochter)-Schnur reicht an den meisten Gewässern völlig aus. Beim Ansitzangeln sind Freilaufrollen besser als herkömmliche Stationärrollen.

Schnur: Eine 25er-monofile-Schnur wird mit den meisten Wallern fertig.

Köder: Köderfische, Fetzen und Wurmbündel sind gute Wallerköder. Daneben kann man aber auch mit Tintenfischen, Hühnergedärmen und dem Fleisch von Wollhandkrabben experimentieren (viele Wallerangler schwören auf solche „Geheimköder").

Kleinzeug: Birnenbleie in Gewichten von 60 bis 80 Gramm (in Flüssen bis 100 Gramm), U-Posen in unterschiedlichen Größen, Posenstopper, Karabinerwirbel sowie Vorfachhaken in Größen von 2/0 bis 1/0. Da der Teufel oft im Detail steckt, ist für das Wallerangeln allerbestes und stabilstes Gerät gerade gut genug. Dies gilt besonders für Vorfächer, Haken und Wirbel.

SPINNFISCHEN AUF WALLER

Waller kann man auch mit Spinnködern fangen. Am besten eignen sich Blinker, Wobbler und größere Gummifische (Shads). Schwere Blinker (Typ FZ) eignen sich hervorragend für des Angeln an solchen Stellen, an denen sich raubende Waller durch lautes Platschen an der Wasseroberfläche bemerkbar machen. Am besten wirft man den Blinker so, dass er geräuschvoll aufs Wasser triff, was die Waller oft zur sofortigen Attacke veranlasst. Geführt werden die Blinker durch einfaches Einkurbeln. Wichtig beim Blinkern auf Waller ist das wiederholte Werfen des Köders an dieselbe Stelle, was durchaus zehn Mal hintereinander geschehen sollte.

Aggressiv laufende Wobbler mit geringer Tauchtiefe sind besonders in Sommernächten gute Spinnköder. Neben geräuschvollen Modellen haben sich im tieferen Wasser auch große schaufellose bewährt. Sinkende oder sehr tief tauchende Wobbler eignen sich besonders gut zum Angeln im Frühjahr und Herbst.

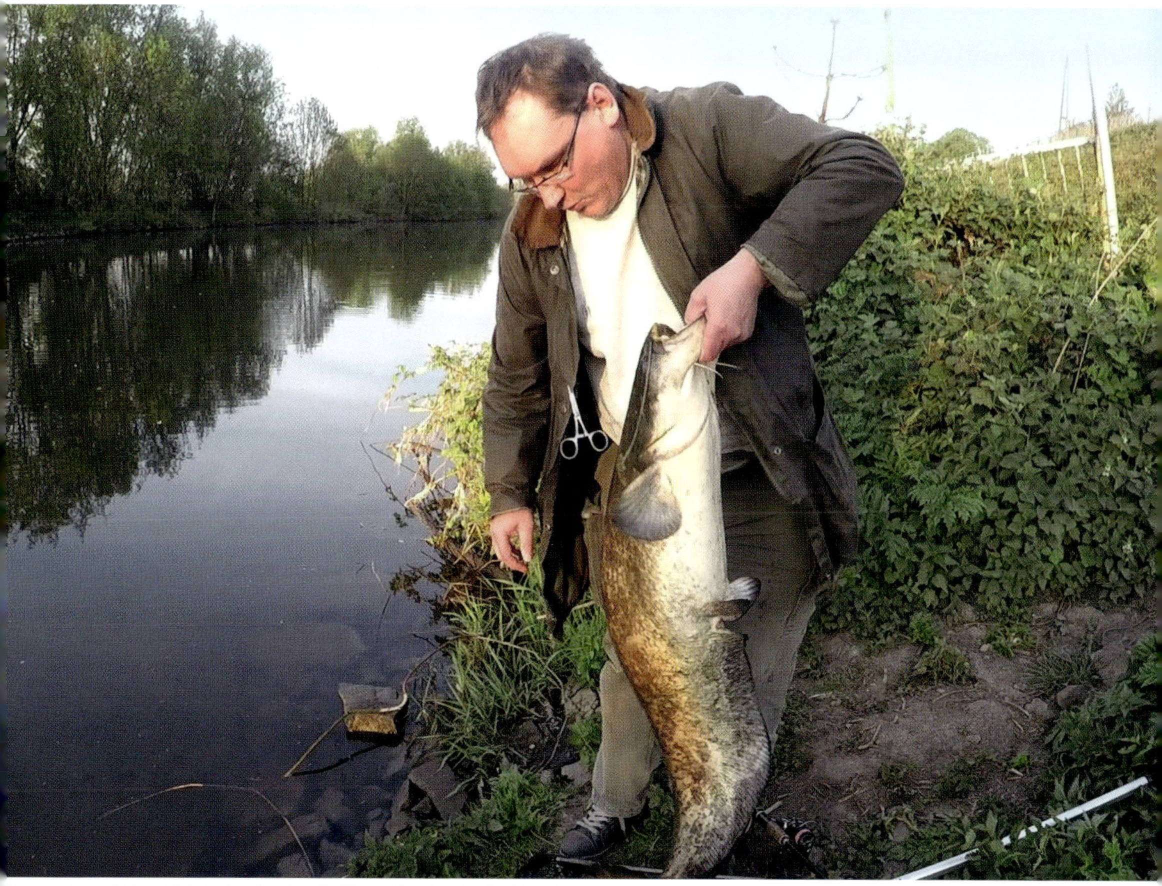

Obwohl ihnen fast nirgends eine Schonzeit gewährt wird, sollte man im Mai und Juni gefangene Waller stets zurücksetzen.

Zum Befischen der tiefen Bereiche (z.B. Gumpen in Flüssen) oder Hafenbecken sind Gummifische gute Köder. Es versteht sich von selbst, dass zum Einsatz auf Waller stärkste Jighaken und Zusatzdrillinge in bester Qualität zum Einsatz kommen müssen. Weil Waller ihre Beutefische selten mit den Augen, sondern meist mit ihrer Seitenlinie orten, ist es beim Angeln mit Gummifischen wichtig, Shads mit tellerförmigem Schwanz zu wählen, denn sie sorgen für die entsprechenden Schwingungen. Geführt werden diese Köder so langsam, wie es die Strömung des Gewässers zulässt.

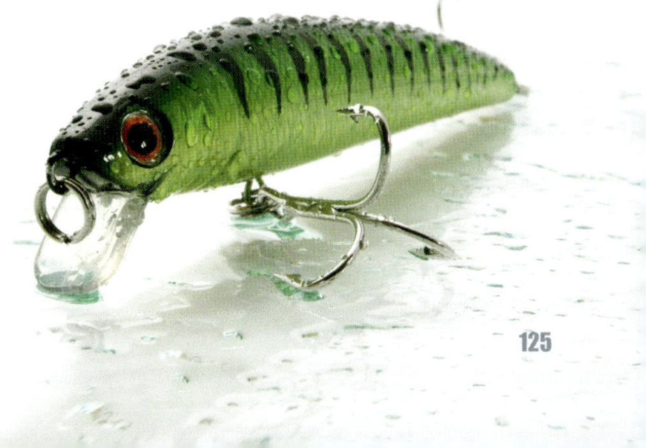

Ausrüstung fürs Spinnfischen auf Waller

Rute: Spinnruten mit einer Länge von 2,5 bis drei Meter und einem Wurfgewicht von 80 bis 100 Gramm. Zum ermüdungsarmen Fischen kommen nur leichtgewichtige Kohlefaserruten in Frage.

Rolle: Ob Stationär- oder Multirolle ist eine Frage der persönlichen Vorliebe. Wichtig ist ein starkes Getriebe, ein hohes Schnurfassungsvermögen sowie eine hervorragend arbeitende Bremse.

Schnur: Für das Spinnfischen kommen eigentlich nur geflochtene Hochleistungsschnüre (am besten 30er) in Frage.

Köder: Große Gummifische, schwere Blinker sowie stabile Wobbler.

Kleinzeug: Dass Wirbel, Karabiner und Vorfächer zum Fang von Großfischen von allerbester Qualität sein müssen, versteht sich von selbst. Da Waller von mehr als 1,2 Metern nicht mehr in Unterfangkescher passen, sollte ein dicker Lederhandschuh für einen Wallergriff mitgeführt werden.

Der Wallergriff

Der legendäre Wallergriff kommt immer dann zum Einsatz, wenn der Unterfangkescher zu klein ist. Bei dieser elegant wirkenden Form des Landens wird der Daumen in die Innenseite des Unterkiefers geführt, während die übrigen vier Finger die Außenseite fest umschließen. Bevor man sich daran macht, einen Waller so aus dem Wasser zu heben, ist es unbedingt erforderlich, sich über den Sitz des Hakens zu vergewissern. Hat der Waller auf einen Spinnköder mit mehreren Haken gebissen, kann der Wallergriff gefährlich werden.

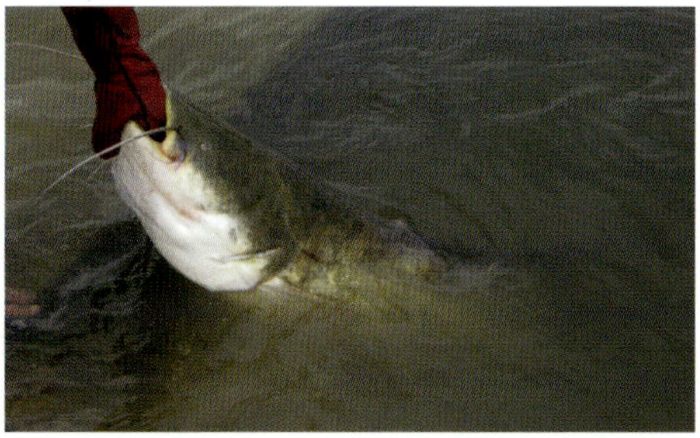

Schon mittelgroße Waller passen kaum in Unterfangkescher. Wer sich darauf versteht, sollte sie mit einem Wallergriff landen. (Foto: Cezary Felix Rybczynski)

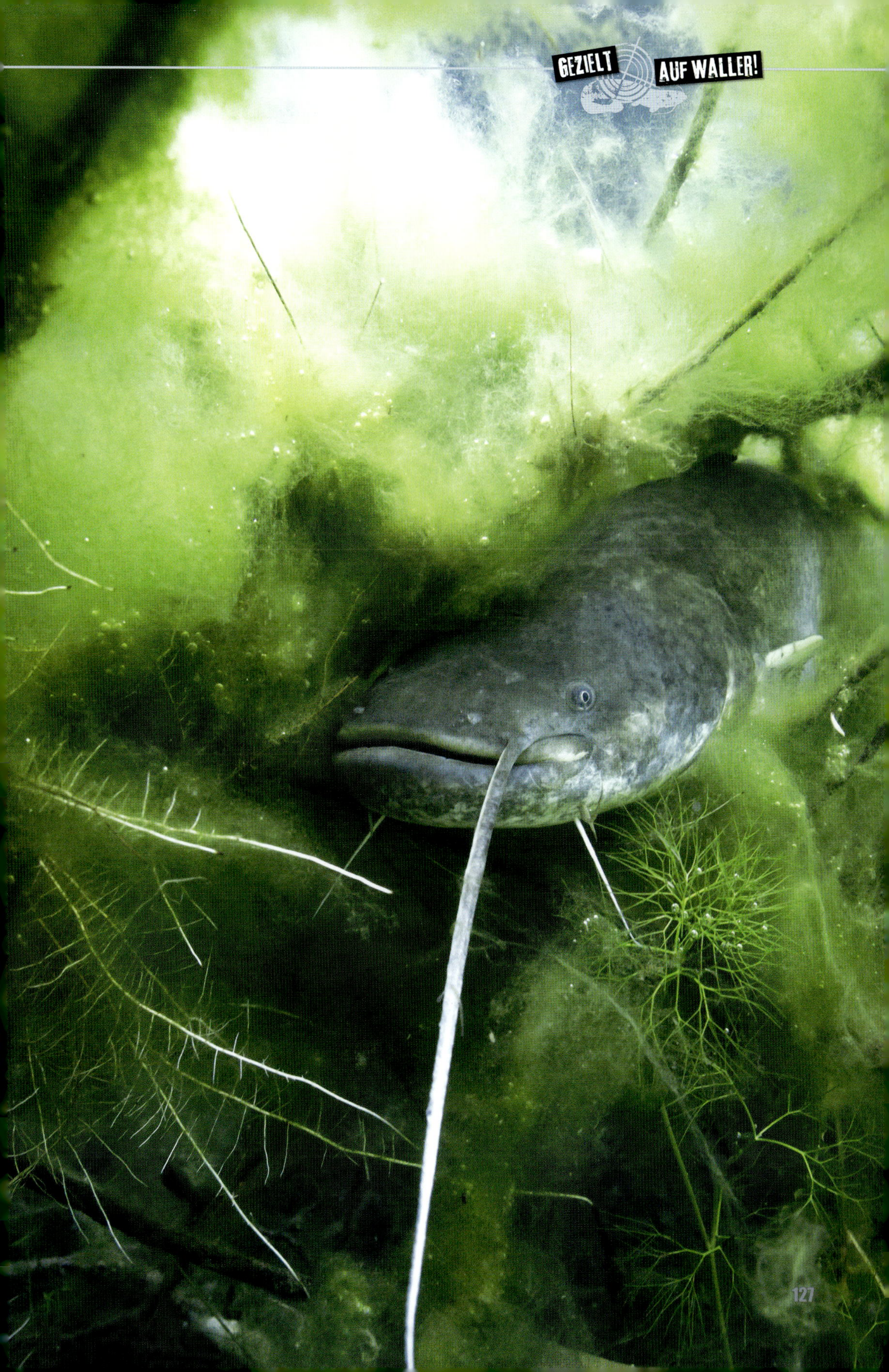

GEZIELT AUF ZANDER!

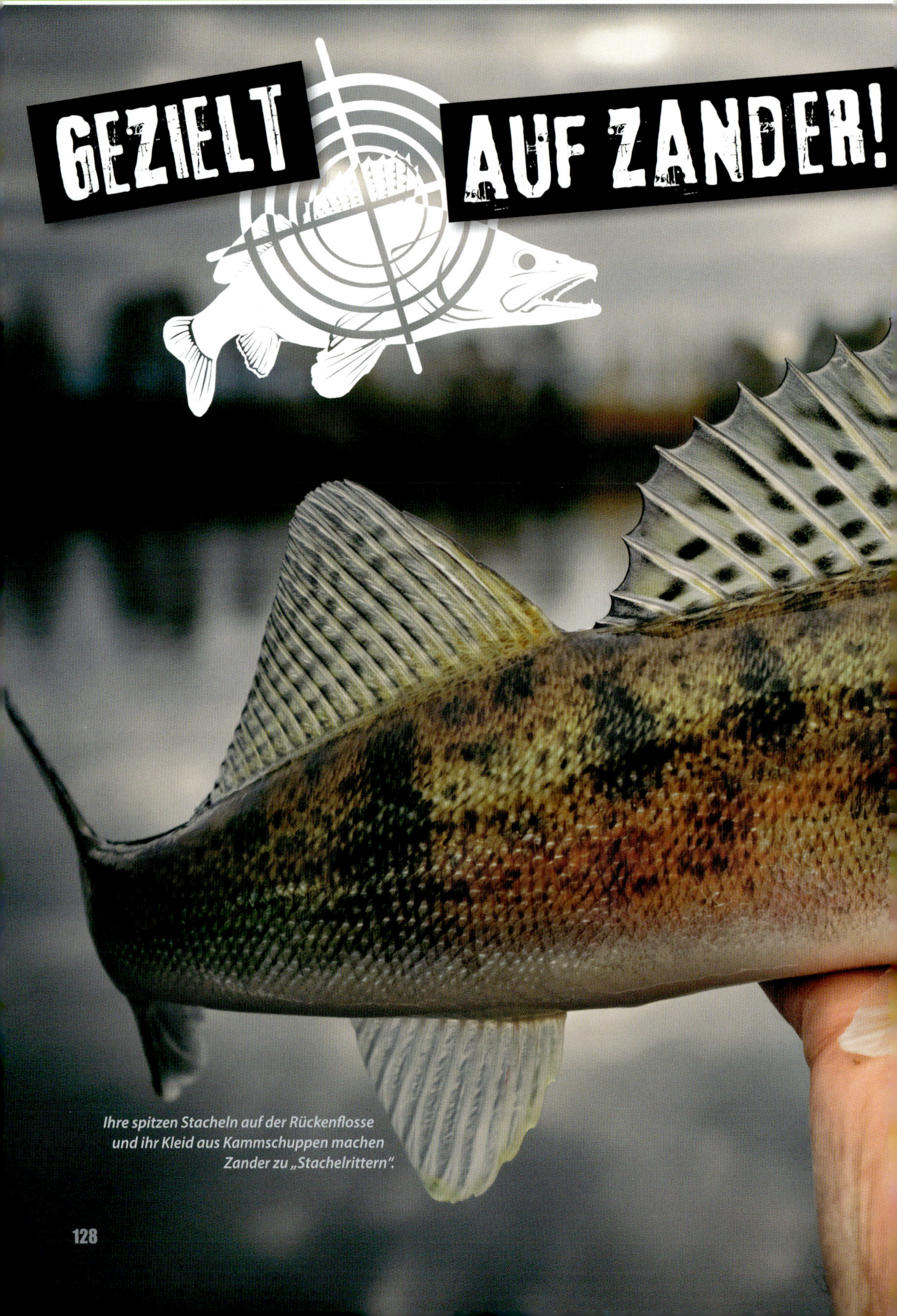

Ihre spitzen Stacheln auf der Rückenflosse und ihr Kleid aus Kammschuppen machen Zander zu „Stachelrittern".

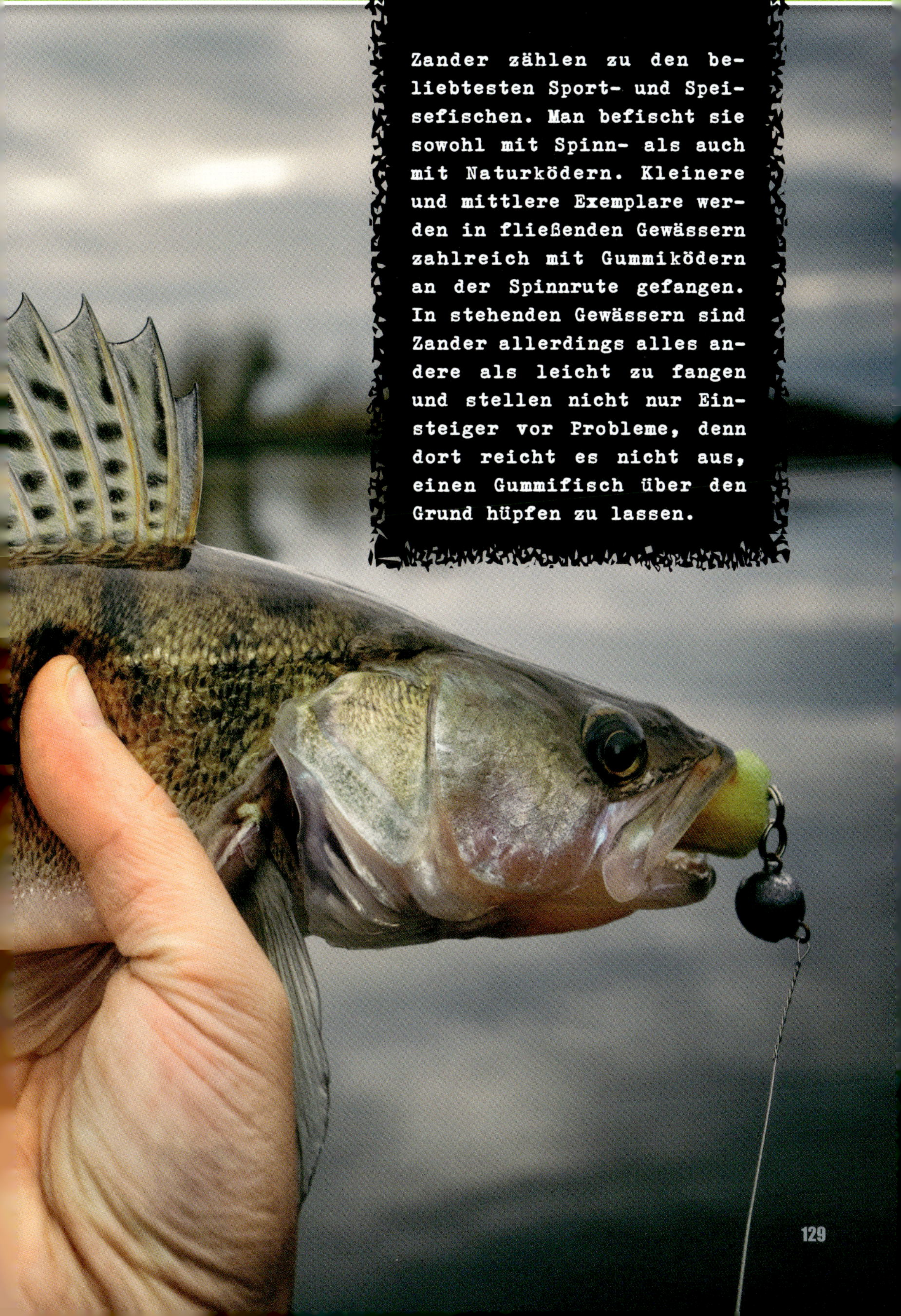

Zander zählen zu den beliebtesten Sport- und Speisefischen. Man befischt sie sowohl mit Spinn- als auch mit Naturködern. Kleinere und mittlere Exemplare werden in fließenden Gewässern zahlreich mit Gummiködern an der Spinnrute gefangen. In stehenden Gewässern sind Zander allerdings alles andere als leicht zu fangen und stellen nicht nur Einsteiger vor Probleme, denn dort reicht es nicht aus, einen Gummifisch über den Grund hüpfen zu lassen.

ZANDER PORTRAIT

Besondere Kennzeichen:

Blasse, grau-grünliche, zuweilen auch graubräunliche Färbung mit schwarzen Querstreifen. Zwei Rückenflossen, von denen die vordere mit spitzen Stacheln besetzt ist (daher der Name Stachelritter, der jedoch von vielen Anglern auch für Barsche verwendet wird). Das Maul ist mit spitzen Fangzähnen ausgestattet. Ihre auffallend großen und milchigverspiegelten Augen haben Zandern bei vielen Anglern auch den Spitznamen Glasaugen eingebracht.

Laich- & Schonzeit:

April bis Juni, bei Wassertemperaturen von 12 bis 15 Grad. In den meisten Bundesländern sind Zander vom 1. April bis zum 31. Mai geschont.

Größe & Gewicht:

Im Durchschnitt 45 bis 60 Zentimeter, kapitale Exemplare werden bis über einen Meter lang und 17 Kilo schwer.

Beste Angelzeit:

Zander beißen das ganze Jahr hindurch. Die beste Fangzeit fällt allerdings in den Frühsommer sowie den Herbst. Als dämmerungs- und nachtaktive Fische beangelt man sie am besten in den frühen Morgen- und späteren Abendstunden.

Lebensweise:

Kleinere Zander leben in Schwärmen, die sich mit zunehmendem Alter der Individuen solange ausdünnen, bis nur noch ein einziges kapitales Exemplar als misstrauischer und schwer zu fangender Einzelgänger übrig ist. In der Jugend ernähren sie sich von Kleinlebewesen und Würmern, werden aber sehr schnell zu Raubfischen, die sich nur noch von Fischen und Krebsen ernähren. Anders als andere Raubfischarten sind Zander recht scheu, was in erster Linie mit ihren sensiblen Sinnesorganen zu tun hat. Sie können sehr gut sehen, haben ein gutes Riechvermögen und nehmen Erschütterungen in Booten und am Ufer mittels ihrer Seitenlinie wahr. Zander sind Vagabunden und durchstreifen die Gewässer auf der Suche nach Futterfischen. Besonders für Spinnfischer bedeutet Zanderangeln auch Zandersuchen und somit Strecke machen.

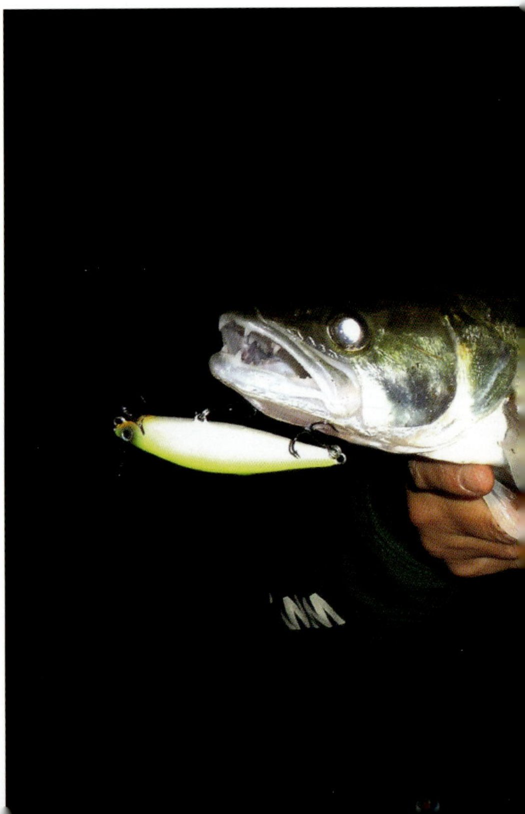

Fangplätze:

In Seen bevorzugen sie tagsüber die tiefen Stellen mit sandigem und kiesigem Untergrund. Nachts kommen sie zum Jagen in flachere Regionen. In Kanälen sind Fahrrinnen und Schleusenanlagen gute Zanderplätze. In Flüssen werden Zander hauptsächlich in den Buhnenfeldern oder am Strömungsrand der Buhnen erbeutet. In klaren Gewässern ist das Zanderangeln tagsüber fast aussichtslos, denn die Stachelritter sind sehr lichtscheu. In moortrüben und von Sedimenten durchsetzten Gewässern kann aber das ganze Jahr hindurch auch tagsüber mit Bissen gerechnet werden; doch auch dort gilt, dass am Abend und in der Nacht weitaus mehr Bisse zu erwarten sind.

Nach Sonnenuntergang werden Zander munter und lassen sich dann besser beangeln als tagsüber. (Foto: seftack)

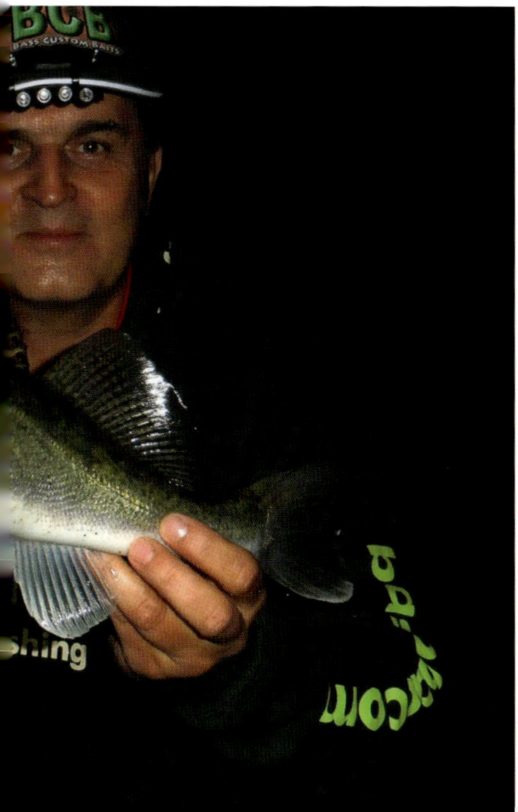

TIPP

An Flüssen, Kanälen und Baggerseen sind immer dort gute Zanderstellen zu finden, wo gerade Bauarbeiten (Bagger- und Befestigungsarbeiten) im Gange sind. Die mit diesen Arbeiten einhergehende Trübung des Wassers zieht Zander magisch an.

SPINNFISCHEN AUF ZANDER

Bis Anfang der 1980er-Jahre galten Zander als Zufallsbeute beim Spinnfischen und man war der Meinung, dass sie allein mit Köderfischen und Fetzen zu fangen seien. Als dann die ersten Twister in den Angelgeräteläden auftauchten, lösten sie einen wahren Zanderboom aus und rückten vormals völlig unbeachtete Gewässer, wie beispielsweise Schifffahrtskanäle, in den Fokus der Raubfischangler, die plötzlich Zander und Barsche in Massen fingen. Zwar ist dieser frühe Twisterrun längst Geschichte, trotzdem lassen Zander sich in fließenden Gewässern auch heute noch relativ einfach mit Gummiködern fangen.

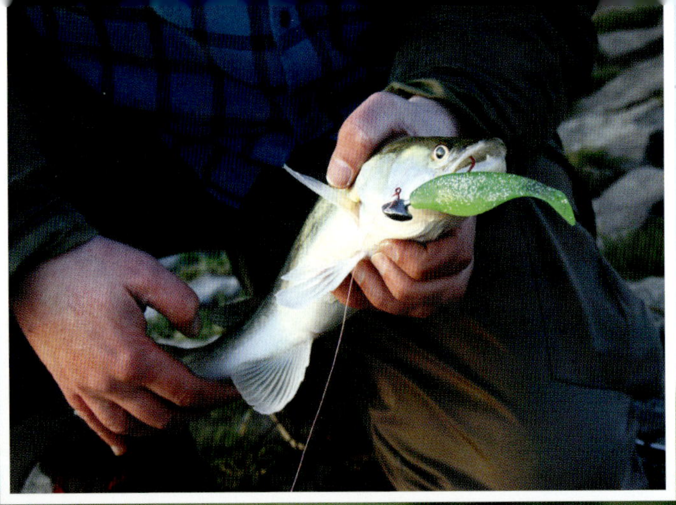

Shads sind heute die beliebtesten Zanderspinnköder und fangen jede Menge Glasaugen.

Innen ausgebleite Gummifische sind sehr gute Zanderköder in fließenden Gewässern sowie beim Angeln vom Boot aus. (Foto: seftack)

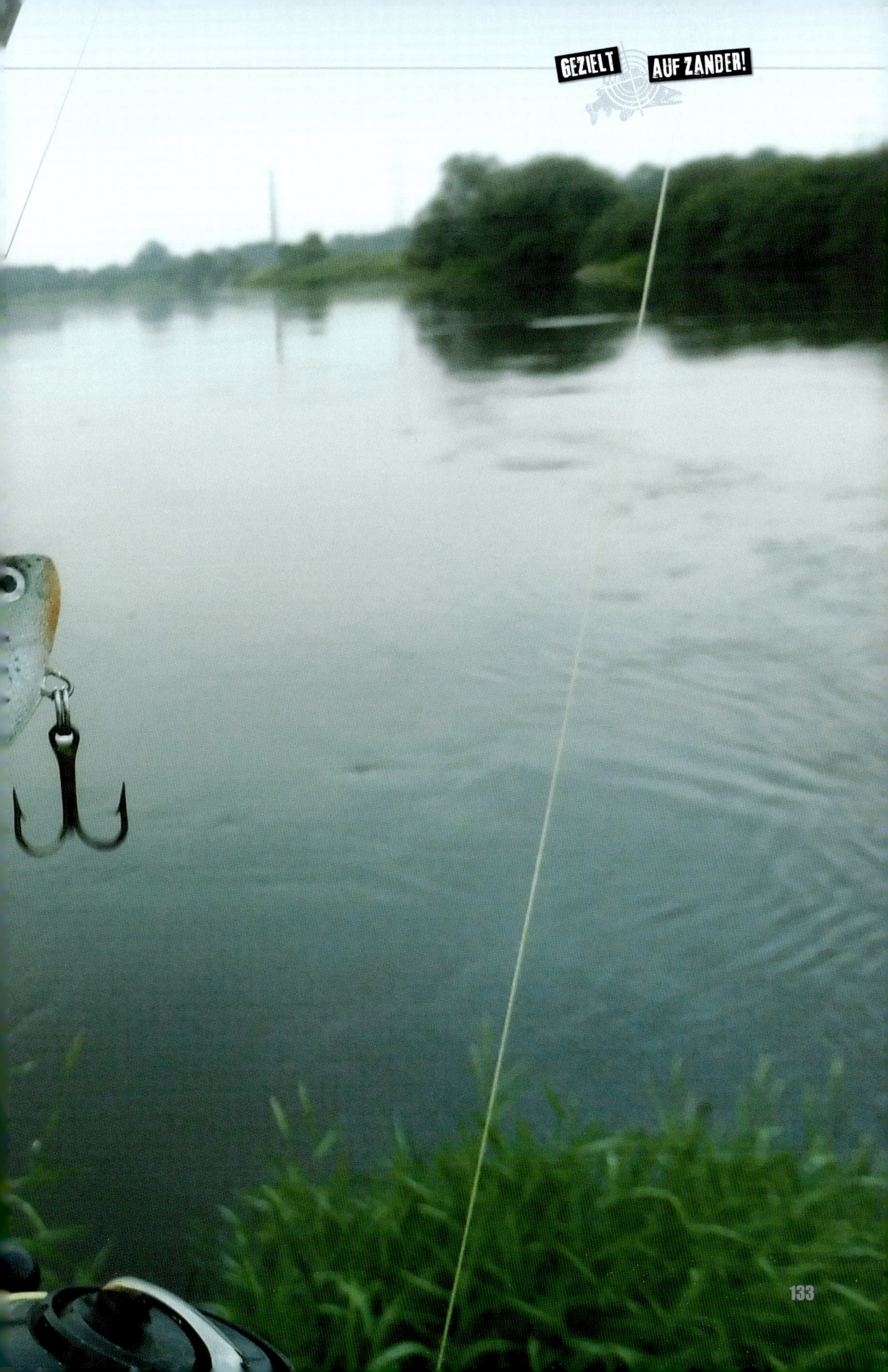

GUMMIFISCHE UND TWISTER

Gummiköder haben das Zanderangeln revolutioniert und sind heute aus den Geräteboxen der Spinnfischer nicht mehr wegzudenken. Die schlabbrigen Kunststofffischchen und -würmer machen auf den ersten Blick einen unscheinbaren Eindruck, sind aber mit Bleikopfhaken (sog. Jigs) kombiniert vortreffliche Spinnköder. Geführt werden sie, indem man mit ihnen den Grund nach Zander absucht bzw. abklopft. Nach dem Wurf lässt man sie an gestraffter Schnur bis auf den Gewässerboden absinken und holt sie dann mit langsamen Kurbelumdrehungen und gleichzeitigem leichten Heben und Senken der Rutenspitze wieder ein. Je nach Wassertemperatur und damit einhergehender Aktivität der Zander, kann die Führungsgeschwindigkeit mal schneller (warmes Wasser) oder langsamer (Winterangeln) ausfallen.
Galten zu Beginn der gummiweichen Spinnfischwelle zunächst die kleinen Twister als Wunderköder, so fischen die meisten Zanderangler heute mit den größeren und am natürlichen Fischvorbild orientierten Gummifischen (sog. Shads). Shads unterscheiden sich von Twistern nicht nur durch ihre Größe, sondern vor allem durch ihre Form, bei der es auf den Schwanz ankommt. Es gibt Shads mit spitzen und solche mit teller- bzw. hammerförmigem Schwanz. Fürs Zanderangeln wählt man in erster Linie solche mit Tellerschwanz, denn sie haben eine kräftige Aktion, sorgen also für allerhand Aufsehen unter Wasser und eignen sich daher besonders gut für das Fischen in trübem Wasser und bei Dunkelheit, denn der reizvoll schwänzelnde Teil gibt gleichzeitig Schwingungen ab. Neben Shads haben aber auch Twister ihren berechtigsten Platz in den Gerätedosen, denn diese kleinen (meist gelben, roten oder giftgrünen) Zwerge üben mit ihren einzelnen oder doppelten Flatterschwänzen im Frühjahr und Sommer eine magische Anziehungskraft auf Zander aus.

Alle Shads und Twister sind aber nur so gut wie ihre Bleiköpfe. Obgleich es eine Vielzahl unterschiedlich geformter Bleiköpfe in den Regalen der Angelgeräteläden gibt, sollten Einsteiger mit den normalen, also runden Köpfen fischen, denn mit ihnen liegt man an keinem Gewässer falsch. Ein wichtiges Qualitätsmerkmal guter Jigköpfe sind ihre Haken, die ultrascharf sein müssen. VMC-Haken stellen heute das Optimum an Schärfe und Festigkeit dar.
Manche Zanderangler bieten ihre Shads und Jigs an Vorfächern aus Fluorocarbon an, was überall dort eine gute Idee ist, wo nicht mit Hechten zu rechnen ist.

TIPP

Frisch aus der Packung entnommene und einen intensiven Kunststoffgeruch verströmende Gummiköder wirken auf die empfindlichen Zandernasen wie Gift. Vor dem ersten Einsatz sollten solche Stinker einige Tage auslüften. Danach lässt sich ihre Fängigkeit erhöhen, indem man sie mit flüssigen oder gelförmigen Lockstoffen bestreicht, die es im Fachhandel unter vielen Bezeichnungen zu kaufen gibt.

WOBBLER

Neben langsam und in Grundnähe geführten Twistern und Gummifischen sind sinkende Wobbler mit kleiner Schaufel und schaufellose Wobbler sehr gute Zanderköder. Außer im Frühjahr und Sommer, wenn die Stachelritter auch gelbe, grüne und rote Wobbler attackieren, eignen sich unscheinbare Modelle am besten. Ein guter Zanderwobbler zeichnet sich dadurch aus, dass er ohne aggressive Laufeigenschaften auskommt und in natürlichem Design (braun, grau, beige) gehalten ist bzw. die im Gewässer vorkommenden Futterfische imitiert. Auch sog. Gliederwobbler sind in der wärmeren Jahreszeit bedingt durch ihre lebhafte Aktion sehr fängig. Sehr gute Gliederwobbler sind längliche Modelle (Typ Rapala Jointed). Schwimmende Wobbler sind gute Sommerköder und kommen vor allem beim nächtlichen Spinnfischen in Seen und an den Buhnenfeldern größerer Flüsse zum Einsatz. Dicht unter der Wasseroberfläche geführt, sind sie oft unschlagbare „Zanderkiller".

Beim Spinnfischen in Fließgewässern ist es wichtig, schlanke Wobbler zu verwenden, weil breite bzw. hochrückige rasch ein Spiel der Strömung werden und sich dann nicht mehr kontrolliert führen lassen. Außerdem ist es in Flüssen wichtig, sinkende Wobbler einzusetzen, denn sie kann man hervorragend mit der Strömung führen, während schwimmende Modelle zu oft an die Oberfläche gespült werden.

Suchen oder warten?

Zanderangler stehen oft vor der Frage, ob sie ihre Zielfische suchen oder auf ihr Eintreffen an der gewählten Angelstelle warten sollen. Für das Warten sollten sich nur die Petrijünger entscheiden, die ihr Revier kennen und „wissen", wann die Zander sich wo einstellen. Aber auch Einsteiger und mit einem Gewässer nicht vertraute Angler können sich für das Warten entscheiden; nämlich überall dort, wo durch äußere Einflüsse kurzfristige Veränderungen des Gewässers oder des Nahrungsaufkommens für Raubfische stattfinden. Solche Veränderungen treten beispielsweise an Schleusen mit dem Beginn und Ende einer Schleusung ein oder beginnen mit dem Einschalten von Wasserkraftwerksturbinen. Überall, wo man sich nicht sicher ist, ob Zander in der Nähe sind, sollte man nicht länger als zehn Minuten werfen.

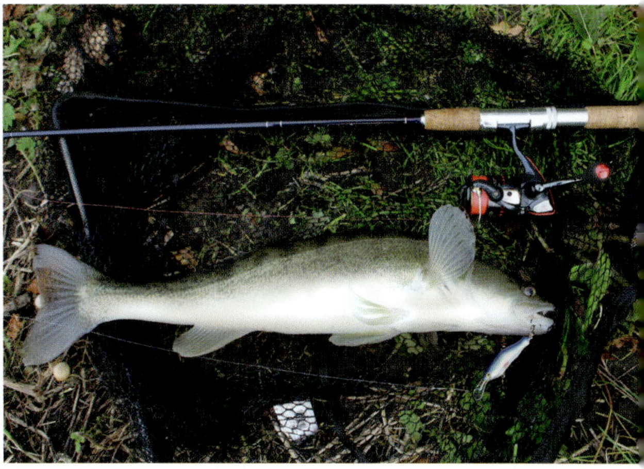

AUSRÜSTUNG FÜRS SPINNFISCHEN AUF ZANDER

Rute: Zum Fischen vom Ufer aus ist eine 2,7 bis drei Meter lange Spinnrute mit einem Wurfgewicht von 20–60 Gramm ideal. Wird vom Boot aus geangelt, kann die Rute entsprechend kürzer gewählt werden (ca. zwei Meter). Der Stock sollte über ein starkes Rückgrat verfügen, damit man die Haken der Spinnköder sicher in den festen Mäulern der Zander platzieren kann. Am besten sind Ruten mit einer Spitzenaktion.

Rolle: Mittle Stationärrollen mit einem Fassungsvermögen von 150 bis Metern 25er-Schnur sind ideal. Beim Spinnfischen sind eine saubere Schnurverlegung, ein seidenweicher Lauf sowie eine fein justierbare Bremse wichtige Qualitätsmerkmale.

Schnur: Für das gezielte Spinnangeln auf Zander kommt nur eine geflochtene Schnur in Betracht, denn eine monofile ist zu weich und würde zu vielen Fehlbissen führen. Eine 16er-Geflochtene wird mit jedem Zander fertig.

Köder: Gummifische von acht bis zwölf Zentimetern sowie Twister. Wobbler in mittlerer Größe (zehn bis 15 Zentimeter).

Kleinzeug: Vorfächer zum Spinnfischen kann man aus weichen Fluorocarbon oder aus monofiler Schnur binden. Wo mit Hechten als „Beifang“ zu rechnen ist, sollte die Verwendung eines dünnen Stahlvorfaches eine waidmännische Selbstverpflichtung sein. Ein geräumiger Unterfangkescher rundet die Ausrüstung ab. Spinnfischer sollten von vornherein Kescher mit gummierten Netzen wählen, denn in ihnen verfangen sich die Drillingshaken nicht unentwirrbar.

TIPP

Kaufen Sie Ihre Spinnköder in alteingesessenen Fachgeschäften statt im Internet. Die erfahrenen Ladenbetreiber kennen die Gewässer der Region und wissen, welche Köder fängig sind.

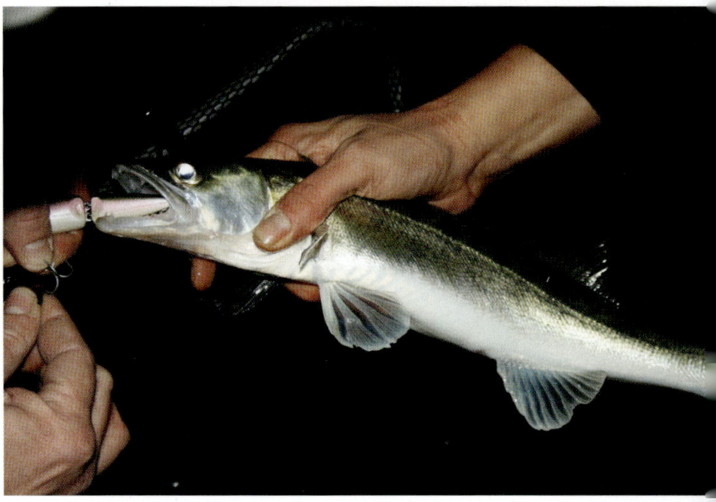

In herkömmlichen Keschern verfangen sich Drillinge oft schwer lösbar. Gummierte Kescher sind wesentlich besser.

ANSITZANGELN AUF ZANDER

Sowohl in fließenden wie auch in stehenden Gewässern sind Grundbleimontagen (besonders tagsüber) die beste Methode, Zander mit natürlichen Ködern zu fangen. In Fließgewässern kommt aufgrund der Strömung oft gar keine andere Montage in Frage. Da Zander sehr empfindlich auf grobes Geschirr (dicke Schnur, schwere Bleie, Stahlvorfächer etc.) reagieren, ist das Ansitzangeln stets eine Gratwanderung. Zum einen muss das Gerät schwer genug sein, um auch große Zander erfolgreich ausdrillen zu können, zum anderen darf es die divenhaften Fische nicht vergrämen. Um einen tragbaren Kompromiss herzustellen, sollte man die Grundbleie nicht direkt auf die Hauptschnur ziehen, sondern mit einer Seitenbleimontage fischen. Dabei handelt es sich um ein Birnenblei an einem rund 20 Zentimeter langen Stück Angelschnur, an dessen oberen Ende ein leichter Tönnchenwirbel befestigt ist. Die Montage dient als Seitenarm und wird anstelle eines gewöhnlichen Laufbleis auf die Hauptschnur gezogen. Eine Stopperperle (zum Schutz des Knotens), ein Wirbel sowie ein Vorfach mit Einzelhaken (Größe 1/0 bis 1) bzw. speziellen Zanderhaken runden diese simple und sehr effektive Grundmontage ab.

Nach dem Biss lässt man den Zander ruhig ein paar Meter Schnur von der Rolle ziehen, bevor man den Anhieb setzt.

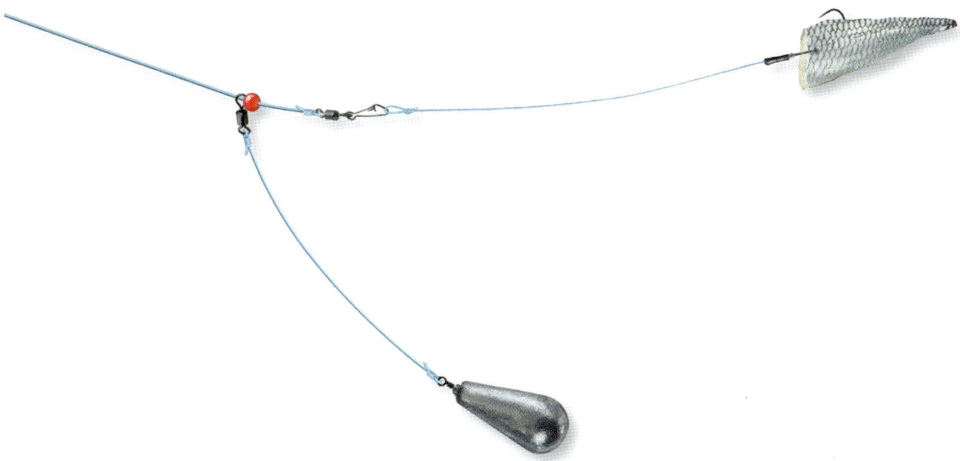

Die Seitenarmmontage ist eine einfache und effektive Methode zum Fang scheuer Zander. (Zeichnung: H. Dänekas)

TIPP

Zander lassen sich anfüttern. Wer in Seen oder Kanälen eine Angelstelle über mehrere Tage bzw. Abende beangelt, der ist gut beraten, sie auch mit Fetzenködern anzufüttern. Die Zander gewöhnen sich rasch an diese bequeme Fütterung und nehmen dann auch den Hakenköder mit weniger Scheu.

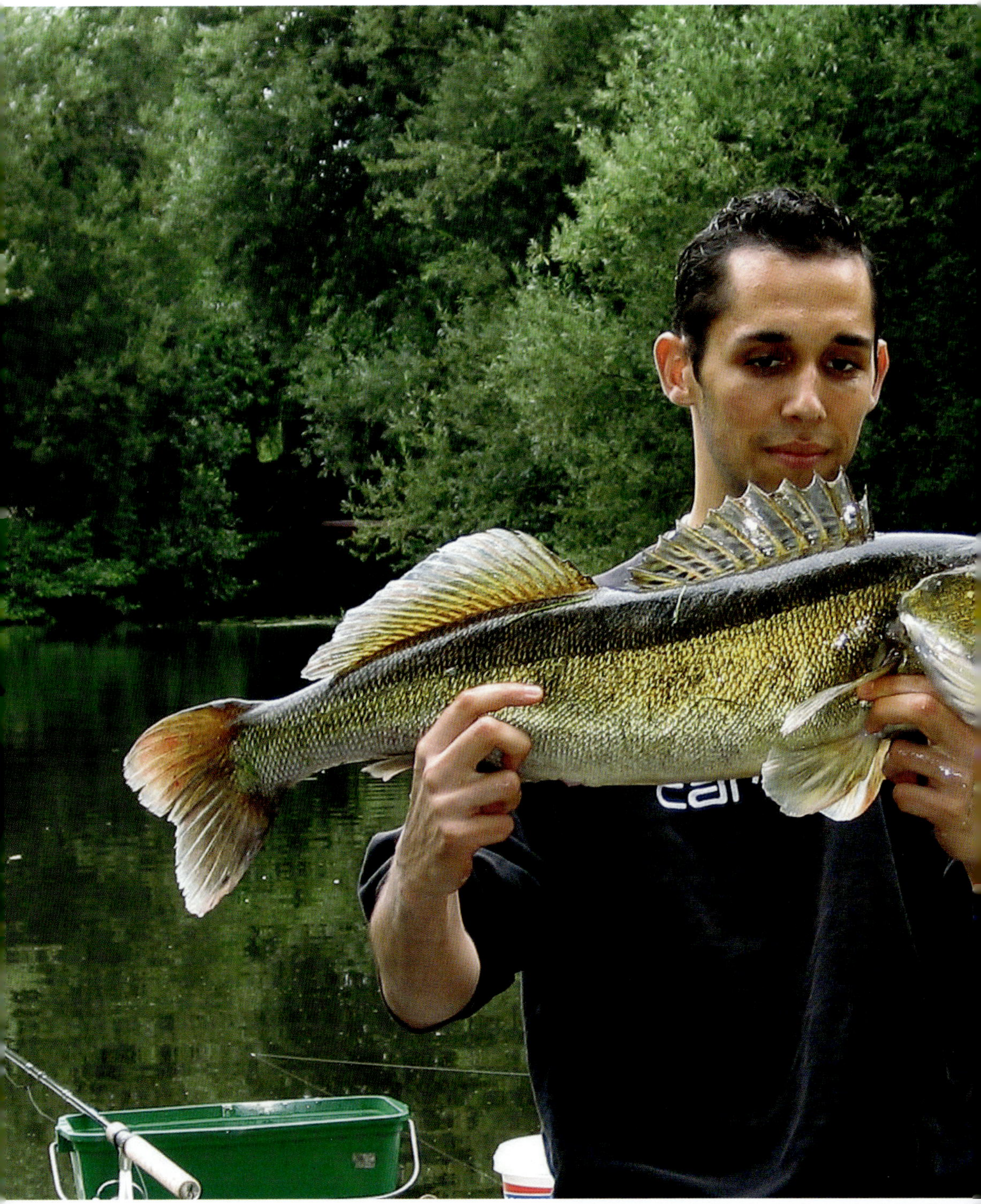

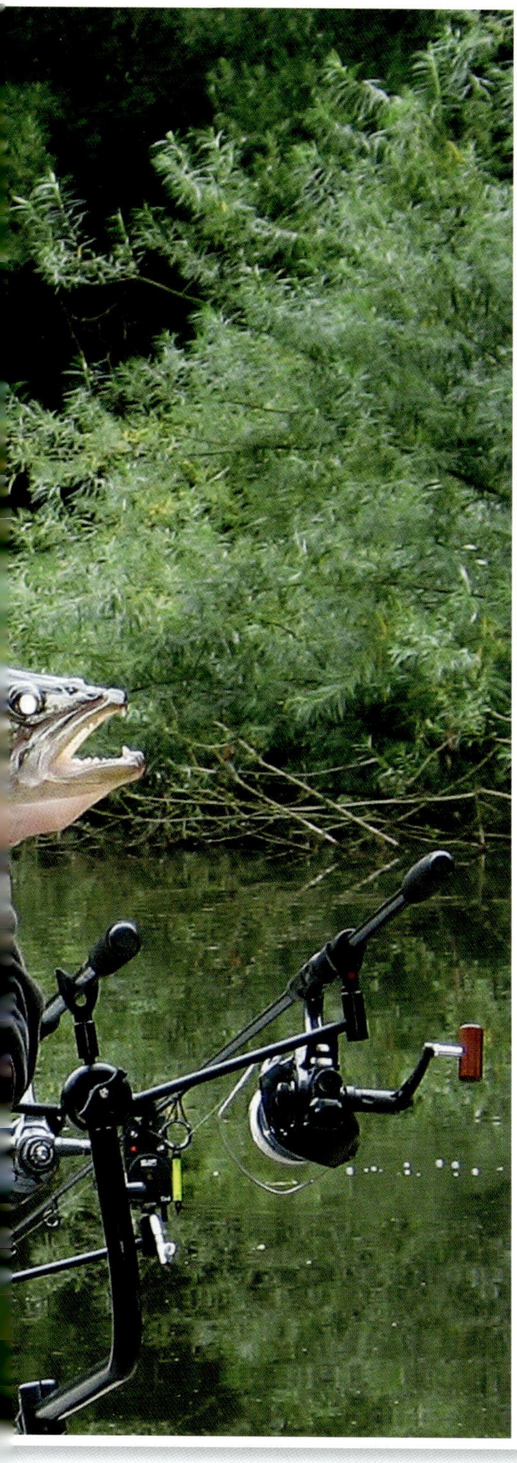

POSENMONTAGEN FÜR SEEN

In stehenden Gewässern sind leichte Posenmontagen sämtlichen Grundblei- und Seitenarmsystemen vorzuziehen, denn Seezander sind bedeutend misstrauischer als ihre Artgenossen in Flüssen und Kanälen, was in erster Linie daran liegt, dass sie im Stillwasser genügend Zeit haben, um einen Köder kritisch zu prüfen. Posen haben den Vorteil, dass man an ihnen den Köder in unterschiedlichen Wassertiefen anbieten kann. Posen mit einer Tragkraft von rund sechs Gramm eignen sich für das Angeln im Stillwasser vorzüglich. Am besten knotet man das Vorfach direkt an die Hauptschnur und verzichtet auf einen Wirbel. Damit die Bleiolive nicht bis aufs Vorfach rutscht, stoppt man sie vor dem Knoten mittels einer kleinen Stopperperle. Zandermontagen müssen sehr fein sein. Das Vorfach sollte aus maximal 25er-Monofiler bestehen und etwa 70 Zentimeter lang sein. Weiter ist es entscheidend, dass die Spule der Rolle prall gefüllt ist, denn nur so wird ein abziehender Zander nicht misstrauisch.

In stehenden Gewässern sind Zander bedeutend schwieriger zu fangen, als in fließenden. (Foto: Stefan Waltermann)

Während man in Flüssen fast gezwungen ist, eine Freilaufrolle zu verwenden, muss in Seen dringend davon abgeraten werden, denn der Abzugswiderstand wäre für die scheuen Zander hier viel zu hoch. In Seen fischt man mit geöffnetem Schnurfangbügel und legt die Rute (auf zwei Gabeln) horizontal zum Wasser. Im Idealfall ziehen die Fische zunächst einen oder zwei Meter Schnur ab, bleiben für einige Sekunden stehen und setzen den Schnurabzug dann fort. In diesen zweiten Zug sollte man den Anhieb setzen.

NICHT VERZWEIFELN

Vor allem in Seen treiben Zander Ansitzangler mitunter an den Rand der Verzweiflung. Immer wieder greifen sie nach einem Köderfisch, nur um ihn dann sofort wieder loszulassen. Um dieses Verhalten abzustellen, kann man mit dem Aufstecken des Köderfisches experimentieren bzw. den Sitz den Hakens variieren. Nehmen die Zander Anstoß an einem am Kopf angeköderten Fisch, so sollte man ihn beim nächsten Wurf den Haken durch die Schwanzwurzel stecken. Wenn dies dem Zander auch nicht passt, so sticht man ihn beim dritten Wurf unterhalb der Rückenflosse ein. Dabei darf ruhig immer derselbe Köderfisch verwendet werden, denn Zander mögen „vorgekaute" Kost.

Verschiedene Möglichkeiten der Anköderung

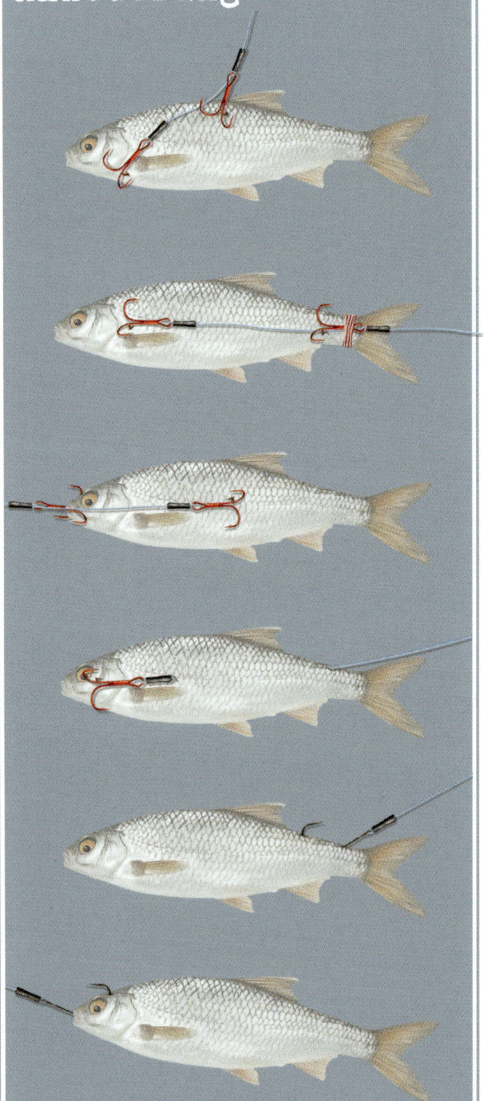

(Zeichnung: H. Dänekas)

PASSENDE FETZEN

Stücke von Fischen werden als Fetzen bezeichnet. Fetzen haben gegenüber ganzen Köderfischen den Vorteil, dass sie in maulgerechten Happen angeboten werden und somit einen unverzüglichen Anhieb gestatten. Zur Herstellung von Fetzen eignen sich die Schwänze von Weißfischen (Rotaugen, Rotfedern, Lauben) vorzüglich. Fischköpfe hingegen stehen bei Zandern nicht sehr hoch im Kurs. Prinzipiell sollte bei der Herstellung von Fetzenködern darauf geachtet werden, dass sich an ihnen noch Flossen oder zumindest Teile von Flossen befinden. Angeboten werden diese Fischstücke, indem man sie einfach auf den Haken steckt.

PASSENDE KÖDERFISCHE

Die meisten Angler gehen davon aus, dass Zander stets kleine Beutefische bevorzugen. Diese Annahme ist jedoch falsch, denn wie alle Raubfische, so versuchen auch sie mit möglichst wenig Aufwand ihren Nahrungsbedarf zu decken und verschlingen daher lieber einen größeren Futterfisch, als Jagd auf fünf kleine machen zu müssen. Allerdings können Zander, anders als Hechte, keine riesigen Brocken verschlingen und bevorzugen daher eher schlanke Beutefische; also Rotaugen und Lauben statt Brassen und Güstern. Trotzdem sollte man eher zu kleinen Köderfischen greifen, denn anders als beim Hechtangeln, können beim Zanderangeln keine Stahlvorfachmontagen mit Drillingen (Sofortanschlagsysteme) verwendet werden. Am besten eignen sich acht bis zehn Zentimeter lange Köderfischchen, die bequem ins Zandermaul passen und nach dem Biss einen zügigen Anhieb gestatten.

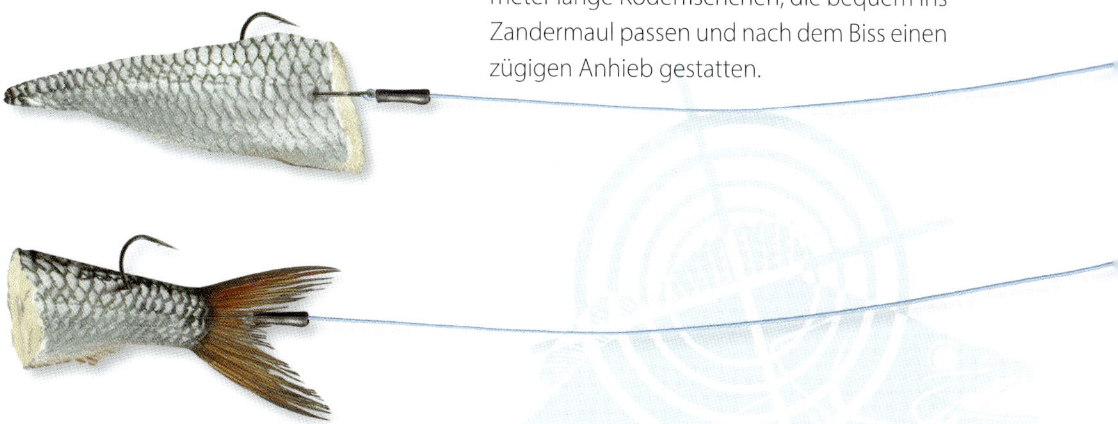

Fischfetzen oder kleine Schwanzstückchen sind sehr gute Zanderköder und erlauben einen schnelleren Anhieb. (Zeichnung: H. Dänekas)

AUSRÜSTUNG FÜRS NATURKÖDERANGELN AUF ZANDER

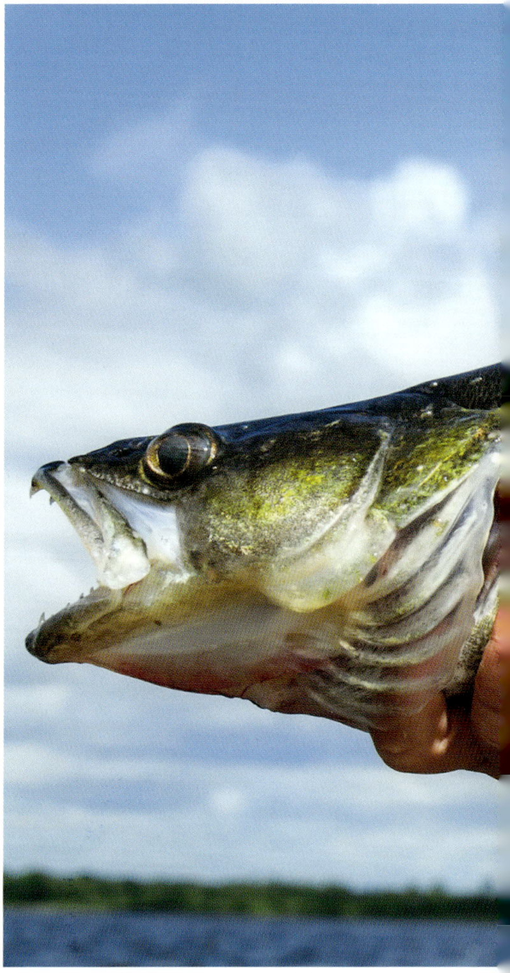

Rute: Die ideale Zanderrute zum Uferangeln in stehenden Gewässern ist drei Meter lang und hat ein Wurfgewicht von 40 bis 60 Gramm. Sie muss für den Anhieb über ein starkes Rückgrat verfügen und unter Spannung rasch in eine parabolische Aktion übergehen, um ein Ausschlitzen des Hakens zu verhindern. Wird in Kanälen oder größeren Flüssen gefischt, benutzt man am besten eine Karpfenrute mit einer Testkurve von 2,5 lbs. und einer Länge von 3,6 Metern (Boilierute).

Rolle: Eine mittlere Stationärrolle mit einem Fassungsvermögen von 150 Metern 25er-Schnur ist ideal. Wichtig ist es, dass die Rolle über eine fein justierbare Bremse verfügt und prall gefüllt ist, damit die Schnur beim Biss ungehindert ablaufen kann.

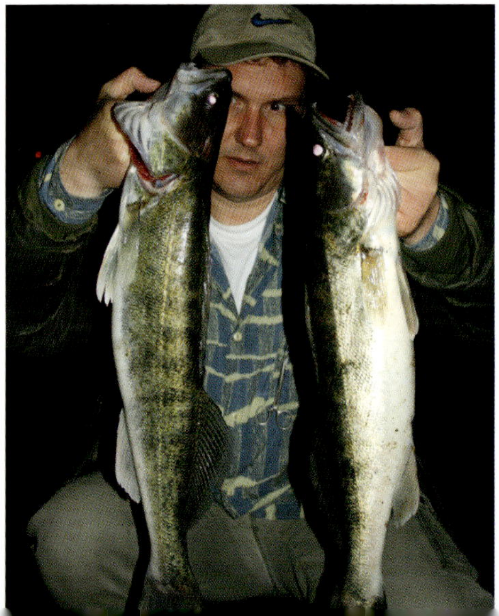

Schnur: Eine 25er-monofile-Schnur reicht bei Verwendung einer parabolischen Rute vollkommen aus. Kaufen Sie auf keinen Fall sog. weiche Schnüre, wie sie im Fachhandel unter Namen wie Soft und Flex angeboten werden.

Köder: Köderfische in Größen von acht bis zwölf Zentimetern und Fischfetzen.

Beim nächtlichen Zanderangeln fängt man oft mehr als einen Stachelritter.

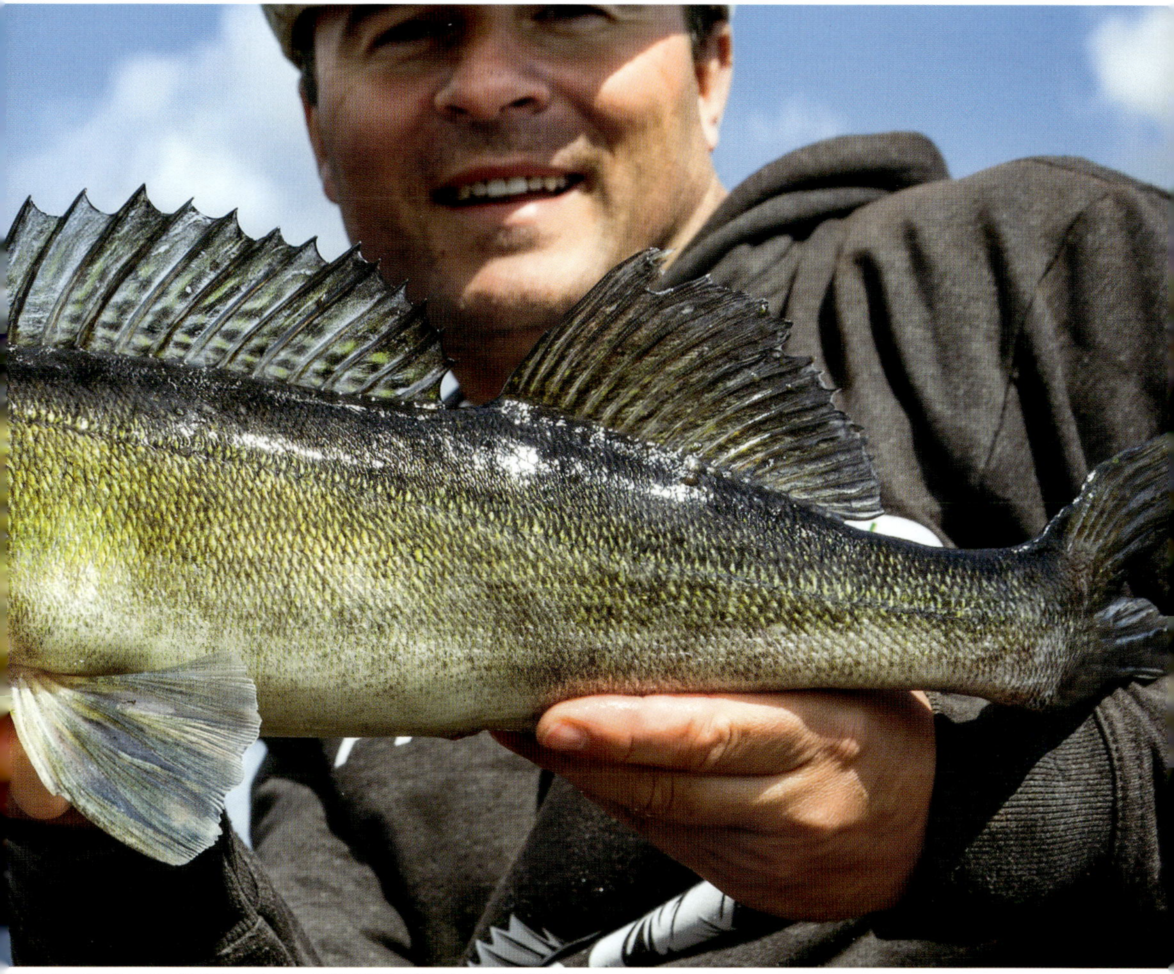

Kleinzeug: Grundbleie und Tiroler Hölzl in Gewichten von 10 bis 60 Gramm (in Flüssen bis 100 Gramm), Laufposen mit einer Tragkraft von sechs bis acht Gramm, Karabinerwirbel sowie Vorfachhaken in Größen von 1/0 bis 1 an 22er- bis 25er-Qualitätsschnur und eine Ködernadel zum Aufziehen ganzer Köderfische. Wichtig sind zwei gabelförmige Rutenhalter pro Rute. Nur so kann man seine Montagen mit geöffnetem Rollenbügel horizontal zum Gewässer auslegen, was einen reibungslosen Schnurabzug beim Biss gewährleistet.

ZU GUTER LETZT...

Auf jeden Angler wartet früher oder später der Traumfisch. Neben ihm einzuschlafen ist jedoch nur wenigen Anglern vergönnt.

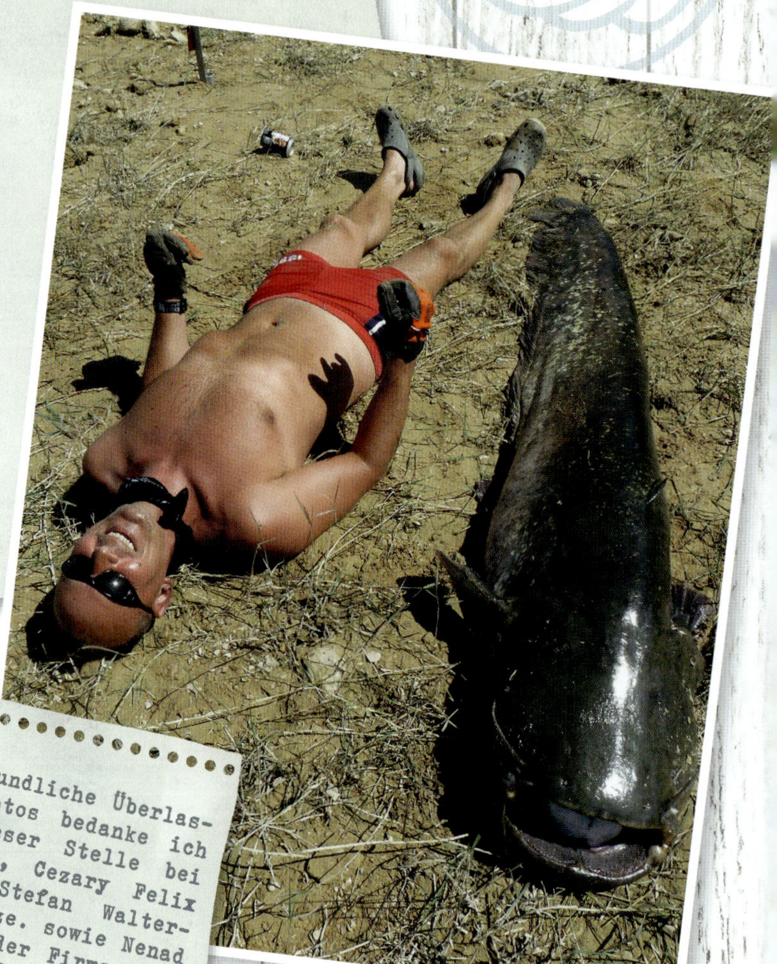

Für die freundliche Überlassung von Fotos bedanke ich mich an dieser Stelle bei Bernd Taller, Cezary Felix Rybczynski, Stefan Waltermann, Max Konze. sowie Nenad Ignjatov von der Firma seftack (seftack.de) und Gregor Bradler von Big Fish Media.